ns="1" />

学与用
Learning and Practice
海外实践与国际传播

主编／胡 芳　　副主编／翁旭东　赵希婧

中国传媒大学出版社
·北京·

序

在中华民族伟大复兴战略全局和世界百年未有之大变局交织激荡的背景下,加强国际传播能力,增强中华文明传播力影响力,是党和国家作出的重大战略部署。近年来,习近平总书记围绕国际传播能力建设发表多次讲话、作出多次指示批示。"5·31"讲话中,总书记提出要"下大气力加强国际传播能力建设,形成同我国综合国力和国际地位相匹配的国际话语权"。党的二十大报告专门强调要"增强中华文明传播力影响力"。全国宣传思想文化工作会议上,总书记作出"着力加强国际传播能力建设,促进文明交流互鉴"的重要指示。这些讲话、论述和指示批示,构成习近平文化思想的有机组成部分,也为我们做好国际传播工作提供了根本遵循。

在今天的历史语境下,做好国际传播工作并不容易。国际舆论场长期处于"西强东弱"的格局,尽管经过几代人的不懈努力,我们"挨打"和"挨饿"的局面已经解决,但"挨骂"的问题却仍未扭转。我们仍然处于"失语""挨骂""卡嗓子""他塑而非自塑"的被动局面。要解决这些问题,归根结底在人才。国家发展靠人才,民族振兴靠人才,习近平总书记指出,我们比历史上任何时期都更加接近实现中华民族伟大复兴的宏伟目标,也比历史上任何时期都更加渴求人才。要增强中华文明传播力影响力、推动中华文化更好走向世界,形成同我国综合国力和国际地位相匹配的国际话语权,离不开高水平国际传播人才队伍建设,加快培养熟悉党和国家方针政策、了解我国国情、具有全球视野、熟练运用外语、通晓国际规则的全球传播者、沟通者、对话者时不我待。

培养什么人、怎样培养人、为谁培养人是教育的根本问题。长期以来,我校积极担当、奋发作为,站在为党育人、为国育才的高度培养国际传播人才,为讲好中国故事、传播好中国声音谱写中传故事。2009年,在中宣部、教育部的部署下,我校与清华大学、中国人民大学、复旦大学、北京外国语大学开始实施"国际新闻传播硕士"培养工程,2021年,北京大学、中山大学、上海外国语大学也加入其中。近年来,作为新闻传播学一流学科建设单位,我们持续推动国际传播人才培养改革创新,依托国家社科基金重大项目"建强新时代国际传播专门人才队伍研究",打造中国特色国际传播人才培养教学体系、教材体系、实践体系,探索实施"国际传播高层次人才培养计划"以及本硕博贯通的国际传播人才培养体系,建立校企联合培养机制,联合建立海外实践实训基地,培养新时代国际传播实战型人才。通过这些努力,我们希望能够培养出一支充满家国情怀、驰骋国际疆场、能打仗打胜仗的国际传播"精兵队伍"。

国际传播人才培养是一项复杂的系统工程。其中,实践是提升人才综合能力的重要路径。这些年来,在国际新闻传播人才培养过程中,我们高度重视学生的实践能力培养,并形成了国情调研实践与海外实习实践"双轮驱动"的实践育人模式。在中宣部、教育部的指导以及我国央媒央企驻外机构的支持下,国际新闻传播硕士班每年都会组织同学走向国际舞台,奔赴国际传播一线,使同学们了解世界形势、检验所学知识、提升实战素养。

实践出真知,实践长真才。本书是国家社科基金重大项目"建强新时代国际传播专门人才队伍研究"的阶段性成果,是历年来中国传媒大学国际新闻传播硕士班学生海外实习实践的智慧结晶,记录了同学们奔赴人民日报法国分社、新华社欧洲总分社、中央广播电视总台非洲分台等我国主流媒体驻外分社,以及中国石化联合石化英国公司、中建中东有限责任公司等央企驻外机构的海外实习思考与感悟。如今,同学们大多数都走上了国际传播岗位,成为活跃于国际传播领域的"排头兵"和"领航者"。我们邀请他们把当年的海外实习实践的经历、思考、感悟整理出来,诉诸笔端、形成文字。这些文字,不仅是他们的亲身感悟与真情流露,而且也是中国传媒大学国际传播人才培养成果的见证,更是中国国际传播事业蒸蒸日上的象征。这里的经验与智慧,也必将为更多有志于国际传播的莘莘学子点亮心灯,鼓舞着越来越多的优秀人才投身于国际传播的伟大事业。

九层之台,起于垒土;合抱之木,生于毫末。国际传播教育事业不是一朝一夕之事,而是一项关乎民族前途的长期事业。但这项事业要从当下做起,从点滴做起。十五年来,我们在国际传播领域的耕耘已经有了收获,如今,我们已经站在了一个新的历史起点上,我们在更加努力地播撒、耕耘。拼搏就有希望、努力就有收获,我们相信在各方的共同努力下,中国的国际传播事业会有质的飞跃,中华民族伟大复兴指日可待,中华文明也必将引领世界文明进程。

中国传媒大学党委书记　廖祥忠

目 录

从尼罗河到汉江
  ——我与国新海外实习项目的十年   刘　旭　/ 1
躬行践履守初心　妙笔著文重担当   张　旭　/ 7
用镜头在大洋彼岸讲述中国故事   卢　烨　/ 14
三个"第一次"体验：一次实习敲开的职业生涯   眭黎曦　/ 19
驻足墨西哥：一线国际新闻报道初体验   李昊炎　/ 25
经过远方，扎根沃野   袁月明　/ 31
及能如愿亦不平常
  ——记离新闻梦想最近的三个月   鹿梦琪　/ 37
看见被遗忘的世界
  ——海外实习之非洲行记   欧立坤　/ 43
非洲大地上的中国脉动：在肯尼亚的实习观察札记   翁旭东　/ 51
那片海   游　洋　/ 60
实践出真知：国际新闻传播海外实习收获与体会   郑美辰　/ 65
驻外记者初体验
  ——在布鲁塞尔感受世界、看见中国   代雨君　/ 70

为讲好中国故事努力奋斗	张玮琦	/ 76
知行合一：被点亮的国传梦想	李 玥	/ 81
好风借"四力"，助我过"四关"	刘婧妮	/ 96
建筑之城，文化之窗：迪拜六月实习记	杜懿晨	/ 100
央企国际传播		
——心中有数，手中有术	臧 赫	/ 106
到现场去，到一线去		
——在实践中初探国际新闻报道	方可圆	/ 112
跨越山海讲好央企故事　用情用力服务国际传播	曹瑞玲	/ 117
不畏路远，行则将至	檀林耀	/ 124
从电视学院到联合国舞台：探索跨文化沟通与全球挑战的实践		
	谢雨晗	/ 131
知行合一，践行国新精神	侯国棣	/ 136
从想象到成为：在中新社澳大利亚分社实习有感	罗文俊	/ 142
海外实习之旅：跨越文化，传播中国声音	李璐亚	/ 147
赤道高原之上的国际传播进路	罗一蒙	/ 152
停留在地中海的雨季：与阿拉曼相遇的183天	杨泰一	/ 158
我的拉美记忆：在墨西哥做新闻	王伊然	/ 164
夏日不落幕的驻马生活	魏 源	/ 170
马来西亚之旅：国际传播海外实习的感悟与成长	王文苑	/ 176
海外实习：跨越国界的成长之旅	王 栋	/ 182
在现场 在路上 在心中	刘佳琪	/ 187
在埃及遇见的194天	鲍佳艺	/ 193
在"陆上桥梁"中筑起跨文化友谊之桥		
——记在"马东铁"的日子	郭欣然	/ 199
从东南亚看国际传播：我在人民日报亚太中心分社的见与行	冷江涛	/ 210
跨越文化的桥梁：在国际舞台上传递中国声音	张家宁	/ 216
追着"新闻"跑的日子	刘子赫	/ 222

观世界,识自己　　　　　　　　　　　　　　张星冉　/ 227
在欧洲的心脏学做新闻
　　——记布鲁塞尔海外实习　　　　　　　邹济予　/ 233
在"欧洲心脏"做见证者和记录者　　　　　纪嘉欣　/ 237
从"人际"到"国际"
　　——英国伦敦海外实习的行与思　　　康怀朔　/ 243
走,这就去中东　　　　　　　　　　　　　廖秦颂　/ 248
南洋记事:用真实的笔触,记录好故事　　　陈子涵　/ 252
柏林:超越文化的新闻之旅　　　　　　　　蒋欣雨　/ 258
彩色的梦,记者梦
　　——记赴新华社驻墨西哥拉美总分社实习　　相　艺　/ 264

从尼罗河到汉江

——我与国新海外实习项目的十年

◎刘　旭*

2012年8月，我作为国新班海外实习生，赴新华社开罗分社实习。虽然只有短短几个月，但这段海外经历为我打开了了解驻外工作的窗口，也激励我努力成长为一名驻外记者。

海外实习让我近距离触摸政治脉动。彼时，埃及刚经历政坛剧变，政权更替引发安全动荡，原本脆弱的埃及经济雪上加霜。穆兄会背景的穆尔西上台执政后，其推行的政策争议极大，导致支持与反对穆尔西的民众同时上街游行示威。穆尔西执政一年，埃及共发生7400多次民众抗议，相当于每天有二三十场。在开罗实习的几个月时间里，我曾多次赴埃及解放广场采访民众示威。记得在一次采访中，我正举着相机拍摄被担架抬走的伤者，突然有人向示威人群投掷催泪弹，由于当时没有做任何防护措施，我只能在慌乱中用围巾捂住口鼻，但眼睛仍受到催泪弹释放气体的强烈刺激而泪流不止。在那样的时刻才真正感觉到"示威""骚乱"不是几分钟的电视新闻画面或者几百字的文字消息，而是真真切切发生的事实。

---

* 刘旭，中国传媒大学2011级国际新闻传播硕士班学生。2013年7月入职中国新闻社国际部任记者，2021年4月至今任韩国分社首席记者。曾多次参与重大战役性报道，在全国"两会"、博鳌亚洲论坛、中国国际进口博览会、亚洲文明对话大会等重要活动中有出色表现，并在韩国总统大选、志愿军烈士遗骸交接等重大新闻事件和韩国暴雨、梨泰院踩踏事故等突发新闻中采写多篇独家新闻和优秀评论作品，曾获第25届中国新闻奖三等奖、第32届中国新闻奖一等奖。

作者在开罗解放广场示威现场

海外实习也让我有机会感受异国的风土人情。在短暂的几个月实习期里,我有机会前往开罗各处采风,坐过尼罗河上的小船,也到过贫民区的"死人城",进过沙漠中的金字塔,也到地中海边领略了另一面的埃及。依然记得在2012年10月的宰牲节,我起了个大早,来到开罗纳赛尔城的拉赫曼清真寺,拍摄参加礼拜的中国穆斯林留学生,随后与在埃及的穆斯林留学生们一起宰羊吃肉。当天,我采写通讯稿件《"身在异乡非异客"——中国旅埃少数民族留学生庆宰牲节》,将这一天的故事记录下来。能够用文字和影像记录下时代故事和难忘回忆,是记者这个职业的独特魅力。

海外实习更是深入了解驻外记者一线工作和生活的平台。在实习期间,开罗分社的几位老师以专业的精神让我感受到央媒驻外记者工作的严谨,还记得在采写一篇消息时,我想当然地直接将某个汽车品牌音译,但是分社的老师对此提出质疑,并反复核实,与稿库中历史稿件比对,最终才确定呈现在稿件中的版本。一个标点、一句翻译、一段小标题,我们经常会一点点打磨稿件细节,也正是在这样细致的工作中,我了解到央媒工作的流程和要求。分社的各位老师又是亲切的前辈,他们从"过来人"的角度为我的择业、生活提出了切实的建议,让我受益良多。

阿拉伯世界有句古语,"喝过尼罗河水的人还会再回来"。没想到的是,2021年4月,我在新冠疫情期间开始了驻外记者生涯,但并没有去往中东,而是来到了韩国,饮上了"汉江水"。

派驻韩国,很多人的第一反应是"近"。但是这种"近"也让韩国对于读者来说少了很多神秘感,记者就要更用心寻找选题和切入点,争取在近距离之下,为读者呈现一个"新鲜"的韩国。在韩国工作的三年多时间里,我经历过日新增病例超过60万的新冠疫情暴发期,也经历了中韩建交三十周年的系列活动,见过汉江烟花节的绚烂,也体验了华川冰钓节的趣味。回看这几年的工作和生活,我发现,驻外记者的使命并不只限于对当地新闻的集纳报道,而是集合了采访、对外交往、突发事件处置和感受当地生活等丰富内容。"到现场去""认真核对每一句翻译""突发事件采访时要做好防护""注意核实受访者信息和身份"……我在海外实习时学到的点点滴滴,也不断汇集到现在的日常工作中,继续塑造着我。

记得在实习时,一位前辈告诉我,好的稿子中不仅要见"事",更要见"人",这也让我在后来的驻外工作中更多看见当地普通人的故事。比如在2022年8月,韩国首都圈遭遇特大暴雨,我关注到韩国媒体对一名中国公民在暴雨中勇救两名韩国邻居的报道。近几年,中韩关系面临彼此间国民好感度下降的问题,而像这种在灾难中互帮互助的故事,是能够引发读者共鸣的感人事例。经多方联系协调,我取得当事人林成奎的联系方式,第一时间赶赴现场做采访,还原救援过程。我发布的稿件登上微博热搜,引发强烈反

2022年8月9日 首尔暴雨后,作者在首尔大学直播

响。再比如我到现场报道韩国高考,在梨花女子大学附属高中考点,我看到考生们和父母在考前的温情互动,也看到考后一家人紧紧相拥,在这样的场景里,我感受到跨越语言和文化的共通情感,也尝试在图片和视频报道中将这份情感传递给观众。

"我们永远不是一个人在战斗。"之前在实习时,有前辈这样叮嘱我,而直到我自己成为驻外分社的首席记者,才明白这句话的含义。除了与总社保持联系外,我还需要与驻韩使领馆、其他媒体驻韩记者保持良好关系,也需要和韩国政府部门、韩国媒体,以及在韩留学生建立联络渠道。如此,方可在一些重要或突发事件报道中快速获取线索。此外,作为驻韩记者,我也有机会长期生活在韩国,深入了解当地社会、政治、经济、文化等各个层面的情况,将更多样的声音呈现给受众。

2022年2月,韩国分社迎来第一名国新班海外实习项目实习生刘婧妮,得知她恰是传媒大学的师妹,我们在相逢伊始就增添了几分亲近,在之后近半年的实习期里,我也尽力像当年的前辈们一样,将自己所知所学倾囊相授,而刘婧妮也让我看到,在我的海外实习之后的十年中,国新班海外实习项目选拔的人才愈加优秀,培养体系也愈加完善。

2022年3月,韩国举行第20届总统选举。这是我第一次经历韩国总统大选报道,也是刘婧妮实习后遇到的第一个"大事件"。我们从大选预热阶段就开始做节点报道,并在大选前准备多套报道预案,在大选结果出炉后,第一时间刊发包括消息、综述、新闻人物背景介绍和图片的多篇稿件。随后在5月10日新政府就职当天,我们兵分两路,我前往国会现场采写稿件,拍摄图片和视频,刘婧妮则前往第一次面向公众开放的青瓦台拍摄体验式vlog,作品《小新带你看青瓦台开放首日》通过多视频平台播发,获得了总浏览量超百万的成绩,并获中新社总编室好评。这一系列作品不仅是对韩国总统大选和新政府就职的报道,也是对我们参与韩国重要政治事件的记录。

2022年3月9日 作者(右)在报道韩国总统大选后和实习生刘婧妮合影

在重要政治事件之外,我也创造机会让刘婧妮更多地参与各类采访活动,也通过记者采访团深入韩国各道、郡,体验到韩国的风土人情,深入走近这个国家,而非做一个过客。尽管刘婧妮的实习期正处在新冠疫情最严重的阶段,但我们并没有因此就窝在办公室编发新闻,而是在做好防护的前提下,努力前往每一个重要的新闻现场,从全罗南道到庆尚北道,从青瓦台到首尔广场,从乐天世界塔到光化门,我们看到了"慰安妇"受害者的眼泪,拍摄过垂直马拉松参赛者的汗水,感受过户外阅读活动的悠闲,也曾为中韩青年的歌声欢呼。我期待师妹可以像我一样,享受、珍惜这段海外实习经历并有所受益。

在机场为刘婧妮送行后,我给电视系胡芳老师发了一条消息:"记得2012年的夏天,我作为国新班海外实习生到新华社开罗分社实习,到了机场,发现分社首席记者居然是电视系的同门师姐李姝莛,在师姐的关心照顾下,我顺利度过了实习期,这段实习经历也成为我求职简历中的重要一笔。一晃十年,我作为中新社韩国分社的首席记者迎来了我的国新班小师妹,五个月的时间转瞬即逝,但我在这期间充分感受到国新班学子专业素养之高、上手能力之快,远超当年我的水平。婧妮在实习期内参与了韩国大选、新政府就职等一系列重要报道,高质量完成了工作,我们也一起度过了愉快的时光。感谢您和各位老师的关心照顾,感谢电视系和国新班对我的培养,让我能够有机会进入央媒的平台,并且有机会在十年后以驻外记者的身份继续和国新班的缘分。"

　　回望曾经的海外实习,从尼罗河边的懵懂,到汉江边的成长,我受益于系里的培养、受益于海外实习项目给我的机会,在十年间我不断从当年的经历中汲取养分,并尝试将这些收获传递给后来者。未来,驻外的旅程还将继续,我也将继续用心、用情倾听和记录,不断努力,不断期待。

躬行践履守初心　妙笔著文重担当

◎张　旭[*]

新华社墨西哥城分社位于墨西哥首都墨西哥城南部，与新华社拉美总分社同址办公。墨西哥城分社分管报道墨西哥全境及南部邻国萨尔瓦多、危地马拉辖区内所发生的重大新闻，主要涉及时事、政治、体育、文化、科技类新闻，并负责以上地区有关涉华事件的报道，报道方式包括文字、图片、视频等。新华社墨西哥城分社已形成一个较为完备的新闻线索网。在拉美地区各分社历年考评中，墨西哥城分社在新闻采编方面始终名列前茅。

新华社墨西哥城分社广泛与社会各阶层接触，逐步将新华社的名声在拉美大地传开。墨西哥联邦政府各部门组织采访活动时，均会邀请新华社参与报道。

在3个月的实习生活中，我主要跟随墨西哥城分社的两位记者陈寅和梁希之工作。陈寅当时是墨西哥城分社的首席记者，负责分社的各项日常事务。他曾就读于北京语言大学西班牙语专业，在短短两年的时间内，陈寅已经参与到在墨西哥城的各项重大活动的采访中，例如参与了二十国集团领导人峰会、二十国集团各项部长级会议、智利矿难救援、墨西哥内政部长坠机、泛美运动会、塞万提斯艺术节、世界泳联跳水系列赛、国际足联17岁以下世界杯等多项政治、文化、体育类大型报道。虽然陈寅只比我大两岁，但他对新闻的敏感，对新闻报道实事求是、认真负责的态度让我感受到做一

---

[*] 张旭，中国传媒大学2011级国际新闻传播硕士班学生，现就职于军事科学出版社，从事军队图书、音像制品出版工作。

名驻外记者的专业素质。

对我而言,在拉美总分社、墨西哥城分社实习期间的每一天都是精彩、充实、忙碌并快乐着的,我很珍惜驻外生活的每时每刻。在实习的3个月内,共发表文章75篇(含中西英),编译每日头条80篇,发内参涉华报道12篇。

作者(左一)在墨西哥城采访

在墨西哥城的实习生活,收获是多方面的。其中,很重要的是业务上的提高。在常规工作方面,我负责拉美总分社编辑部墨西哥主要报刊每日头条和每周涉华报道的写稿工作。每天从早上6点多开始,我就投入做新闻的状态中,编译当地报刊重要新闻。做头条让我能够在第一时间接触到墨西哥城政治、经济、文化、社会等方面的重要信息。翻译头条的时间很短,要在半个小时内翻译出一篇近500字的稿件,这需要对墨西哥城的情况非常了解。在刚开始做头条的时候,我会遇到很多有地方特色的词汇,包括一些必备的"墨城常识",例如墨城主要官员的名称、行政区划等,这些都需要我在短时间内积累起来,才能提升翻译头条的速度。我用了大约两天的时间,分门别类地进行记忆,对一些常见的地名、人名和墨城的特色词汇进行了梳理,遇到不懂的问题,就向上早班的墨西哥雇员请教。墨西哥人非常有耐心,也很热情,我向他们请教问题时,他们总能非常细致有条理地给予回答,这使我做头条的效率大大提高。半个月后,从编译一条头条需要半个小时的时间到15—20分钟就能完成一篇质量较高的稿件,我觉得掌握正确的方法很重要。

同时,我还负责每天搜集墨西哥七大主要报刊中有关涉华报道的新闻,每周形成一篇千字报告发送参编部。在撰写涉华报告的过程中,我发现有关涉华经济类的稿件占到所有涉华报道的大约80%的比重。墨西哥人比较关注有关"中国制造"对"墨西哥制造"的冲击、中国对外贸易政策等方面的问题,以研究应对中国经济发展、出口商品涌入墨西哥市场后的冲击。在一周约70篇的涉华报道中,有关中墨贸易磨擦的稿件大约占到50%,墨西哥人对中国的印象基本局限在对"中国制造"的印象上,这是非常可悲的一件事情,民众对"中国制造"之外的中国印象基本属于空白,媒介环境极大影响了墨西哥民众对中国的认知。要加深墨西哥人对中国印象的认识,还需要大力拓展在"软实力"方面的投入和交流力度,走向民间,走入墨西哥人的日常生活中,才能让中国元素细水长流。

作为一线记者,能够得到第一手的采访资料是非常重要的。毕竟一篇稿件"七分采访三分写作"。拉美总分社老师经常在业务方面给予我指导,使我深刻地意识到要利用好良好的采访机会和条件,不能记者当编辑,编辑当审读。只有记者亲身经历并采写出的稿件才是真正有价值的好稿。雇员、墨西哥友人、当地华人华侨都可成为我们的采访对象。其实,稿件有没有进行采访,是不是得来的一手材料,是编译的还是瞎编的,编辑一眼就可以看出来。所以驻外记者要时刻活跃在新闻一线,写出最有新闻现场感的东西。我觉得作为一名驻外记者,第一,肯干比能干更重要。平时应当多写、多练,除了完成日常的采访写稿工作,我还尝试进行特稿的写作。因为特稿内容有趣,容易上手,就当是随手记录在墨西哥城的生活。第二,采访比编材料更重要。应该充分利用身在前方的优势,多去收集一手采访资料,利用材料进行补充只是一种辅助手段。作为驻外记者写出的稿件应当具有更强的原创性和更高的新闻价值。第三,责任比兴趣更重要。作为一名驻外记者,写新闻稿是任务,不光是中文稿件,也应该充分发挥语言优势,多尝试写外语稿。虽然在拉美总分社、墨西哥城分社都有外籍雇员,但是他们并不了解我们的需要,按照墨西哥人的思路写出来的东西有时存在逻辑上的问题,不符合我们的要求。所以,我觉得驻外记者应该尝试写多语言稿件,利用自己的语言优势,将"发出中国声音"的口号落到实处。

非常感谢墨西哥城分社提供给我很多锻炼的机会。我参与了政治、经济、社会文化等类型的会议和节日采访,积极参与使馆活动,也进行过人物专访,如对主权财富基金国际论坛主席、中国投资有限责任公司(中投公司)监事长金立群的人物专访,对墨西哥前驻华大使李子文的人物专访等。此外,也对在墨举行的大型会议和节日进行过报道,例如参与在墨西哥城举行的二十国集团(G20)财长和央行行长会议报道,独立采写了墨西哥为庆祝独立202周年举行阅兵式的报道,对首届世界中医药学会联合会(世界中联)美洲中医药国际合作与发展论坛成果的报道,以及对中国驻墨西哥大使馆举办国庆招待会的报道等。在党的十八大召开前夕,配合党的十八大报道搜集各方对近十年来中国发展的看法,为"拉美看中国""中国企业走出去""中国发展十年"等专题提供大量素材。

作者(左四)在墨西哥城采访

在采访过程中,我深刻感受到做足案头工作的重要性。不管是不是自己熟悉的领域,在事先都要充分准备,才能问出有水平的问题。例如,在报道第四届主权财富基金论坛时,我们对主权财富基金、之前论坛的情况、投资的类型、中投公司的发展情况等都做了详细的梳理,对一些重要的概念、重要的时间节点熟记于心,这样在采访的时候才能与采访对象较好地沟通和对话。此外,我深刻地感受到驻外记者的外语水平决定了工作的效率和质量。驻外记者的外语口语要非常熟练,这是做好驻外记者工作的基石。身在异国他乡,如果不懂当地语言或通用语言,就如同聋子和哑巴,根本无法开展工作;如果语言水平不高,外文稿件要费一番功夫才能搞得懂,势必会影响工作效率。在对墨西哥专家学者进行采访的过程中,必须能精准地理解他们的话,才能提炼出有价值的观点。

做一名驻外记者,要利用一切机会深入当地社会生活中,这对于写出有观点、有内容的稿件至关重要。要想扎根到基层生活中,扩大人际交往范围是非常重要的。因此,我认为,较强的对外交往能力是驻外记者必不可少的。除了与墨西哥城分社的雇员进行交流外,在每一次采访后,我都留意建立采访对象的联系列表,平时也加强沟通,扩展自己的人际交往圈。同时,还要注意与当地政府部门的官员保持信息沟通顺畅,因为很多新闻发布会或者重要的采访场合,都是通过相关部门的官员进行联络的。因此,要广泛接触各行各业的人,加强消息源建设。

文字功底是考量驻外记者素质的重要指标。做一名驻外记者,要养成勤于动笔的习惯,这不仅局限于对新闻事件的还原、进行简单的消息类稿件写作,更要尝试其他类型的新闻稿件写作,只有多动笔,才能知道自己的优势和弱点在哪里。在瓜纳华托举行的第40届墨西哥塞万提斯国际艺术节期间,我与分社记者跟踪报道文化部派出的中国代表团的活动,发表通讯《北京当代芭蕾舞团亮相塞万提斯艺术节》。此外,我还尝试特稿写作,例如在对特奥蒂瓦坎古城遗迹进行实地调研考察后,写出特稿《保护与宣传双管齐下 墨西哥文明古迹历久弥新》。除了锻炼自己中文写稿的能力,我还用西班牙语和英语写新闻稿件。在报道塞万提斯国际艺术节活动时,我用西班牙语报道中国代表团活动,发表在新华网的西文版块上。在报道第三届拉美亚太地区政党会议时,我用中西英三语写新闻,发表时任中共中央对外联络部副部长艾平与墨西哥革命制度党主席、新当选的拉美与加勒比政党常设大会主席考德韦尔进行会见的消息。此外,我还负责墨西哥城分社日常经济信息的稿件写作,在写稿过程中,对很多经济学知识有了深入了解。我还在图片编辑室负责过一段时间的拉美总分社西文图片、体育、图表专线发稿统计工作。

作者在墨西哥城拍摄

在墨西哥城分社实习期间,也锻炼了我交流协调的能力。例如独立联系雇员一同前往墨西哥总统府对总统府新闻局局长索塔进行采访。

无论是在工作还是生活上,墨西哥城分社记者、拉美总分社的老师们对我的指导和关心都是无微不至的,使我非常感动。虽然身处墨西哥,但我丝毫没有感受到海外生活的寂寞苦闷,分社会定期组织一些活动,丰富大家的业余生活。在帮厨时,我还学会了包馄饨、做汤圆等,在生活能力上也有提高。做一名驻外记者是辛苦的,但我更享受这种苦中有乐的生活,融入墨西哥人的生活中,才能让自己笔下的文字立体生动。

这段难忘的新华社墨西哥城分社的实习经历,是我人生中的无价之宝。当今世界正处于百年未有之大变局,在这个大变局中,中国成为引领全球经济发展、推动全球治理体系变革的重要力量,日益走近世界舞台中央。我们的发展理念、发展道路、发展模式受到国际社会前所未有的关注。海外实习机会能够为尚未走出校门的国新班的同学们提供一个非常好的通向国际媒体大环境的平台。怀揣"躬行践履守初心,妙笔著文重担当"的情怀,坚守国家立场,发出中国声音,用文字、图片、镜头展现新时代的中国是国际传播人的责任。这段难得的经历增强了业务能力、磨砺了心性,让我能以更加成熟的姿态面对工作中的挑战,使我每每回忆那段时光,都让我热泪盈眶,内心无比充盈,这也成为我前行的动力源泉。

用镜头在大洋彼岸讲述中国故事

◎卢　烨*

2016年，我跟随国新班海外实践项目，来到华盛顿，开启了全新的新闻工作体验。在中央电视台北美分台，我参与了时政、经济、纪录片甚至突发新闻的报道与拍摄，从一个学生视角完成了对新闻工作的体验。

2016年，正值党的十八大召开后的第四年，正是中国日益走近世界舞台中央，音量逐渐放大的时间周期。在这样的时代背景下，"讲好中国故事，传播好中国声音"的论述赋予了我们新的时代任务。我们通过层层筛选，带着"讲好中国故事"的责任出发，带着新闻的梦想与信念，开启大洋彼岸的工作。

一、"中国力量"牵引全球目光

在华盛顿，每年会有大量的国际性会议召开，作为前方记者，自然有更多的机会参与其中。即使是刚刚工作的"新手"，也可以在这样的氛围下不断熟悉工作节奏，找到属于自己的方式投身于报道工作中，并从大量的采访与拍摄中，认识世界、认识中国。

---

* 卢烨，中国传媒大学2014级国际新闻传播硕士班学生，现为新华社摄影部卢烨工作室负责人、摄影部团委副书记，多次参加党代会、"两会"、奥运会、博鳌论坛、进博会等重大战役性报道。获评新华社青年拔尖人才、新华社新锐青年（新锐全媒体报道人才）、新华社优秀党员，获新华社社党组嘉奖、全国向上向善好青年提名奖、中宣部记功荣誉，在校期间获评北京市优秀学生，获范敬宜新闻学子奖、国家级奖学金。

2016年IMF年会上,我采访了时任国际货币基金组织(IMF)总裁拉加德,她说自己始终关注着中国的发展,尽管世界经济增长缓慢,但发展中经济体前景乐观,是世界经济增长的主要贡献力量,中国是其中典型代表,表现仍很抢眼。中国正在经历的去产能以及经济转型,尽管有挑战,但这符合各国广泛的利益需求,转型升级将推动中国引领世界经济前行,让全世界受益。

彼时的中国,用几十年时间走完了发达国家上百年的发展历程,经济总量跃升至世界第二,创造了举世瞩目的奇迹。但发展同样也伴随着环境压力等问题。经济提速同样需要克服速度换挡、结构调整、动力转换的困难。而时间坐标的伟大意义,就是在于记录。2023年,我在新华社拍摄了微纪录片《穿越中国新坐标丨绿能之路》,再次回顾中国彼时的承诺,我们可以为中国清洁能源的发展、实现碳达峰的脚步感到自豪。

同样在2016年,中国以出色的领导力成功举办G20峰会,给世界经济带来积极能量。推动全球经济治理变革,中国方案和实践行稳致远;在事关全球发展的联合国发展峰会上,在具有里程碑意义的气候变化巴黎大会上,中国无一例外地阐释了自己的发展理念,拿出了自己的方案,作出了自己的贡献,赢得了世界的赞誉。在应对全球性挑战和热点问题时,中国同样不缺席、不失语,这使我们在海外时,更能深刻感受到世界聆听中国声音的意愿。我们的报道也聚焦于此,一方面忠实地记录下中国的发展,另一方面也深深为祖国的发展感到欣喜。

那一年,恰逢中国共产党建党95周年,我作为海外记者,投身到献礼纪录片《筑梦路上》的拍摄中。涉浅水者得浮萍,涉中水者得鱼虾,涉深水者得蛟龙。我们的镜头也深入海外,记录下中国前进的脚步。道阻且长,行则将至。从传统经济到新兴领域,彼时的中国已经用更积极的姿态投身于全球治理,并且以范围更广、程度更深、成效更大的结果开启了全球治理变革的新航程。作为一名记录者,我们有幸能够举起镜头,为历史存照。时隔近十年,翻开彼时的采访记录,依然能够感受到超越时间的激动。

二、揭批美国人权"灯下黑"

2016年,世界的发展,可谓处于历史的十字关口。经济复苏乏力,"黑天鹅"频飞,逆全球化抬头,美国就南海和产能过剩等问题不断向中国施压,政治格局逐渐动荡。身处舆论斗争的第一线,我们有了对美国更深层次和更清晰的认知,也有更多机会去认识新闻报道这份工作。

美国是世界上私人拥枪数量最多的国家。数据显示,美国有3亿多人口,而私枪保有量逾3亿支。长期以来,由于历史原因,美国形成了根深蒂固的枪支文化。同时,美国发生过多起伤亡严重、性质恶劣的枪击事件。

2016年6月,佛罗里达州奥兰多夜总会发生枪击事件,造成包括凶手在内的50人死亡、53人受伤。这是截止到当时,美国历史上死亡人数最多的枪击案,也是"9·11"事件后美国最严重的恐怖袭击事件。

枪支暴力事件在美国已成为常态。枪支管控是美国核心政治议题之一。根据这个现象,我同在华盛顿的孟哲策划了《枪支下的美利坚》纪录片选题,揭批美国人权"灯下黑"。我们根据美国人在控枪问题上泾渭分明的态度,用镜头记录下主张严格控枪的民主党和鼓励拥枪权力的共和党的政治分化,分析出美国的选举政治和利益集团让控枪议题停滞不前、议而不决的结论。

在随后的报道中,我们以枪支暴力为原点,针对美国少数族裔就业、极端贫困人口生存、农村社区卫生设施缺乏等问题展开了一系列的调研报道,用镜头把所谓的"人权灯塔"呈现给观众。

三、文化交流构筑起友谊之桥

那些年,中国正在走向世界,世界也正在走向中国。我们发现,在美国的很多城市,都有中文学校或者小组,中文和中国文化非常流行,中文教育在美国的发展前景也呈现稳中向好的趋势。

我曾采访过一位对中国文化有着浓厚兴趣的美国年轻人拉沙德·罗杰斯。在学习中文的过程中，罗杰斯不仅对中文产生了浓厚兴趣，还被中华文化的博大精深吸引。在他的家中，随处可见扇子、中国结甚至是青花瓷等中国元素。罗杰斯说自己非常希望能去北京看看，去实地感受一下中国文化。谈到未来，他更是积极地表示，希望今后能为中美关系和中美文化交流作出贡献。

无论中美关系如何跌宕，两国的人文交流、文明互鉴始终没有中断。2016年是"中美旅游年"。在两国各相关部门的共同努力下，中美两国陆续开展了近百项旅游文化交流活动，以此为契机，两国人民的互访规模不断扩大，文化交流不断深入，这也为中美关系的发展培育了更为厚实的群众和社会基础。中国国家芭蕾舞团在2015年、2016年两次访美，先后携芭蕾晚会和芭蕾舞剧《红色娘子军》《牡丹亭》赴美。演出结束时经久不息的掌声让我印象深刻。

我们在采访拍摄中不断体会到，中美两国人民都有着加深了解、增进友谊的强烈愿望。除此之外，我们也深刻感受到，文化交流构筑起中美人民的理解和友谊之桥。

今天，我依然很感谢这次宝贵的实践机会，这是一次让我在学生时代就能将所学的知识与实际工作结合起来的平台，海外的工作经历不但坚定了我于新闻领域深耕的信念，更培育了我内心的红色气质。这个梦想扎根内心，让我始终记得出发的地方。胸口的衬衣层写着"国新"两个字，这不仅曾是我们身份的象征，更是我们的起点。今天，我身上写着"新华"二字，这正是起点的延续，是梦想的启航。日后，无论是在北京的人民大会堂、香港的街头还是巴黎的爱丽舍宫，我都会牢记"讲好中国故事，传播好中国声音"的教诲。

这份珍贵的梦想，一直在路上。

作者在全国"两会"的工作照

作者在全国"两会"的工作照

作者在党的二十大现场的工作照

三个"第一次"体验:一次实习敲开的职业生涯

◎ 眭黎曦*

  时间悄然流逝,年华匆匆而过,转眼间,离开校园踏入工作岗位已经第七个年头。回顾过往,校园生活宛如一幅画卷,每一帧中都有着五彩斑斓的人生印记,难忘的瞬间不胜枚举,其中没齿难忘乃至于令我受益终身的,那一定是2016年的国新班海外实习项目参与经历。

  所谓"海外实习",字如其名,就是组织国新班学生赴我国的中央媒体新闻机构的海外站点进行媒体实践,它是国际新闻传播硕士培养的一个重要环节。在实践中,我们从国际新闻学专业的学子摇身一变,成为在海外国传一线的新闻从业者。我很幸运地被选为当年中国新闻社的海外实习生,被派驻在澳大利亚悉尼市工作,这固然是一次非常珍贵的经历,但对于我而言,这次海外实习赋予我的远不止此,实习过程中经历的三次事件让我有了作为新闻记者的三个"第一次"体验。这可以说敲开了我整个职业生涯的大门,促使我最终进入国际新闻的"国家队"——新华社国际部工作,以祖国的国传事业为自己终生奋斗的目标。

---

* 眭黎曦,中国传媒大学2014级国际新闻传播硕士班学生,现就职于新华社国际部,负责国际时政、经济热点、文化艺术等类别对外新闻的采编。多次参加国家大型主题活动、国际性会议报道,如建党百年庆祝大会、联合国生物多样性公约组织大会、中非论坛、上海进博会等,参与创作的作品多次获评新华社社级好稿与总编室表扬稿。2019年赴香港一线参与"修例风波"报道,2020年赴武汉一线参与抗击新冠疫情战役性报道,曾获评新华社对港报道先进个人、2020年新华社新锐青年、2022年好记者讲好故事全国十佳选手,获2021年新华社创新奖、2023年中央网信办重大主题宣传精品项目奖等。

一、第一次"生死攸关":枪击案件报道

直至现在,我的朋友圈还保留着一条8年前的状态,记录了一列由悉尼市区开往郊外的全空的地铁列车,当时我就在这趟车上,忐忑不已。

那是2016年3月7日,我刚抵达悉尼不久,在经过几周的过渡后已经逐步进入实习记者的状态。那一天已经是吃过晚饭之后,六七点时我照常打开网页检索当地新闻,为第二天的稿件寻找素材,突然一条"Breakings(突发新闻)"蹦出网站,提醒市民远离悉尼远郊"英格波恩"地区,该区疑似发生枪杀案,枪手还在逃逸中。看到这里,一股劲儿突然从胸口涌出,遇见枪击案了!

接着我点开当地论坛,看看有没有关于此案的其他消息,当地网友讨论非常热烈,有的说是"ISIS策划的恐怖袭击",有的说已经死了好几个人,甚至涉及当地华裔,但没有一条消息有切实的证据和可证实的来源。看到这里我已经不再犹豫,马上带上相机、电脑,跑出门跳上那趟开往郊区的列车。直到坐在这趟空荡荡的列车上之后,我才从奔赴突发事件的"脑门一热"中缓过来,赶紧和当地带我的记者老师电话报备情况,然后拍下这趟列车。夕阳西下,进城方向的列车拥挤,而出城去往官方建议市民避开地区的人,就我一个,这也是我第一次体会到"逆行者"的感觉。

到达现场后,该地区已经被警方封锁,警员告诉我,枪手已致一死两伤,目前他持有武器藏匿在该区域内,那里仍非常危险。我当时攥着相机的手心已全是汗,但还是咬咬牙拍下多张照片,真实地记录现场的状况。凭着记者的本能,那天晚上我一直坚守在现场,最终得到枪手死亡的消息,并且确认到这一案件和恐怖分子及当地华人华侨没有任何关系。直到把此条消息发送给国内对接的编辑后,我才长舒一口气,发现衣服、裤子早已被汗水浸透。

睦黎曦在英格波恩枪击案件现场拍摄的照片

这是我第一次面对危险场面"逆行"采访,在感叹祖国安全之余,迅速播发的消息——《悉尼发生枪击案致 2 死 2 伤 警方称与"恐袭"无关》——也成为国内记者针对此事的独家报道,被大量引用和转载。当时无比紧张之余获得的成就感即使现在还能回味。奔赴到离新闻最近的地方报道真相,这就是此次枪击案给我最直观的关于国际传播的理解。

二、第一次"为民请命":暗访调研报道

澳大利亚总人口约有 2600 万,其中 140 多万是华裔人口,占比达到 5.4%,其中悉尼又是华裔人口密度最高的城市之一,因此我在悉尼时工作的一部分内容是和当地华人打成一片,了解他们的生活工作及相关的急难愁盼问题。

在当地采访了两个月后,我有了一些熟识的华人,也会经常沟通交流。有一天聚会时我就关注到在唐人街开免税店的一位华人

睦黎曦在悉尼采访拍摄工作照

老哥面露愁色,唉声叹气,在询问下得知,他的店铺在唐人街开了近二十年,之前因为平易近人的价格和过硬的质量,店铺生意一直很不错,但这一年以来,却门可罗雀,顾客跟消失了一样,生意越来越差。"没有游客了?"顺手一查澳大利亚旅游局的数据,显示新年以来,澳大利亚已经接待了来自中国的 100 多万名游客,且数字还在不断上升,怎么会没有游客了呢?此事必有蹊跷!

带着这条线索,我便开始在澳"蹲点"工作,经过连续几天的观察,发现确实如华人老哥所言,悉尼最负盛名的唐人街(Sydney Chinatown)竟然冷冷清清,在旅游旺季都没有来自国内的游客,更别提依靠这条街的那些免税店了。带着疑问,我来到游客必打卡的悉尼歌剧院附近,果然看到了数辆国内旅游团的大巴,混进旅游团和几个国内游客聊了聊,瞬间真相大白——不是游客不去唐人街,而是旅行团和导游不让去。

澳大利亚因其丰富的自然资源盛产多种动物制品及生物保健品,所以很多国人前来游玩之余就会购买这些商品。个别旅行社看见商机,便与悉尼当地"黑心"保健品店相勾结,只带游客进有"合作关系"的保健品店,并且为避免游客比价选购,禁止游客接近唐人街及任何其他附近的商铺。随后,我一路跟着旅行团走到几个定点保健品店中,发现这些店不仅商品不是市面上正宗的产品,而且售价还比市场价平均贵了 3—5 倍。

秉着推动公平正义、曝光社会阴暗面的想法,我连续暗访调研近一个月的时间,采访了数十人,终于摸清了这条专门坑害国内游客的旅行社勾结悉尼导游及当地"黑心"店铺的利益链条,采写播发了调查报道《悉尼唐人街中国游客"消失":黑心免税店与旅行社勾搭》,引发大量关注,最后推动了国内对相关违规旅行社的惩罚整治,维护了国内游客在海外旅游购物的正当权益。

三、第一次"舆论斗争":回应关切报道

2016 年 4 月下旬,一则寻人启事突然在悉尼华人圈传开,一名年轻的亚

裔少女在悉尼失联,后来查明为来自中国四川的留学生冷孟梅。三四天的时间,可以看见华人圈内一直在转着冷孟梅家人着急寻人的消息,后来也惊动了不少澳大利亚本地媒体,大家都希望这名来自中国的悉尼科技大学留学生能安全回家。

我也一直关注着该事件的进展,希望最后能得到好消息,结果到4月29日,等来的却是警方的噩耗,在距离悉尼市中心超过100公里的中央海岸地区发现一具女尸,后经过DNA比对确认正是失联多日的冷孟梅。怀着复杂的心情,我还是第一时间将该事件的来龙去脉写成报道发回国内,回应国内舆情对海外失联中国留学生的关切。

可该事件并未止步于此,由于尸体被发现时的状态,加上海外一直以来对亚裔女性所戴着的"有色眼镜",一时间澳大利亚本地传着各种小道消息和对逝者极其不尊重的故事版本,甚至热度超过警方本身的通报。眼见着同胞在海外遭到这样的污名化和抹黑,我觉得有必要对此事持续跟踪报道,将真相告诉大众,也将清白还给逝者。因此在那段时间里,我一直跟进该事件,在警察局、新闻发布会、追思会等多方进行采访,连续发布五篇关于中国留学生遇害的系列报道,最终确认冷孟梅是被其外籍姨夫残忍杀害并抛尸,

眭黎曦(图片中间黑衣者)在悉尼冷孟梅案件新闻发布会现场

她只是一名无辜的受害者,没有任何其他违法行为。我将真相发回国内,驱散各种不实谣言,尤其是针对我国女性的人身攻击。我后来才意识到,原来这就是我第一次亲身实地参与对海外势力的"舆论斗争"。

  海外实习期间,虽然人在异国他乡,面对语言、生活、文化、安全等多方面的困难和挑战,但对一个在校的国传学生而言,无疑是一次千载难逢的磨炼机会,也是对我这样一名国传新兵的全方位考验。在海外的时间虽不长,但我一天也不敢消磨浪费,几乎每天都在采访中或者跑新闻的路上,发布了70多篇新闻稿件,上百张新闻图片。我独立采写的报道一段时间以来占据了中新网国际频道的版面,这成为我一直引以为傲的宝贵财富。回首过去,展望未来,一花一草皆成景,历经山水作文章。

驻足墨西哥：一线国际新闻报道初体验

◎李昊炎*

一

2016年9月，我有幸获得赴新华通讯社拉美总分社进行为期一学期的交流实习机会。新华社拉美总分社位于北美洲国家墨西哥的首都墨西哥城，负责拉丁美洲地区的新闻报道，目前在拉美各国设有22个分社。到任后我被分配至音视频部工作，日常主要负责收集编辑拉美各分社的音视频报道、制作发布新华社海外媒体稿件以及协助同事进行墨西哥本地的新闻采访报道等。

作为本科阶段就是小语种专业的学生，这是我第一次深入国际新闻报道的一线，起初对我来说还是不小的挑战。此前在学校有专业知识的学习和实操技能的补修作为基础，再加上实习期间带班老师的倾情传授，到实习中期我便能够独立完成部门的日常工作。

新华社在当地采用的是中国记者编辑+本地雇员记者合作的形式，如有合适选题，我们便会与本地雇员一同外出采访，拍摄素材，这个过程除了专业技能外，同样考验作为一名记者的沟通技巧和临场反应能力。外出采访以当地重大活动为主，偶尔也会有地震、瓦斯爆炸、飞机失事等有一定危险

---

* 李昊炎，中国传媒大学2015级国际新闻传播硕士班学生，毕业后就职于中华人民共和国商务部，现派驻至中华人民共和国驻阿根廷使馆工作。

性的事件,必要时新华社记者需要亲临现场获取第一手素材。作为实习生无法前往第一线,看到平日朝夕相处的同事甘冒危险,我心中对记者这个职业充满敬畏。

作者(左二)与同事们的合影

二

作为国家通讯社,新华社履行党和国家喉舌的职责,因此除了基本的职业技能外,对记者编辑的政治素养有着同样高的标准和要求。赴墨前的暑假,我曾在新华社总部的国际部熟悉工作,除了在老师的指导下完成稿件编辑外,也花了很多时间认真学习各类敏感话题、词汇的规范用法,避免在国际报道中出现歧义,引起不良影响。在墨期间适逢2016年亚太经合组织(APEC)领导人非正式会议在南美国家秘鲁举办,国家领导人出席会议并发表讲话。由于中国香港等地同样作为成员经济体参会,在对会议整体情况进行报道时,便不能使用"国家"字眼,而要采用"经济体"说法。在西文稿件撰写过程中,尽管我们中方人员与当地雇员编辑再三强调,但拉美人散漫的天性使他们仍然不认为这是很严重的问题,只能由我们在审核中再三把关。此类文化差异导致认知偏差的案例在工作中并不少见,管理者往往通过员工犯错误便扣工资的方式实现管理目的,此方法虽然简洁有效,但是,从观念上加深当地人,尤其是有一定文化素养的人群对我国的认知理解,似为更加根本之道,这需要一代又一代传播人不懈努力,从根本上拉近双方距离。

因为通讯社的属性,新华社对消息的时效性要求极高,尤其是重大突发性事件发生时,各大通讯社比拼的便是抢发消息的速度。实习期间令我印象最深刻的一件事是,在某个平静的周五晚上,结束了一周辛苦的工作,我和几个小伙伴在活动室唱K娱乐,突然摄影部的同事拿起手机后惊呼:"老卡(古巴革命领导人,菲德尔·卡斯特罗)死了!"就当我还处于大脑一片空白,甚至还来不及惊讶的时候,上一秒还在唱K的同事们已冲出了活动室,奔向各自的工位。我赶到办公室时(其实就在楼下),我的组长已经在找素材做片子了,我也赶紧开始协助工作。最终素材和消息以最快的速度制作审核完成,发回国内。通过这个经历,我深切体会到了一线报道时抢发消息的重要性,因为是第一次接触,我当时内心还是十分激动的,也十分钦佩同事们的职业素养。第二天同事告诉我,CNN驻古巴记者的存在就是为了这条消息,事后CNN驻点便从古巴撤出了,其意义可见一斑。

三

由于地理位置遥远,加之语言文化等方面的差异,中墨两国缺乏互相了解。墨西哥是一个拥有超1.3亿人口的大国,提起这个国家,国人的印象多为从美剧或新闻上看到的"毒枭""犯罪"等骇人字眼。其实墨西哥同样拥有丰富的自然资源和淳朴善良的劳动人民,墨西哥菜也位列全球五大菜系之中。只是应了那句话:"距天堂太远,离美国太近",艰难走出殖民掠夺,获得国家独立后,又被北边的邻居刻上了难以磨灭的烙印,美式价值观和生活方式深刻影响着这里的人们,尽管他们内心厌恶抗拒——讨厌说英语,坚持本民族的传统习俗,但电视里一直播放的CNN以及美国驻墨西哥使领馆门口总是排成的大长龙队伍,又在宣示着这种复杂交织的情感。

在墨交流实习期间刚好赶上2016年美国大选最后阶段,在墨西哥人民的一片骂声中,特朗普"粉墨登场",最终赢得大选入主白宫。由于其修筑边境墙、管控移民、保障本国劳工就业、提高关税等不利于墨西哥的举措,胜选当天墨西哥本币黑市汇率大幅贬值,此后虽然有所回升,但在我离墨之前仍未恢复到此前的水平。

在对外采访和与当地人的日常交流中,能够明显感受到这里的人们,尤其是普通民众对于中国知之甚少,更遑论客观和不带偏见的认知了。此中虽有历史客观原因,但如何更好地深入民间宣传国家形象和中国文化,加深当地对华认知和文化认同,是一个值得更多思考的课题。当然,在这个遥远的国度,时而也能够发现惊喜:一次偶然的机会,我陪同事参加当地人的一个较为私人的聚会,饭后我们突然被主人请上二楼,赫然发现仿佛来到了一个国内的中医诊所,只不过那些熟悉的中医术语变成了西班牙文。经了解,这个诊所的主人已年过七旬,年轻时曾到中国求学,在正式学习中医前他还学习了中文,学成后回到墨西哥,开设中医诊所,到此求医的病人络绎不绝。老先生尤其擅长针灸,在行医的同时也致力于中医著述的翻译,其中包括《黄帝内经》。手捧翻看着这位"老中医"的译作,对于大部分国人尚且理解有难度的古文,他竟能够准确翻译,而且标注拼音并加以注释。此外,他还

作者外出采访中

开设针灸学习课程，传播中医知识和文化。这样的事例也让我们坚信人与人、国与国之间的交流总有一天会在润物细无声中悄然发芽结果。

四

回顾总结这段海外实习经历，我最直接的收获自然是丰富了作为一线记者的经历，学到了更多实际有用的职业技能，对日后的工作学习大有裨益。同时，我更体会到"国际新闻传播"这几个字包含的意义，这是在课堂中永远学不到的。

这段宝贵的经历让我初尝驻外生活的滋味。近距离观察驻外记者的日常工作与生活，对我不久后是否选择外派工作有不小的启发，新华社在拉美的很多分社都只有一位常驻的记者，日常要独自包办大大小小一切事务，不禁引发我思考，如果是刚刚走出校门的自己，是否能应对这些挑战。尽管墨西哥没有想象中那么危险，但夜晚完成采访任务后独自走在空无一人街道上的场景仍历历在目，这份胆量大概也只有那个年纪才会拥有。

一个人在海外的生活，也让我在独处中能有更多时间进行思考。彼时正处于结束了研一较为密集的课程学习的时候，班里同学们开始对自己的未来进行各自的探索。毕竟不久后，将会迎来更为紧张的研三，对绝大多数同学来说，毕业论文和找工作的双重压力容易让人无所适从。此时，正需要一段时间对自己一年半研究生生活进行得失的总结，决定回国后何去何从。

此外，在海外实习期间，我有幸能够借助新华社在当地的资源，完成了一份关于墨西哥主流媒体中的中国国家形象研究的样本提取工作，回国后在班主任顾洁教授的带领下，与班上其他同学合作完成

墨西哥街景

了"非英语国家主流媒体中的国家形象"课题,后在此基础上完成了我的硕士毕业论文,并获得当年学院的优秀毕业论文,这也算是海外实习经历对我在学术方面的助力。

后记

　　回忆起海外实习的点点滴滴,虽然时间还是会模糊人的印象,但彼时的心境也因经历的独特而难以忘怀。自入学以来,我便一直向往海外实习机会,经过学院和三校联合的选拔最终成行。在这个过程中要特别感谢我的导师曾祥敏教授对我参加海外实习的坚定支持,也感谢吴敏苏教授在面试准备期间给我的悉心指导。

　　在看到当年的实习地点后,眼中便只有拉美。如作家三毛一样,我也是从墨西哥开始踏上拉美大陆,一点一点去了解这片土地。四个月转瞬即逝,这段探寻的旅程也告诉我前方仍有更多绚丽风景。于是在五年后,我又回来了。

经过远方，扎根沃野

◎袁月明*

很多人问过我，国际新闻传播硕士班最吸引我的地方是什么？

雄厚的师资力量、专业的课程设置、丰富的实践活动……但说实话，仅国新班同学有机会争取的国家留学基金管理委员会（国家留基委）公派海外实习的机会，对我来说有着最大的吸引力。

2016年下半年，我如愿拿到了海外实习名额，并幸运地在当时赴美签证大收缩的情形下拿到签证，于当年10月30日踏上前往美国的航班，开展为期三个多月的中新社美国分社实习。

这段并不算长的、回看起来却成就感满满的海外实习经历，一直到现在都停驻在我的记忆深处，让我受益匪浅。

一、亲历美国大选

我到中新社美国分社报到的那一刻，指导老师便告诉我：现在你不再是一名学生，而是一名进入实战状态的记者了。

---

* 袁月明，中国传媒大学2015级国际新闻传播硕士班学生，现就职于新华社河南分社，曾参与习近平总书记视察河南相关报道、历年"两会"报道、郑州7·20特大暴雨灾害报道、庆祝中华人民共和国成立70周年大阅兵直播报道等，作为主创人员策划推出了《真人版〈帝后礼佛图〉》《夏文化考古地图H5》《甲骨文"画"节气》等创意融媒体报道产品，稿件多次获评新华社社级好稿、清新文风佳作、总编室表扬稿、总编室外文好稿等，连续多年被评为新华社河南分社先进工作者，2021年7月获评新华社优秀共产党员。

当时美国以及世界媒体界关注的头等大事,便是即将揭晓最终结果的美国总统大选。而我在海外分社上手的第一件报道,便是大选结果揭晓前,美国选民的最后一次投票。老实说,虽然在学校经历了系统的课程训练,但真正接到选题、拿着相机走上街头的那一刻,还是产生了茫然无措感:我该去哪里拍?我该怎么采访那些人?如果投票站拒绝媒体采访怎么办?但再多的设想与焦虑,也不如真正走进现场。11月8日一大早,我便前往离单位最近的一家投票站,蹲点将近一小时后,终于拍出了自己比较满意的一张新闻照片。在那天上午,我连续跑了四五个投票站,并成功发出图片组稿。

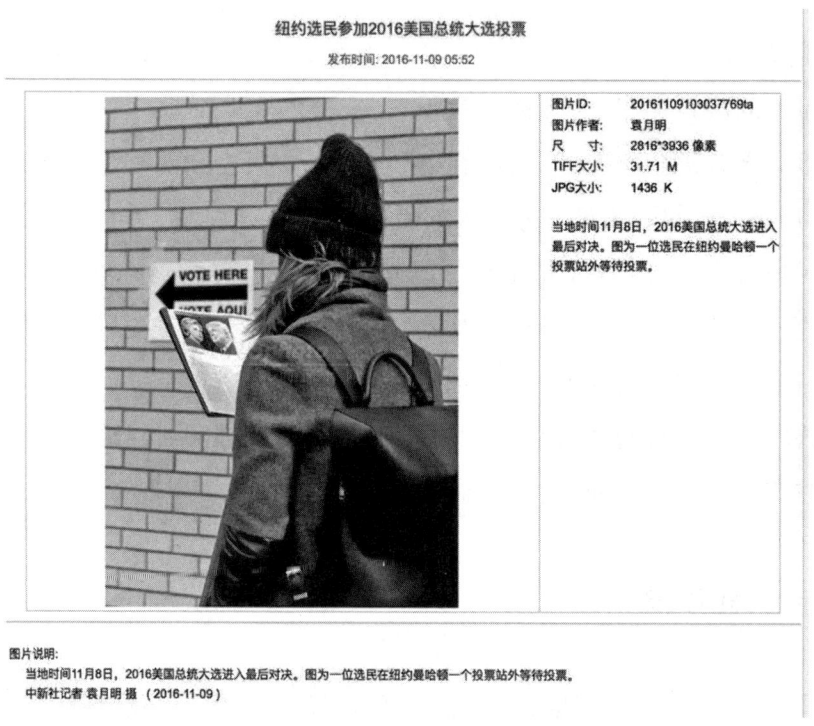

海外实习发出的第一稿《纽约选民参加2016年美国总统大选投票》

11月8日晚上八点到11月9日凌晨三点,我蹲守在时代广场。究竟是特朗普还是希拉里?一切都在这个晚上得到答案。

这一晚,我眼看着时代广场从人群熙熙攘攘到只剩下零散的流浪汉。我看到那些闪烁的巨大广告牌、记分电子屏下,出现最多的是反对特朗普的大字报和看到希拉里基本翻盘无望之后或皱眉或流泪或更加激动大骂的人。耳边不断有人说"It's shocking.""It's insane.""It's the end of civilization."……诸如此类。

如此惊诧与困惑,大概纽约客们怎么也不会想到特朗普会成为第45任美国总统吧!太阳升起,尘埃落定。举世瞩目的2016年美国大选就这样结束了。而身处其中的我,用镜头记录下一组颇具喜剧感的"大选表情"并发稿。

后面几天,纽约街头反复上演游行与封锁、抵抗与对峙。纽约精英阶层对于特朗普的反对超出预期。我就在一旁,用笔和镜头记录下这些新闻碎片。我似乎感受到,之前仅在分析文章中看到的美国社会分裂的断层线,渐渐变得清晰起来。

没有人能否认,2016年选举对于美国政治变革有非同一般的历史意义,它所引发的"蝴蝶效应"延宕至今。有人认为,2016年大选是美国内战结束以来最大的政治分裂;还有人认为,这是20世纪初政党重组以来美国两党制受到的最严重的冲击;又有人认为,这是罗斯福新政以来美国社会的最大变革。可以说,一直到今天,2016年美国大选激起的政治旋涡仍在继续。

回头看,在某种程度上来说,我是何等幸运,亲眼见证了历史的车轮滚滚向前,向下一个百年未有之大变局的时代驶去。

二、采访各界人士

除了宏大叙事,在中新社美国分社实习期间,也有许多小而美的采访经历。让我印象最深刻的,则是在美国的第一次人物报道——专访国际知名音乐家谭盾。

那是在2016年11月20日,谭盾在纽约举行首场《敦煌遗音》演讲互动音乐会,这也是他第一次通过音乐、演讲以及多媒体互动的形式,重现千年之前的敦煌乐音。

谭盾的名字并不陌生,但能有机会采访到他,还是出乎我的意料。于是,采访前我便做了十足的准备,不仅把谭盾的履历从头到尾过了一轮,还将他此前在美国的相关活动报道全看了一遍,列出十几个问题,提前发到了他的邮箱中。采访时我们具体聊了些什么,现在已经记不清楚,但采访后临告别,谭盾对我说的一句话让我记忆犹新:"你是这次采访我的记者中,准备最充分的一位。"现在看来,当时写的稿子虽然被人民网、中国侨网、中新网等多个新闻平台转载,但文笔着实生涩、稚嫩。不过,"最充分"这个评价仍让我无比开心,也一直谨记"记者不打无准备之仗"的工作要义。

采访后作者(左)与谭盾合影

不止谭盾,得益于在国字头通讯社的海外分社实习记者身份,并且身处纽约这个"大苹果"中,我由此有机会采访到有"中国最美外交官"之称的傅莹、美国前驻华大使芮效俭(J. Stapleton Roy)、全球最卖座的魔术秀《魔术师——世纪之交》的主创人员、音乐剧《微光》的舞者、中国歌剧舞剧院的《孔子》主创人员……

还记得2017年1月1日那个跨年夜,我还像大选当晚一样,驻守在纽约时代广场,等着记录这里的新年庆祝活动。远处高耸的洛克菲勒大厦上,红色灯光亮起。伴随着耳边的倒数声,新年烟火腾空,点亮夜空。

不久后，便是农历春节，那也是我人生中第一个没有回家、独自在国外过的春节。趁着有空闲时间，我从纽约前往华盛顿，采访了在美国街头呼吁保护女性权利的民众，她们高喊着"Women unite for human right！""Women demand equality！"……这些事，在海外实习前，都是我未曾预想到的。

不过，或许这便是记者这份工作的趣味所在，因为它有着多种多样的可能性——无尽的远方、无数的人们、无限的事件，因为我手中的笔和镜头，便都能与我产生联系，让我经历这些不同的人生故事。

无比感激中新社美国分社各位老师给我的"选题自由"，让我在海外实习期间，能充分接触到各种新闻报道形式、参与到各种日常工作当中。这是一份多么有幸福感和成就感的职业！

三、回到基层一线

毕业后，与许多国新班同学选择留在北京不同，我再三纠结后，最终选择回到自己的家乡河南，成为新华社河南分社的一名基层记者。

作为国新班培养出的国际新闻传播人才，我的选择对吗？回到基层一线，扎根田野之中，需要我多年学习的"国传"技能吗？

我也曾多次这样问自己。

经过几年来的分社采访实践，我意识到无比宝贵的海外实习经历赋予我的是双语采写稿件的能力和更加开放的国际化视野，这也成为我工作中的优长。

2020年初，一次在河南登封少林寺的英语直播，让我结识了塞尔维亚女孩玛塔，彼时，她已经在少林寺住了近3年时间，一边完成博士论文，一边深入体验少林生活、感受中国传统文化。

交谈过几次后，我和她结下了深厚友谊，并策划了《外国小姐姐体验中国麦收》《外国小姐姐看黄河》等系列报道，相关短视频在新华社海媒账号上总浏览量突破百万。

2023年，拥有百万粉丝、讲着一口流利河南话、已经学了七年中医的

"中国通"——德国小伙无名,成为我的报道对象。我与他前往太行山的深山中采摘中药材、拜访中医名家宋兆普、聊对中国传统文化的认知与传承。

采访后作者(右三)与无名(左四)合影

"我希望能学好中医,做中医药文化的传播者",无名的话,也让我真切感受到中华优秀传统文化在世界范围内的感召力。

工作近六年时间,一个个在中国、在河南的外国人,不断成为我报道中的主人公:在郏县乡村中幸福生活的非洲女孩、在河南大学传道、授业、解惑的德国教授、在宇通公司为公交车打造科技外观的印度设计师、惊叹于殷墟博物馆新馆的美国学者……我用新闻报道不断展示着当下中国的时代风采。

作为一名记者,我会始终带着对这个世界的好奇心和求知欲,继续探索、继续创作、继续发声。广阔天地,大有可为。

及能如愿亦不平常
——记离新闻梦想最近的三个月

◎鹿梦琪*

时光的沙漏好像会不定期漏出一些记忆碎片，而近期我的记忆碎片中，"海外实习"掉落的频率惊人之高。因为我本人正在读博士，需要海外访学经历，最近在留意一些访学机会。打开国家留学基金委的国家公派留学管理信息平台，上一段留学实习经历赫然在目。最近又收到了本稿邀约，决定自己去复盘一下那段经历。好不容易从角落里翻出已经泛黄的实习证明，上面写着"兹有中国传媒大学学生鹿梦琪，于2017年10月13日被录取为国家留学基金管理委员会'优秀国际新闻传播硕士研究生赴海外实习项目'出国留学人员。该同学于2018年2月8日至2018年5月4日在位于曼谷的人民日报亚太中心分社进行为期3个月的实习……"这段文字直接把我的记忆拉回了六年前。

一、珍贵的人生阅历，难忘的新闻之旅

2月初的泰国，傍晚气温近30℃，当从北京出发的航班落地时，我还穿

---

* 鹿梦琪，中国传媒大学2016级国际新闻传播硕士班学生，现就职于广东外语外贸大学，担任亚非学院孟加拉语系主任，曾代表学校出席第十八届亚洲大学校长论坛。参与2项国家社科基金重大项目，主持8项校级科研、教研项目，多篇咨询报告获得中央领导批示及中央部门采纳。主导专业申请并获批"省级一流本科专业建设点"，并担任广外"南亚区域研究团队"负责人。曾被评为"优秀本科生导师""工会积极分子""优秀党务工作者""优秀论文指导教师"，曾获"优秀教学奖""优秀科研业绩奖"等奖项。

着厚重的毛绒外套和靴子。热浪夹杂着湿气扑面而来,映入眼帘的是机场繁忙喧闹的景象,满怀忐忑和兴奋的我彼时竟不觉得很热。人民日报亚太中心分社的老师把我送到提前租好的公寓,还贴心地借给我一些现金,建议我当天好好休息,第二天白天再出门。我乖巧地点头,但等老师离开后,便放下行李迫不及待地开始了夜市美食探索。先是类似印度飞饼的泰国水果饼,味道不错但甜度爆表,又买了一碗路边看似平平无奇味道却浓郁丰富的鱼丸面,十分合我胃口。当时泰国的治安环境整体很好,遍地711和Alipay,英语和手语交流无障碍,部分店员还懂两句汉语,好像融入当地生活毫无障碍。

第二天我就前往人民日报亚太中心分社报到了,分社的老师们都超级温和,有耐心。刚开始的几天只需要熟悉环境,自行留意选题。后面慢慢开始协助老师收集资料、拟写采访提纲、联系采访对象。比起国内,海外分社的工作自主性更强,出差的频率也更高,所以办公室通常很少有人坐班,我也不满足于坐在电脑前工作,便向老师提出希望协助一些实地采访的任务。

校园里的书本知识和模仿演练与实务还是有很大区别。最开始我只能给我的指导老师张老师打下手,在旁边记笔记和观察,后面渐渐可以独自完成采访任务甚至独自出差。张老师很少会说新闻理论,但会在实践中进行示范,可以说手把手教会了我记者的技能。

最后的一个月是最忙碌也是最充实的,几乎每天都有采访任务,也开始接触一些比较高层级的选题,有很多印象深刻的回忆。有一次参加中泰签署澜湄合作专项基金协议发布会,我和众多媒体记者一起提问,抢到了向马云提问的珍贵机会,马云的英语口语水平令我大为惊讶。有一次参加春节的文化活动,为了采访大使,我从三楼追到了一楼,挤到人群里抢到了采访机会。还有一次参加联合国的活动,被联合国开发计划署亚太局局长助理问是哪个媒体,然后临时安排了全英采访。

鹿梦琪采访联合国开发计划署亚太局局长

到曼谷之外出差的经历也是非常宝贵的,可以接触更多各行各业的人,可以深度体验当地的美食、服饰、民俗文化。我去过食品工厂调研食品安全问题,去过劳工服务站采访劳工,去过俱乐部采访球星,去过稻田采访农民,去过榴莲园采访榴莲采摘工人。我这个新记者觉得什么都很新鲜,在车上写稿写到晕车也不觉得辛苦。

3个月虽时间短暂,但于我而言收获颇丰。3个月内我共在《人民日报》上发表消息、文章等8条(篇),其中《学习中国

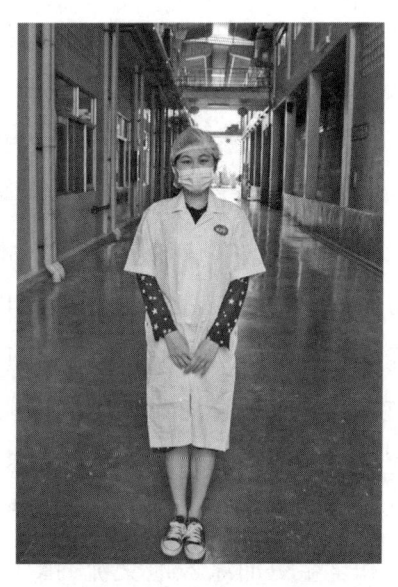

鹿梦琪前往泰国某食品工厂进行采访

电商经验 促进数字经济发展——开放的中国给泰国带来新机遇》一文发表于《人民日报》要闻版面及国际新闻版面。此外,我在《环球时报》上发表文章4篇,同时还有17篇文章在人民网和《人民日报》英文客户端发表,内容涉及经济、政治、文化、社会生活等各个方面。有幸获得这些成绩,除了编

辑对我个人能力的认可,更是要感谢海外实习这一宝贵机会。

二、曾经的新闻理想,现在的三尺讲台

凡所难求皆绝好,及能如愿便平常,人生总是如此。到高校工作后,我和以前的同学也保持着联系,他们大多在新闻媒体工作,大家通常是互相羡慕。我羡慕他们发挥笔力、脑力、脚力实现新闻理想,他们羡慕我有寒暑假期。

六年前我从来没想过会去高校当老师,一心只想进入媒体行业做记者。还记得得知有海外实习的机会时,我好像特别执着于争取到这次机会,想方设法问了所有认识的师哥师姐,向他们请教面试经验和海外工作经验,提前准备和打磨了自己的简历,准备了很多可能被问到的问题。我至今还清楚地记得当时面试我的考官的长相。收到面试通过的消息时我开心了好几天,泰国实习的三个月的点点滴滴也一直铭记在心里。虽然最后没做记者,但这段经历对我现在的工作也有很大影响。

海外实习于我而言不仅是一次学习和成长的机会,更是一次挑战与收获并存的经历。在人民日报驻泰国曼谷中心分社的实习中,我不仅提升了自己的专业能力,也锻炼了自己的沟通和协作能力。除了繁华的城市,我也深入农村地区进行了实地考察和采访报道。我更加深刻地了解了泰国的乡村生活和农村经济发展现状,这也让我明白了新闻报道的责任与使命。在完成采访任务的同时,我积极参与了当地的各类活动,与当地人民交流互动,感受着他们的生活和情感,学习与人沟通交流。如今作为一名老师,我也和学生更加深入地交流,招生时亲自到生源地宣讲,好像做着不同的职业,却用着类似的工作方法。

在实习中,我不仅有机会参与报道中泰重要经济合作的新闻,还有幸采访了一些重要人物,其中包括马云以及泰国工业部部长、泰国旅游部部长等。这些采访不仅拓宽了我的视野,也增进了我对国际新闻传播的理解,同时也帮助我拓展了人脉。在担任高校教师时,我的研究方向也不再局限于

文学,而是更偏向国际新闻传播和中华文化海外传播,并申请到了相关项目。

如今,站在三尺讲台上,我仍牢记每位国新人倒背如流的那句话——"坚守国家立场,发出中国声音"。我总是以立德树人为自己的责任,也在高校的思政工作中发挥了曾经学到的新闻传播技能。

鹿梦琪在广东外语外贸大学课堂上讲解思政内容

三、前浪正砥砺前行,后浪定踔厉奋发

随着时间的推移,国新班的海外实习经历已经成为珍贵的回忆。每每在朋友圈看到新的"国小新"继续参与海外实习,我都觉得感慨万千。作为前浪,我正在砥砺前行,虽偶尔倦怠,但看到后浪的踔厉奋发之后,我便振作起来,努力进步。

对于在校学生来说,我觉得海外实习的经历不仅是一次走出国门的机会,更是一次深入了解国际新闻传播领域的难得体验。我们不仅可以亲身感受外国文化,更能在岗位上深刻地了解国际新闻传播的多样性和复杂性。从采访外国人士到参观当地传媒机构,每一个环节都可以让我们收获颇丰,也可以开阔我们的视野和思维。

在海外实习的过程中,我们可以向媒体记者前辈们学到专业知识,更重要的是学会如何与不同文化背景的人沟通交流。这种跨文化交流的能力,不仅可以在实习期间帮助我们顺利完成任务,也在我们今后的学习和工作中发挥着重要作用。正是这段难忘的经历,让我更加深刻地意识到全球化时代下新闻传播人的责任和使命。回到校园后,海外实习的经历会让我们更加珍惜国内学习的机会,也会让我们更加努力地去探索国际新闻传播的前沿动态。

海外实习不仅是一次经历,更是一次精神的洗礼,它激励着我在学习、实习和工作中不断追求卓越,为国际新闻传播事业贡献自己的力量,即使不在新闻岗位上,也不忘记曾经的理想。

海外实习是我成长路上的重要一环,它让我变得更加坚韧、更加自信,也更加富有责任感和使命感。谨以这篇文章记录我自己的见闻与感悟,也希望能够启发更多的师弟师妹勇敢追逐自己的梦想,勇敢走向世界的舞台。

看见被遗忘的世界
——海外实习之非洲行记

◎欧立坤*

如果问我世界上最容易被人遗忘的地方是哪里,在我看来,非洲会是一个非常合适的答案。

三个月的海外实习,让我有机会跟随中央电视台(非洲分台)最优秀的记者们一起工作,了解驻外记者的生活,同时也让我沉浸式地感受了这个被遗忘的世界,刷新了对非洲的认知。

被遗忘的世界

当海外实习的机会来到我们面前时,我就被一个不太熟悉的名字吸引——内罗毕,这是 CGTN 非洲分台的所在地,彼时的我尚不知道内罗毕到底是什么样子,与其他人一样,脑海中浮现的大多是炎热和贫穷的影像。

作为一名本科是电视摄影专业的学生,我对非洲一直抱有憧憬。出发前夕,我找了许多与非洲相关的书籍,希望能更多地了解非洲,其中包括毕淑敏写的《非洲三万里》,在这场从南非出发一直向北的行程中,非洲在她笔下呈现出一个展现人类起源、原始与自然并存、充满活力又故步自封的神秘世界。

---

* 欧立坤,中国传媒大学 2016 级国际新闻传播硕士班学生,现就职于中华人民共和国审计署审计干部培训中心(审计宣传中心),主要负责审计署官方网站和微信公众号的运营维护工作,参与了"优秀审计项目""审计青年"等栏目的拍摄、制作。

经过十几个小时的飞行,我们终于到达了内罗毕的乔莫肯雅塔国际机场。说实话,落地的第一印象令我震惊,在步行经过一段水泥路面之后,我们来到了一座像谷仓大棚一样有着半圆形屋顶的建筑,这里就是机场的航站楼了。机场的海关人员在我的护照上"转着圈"写了几笔,再盖上一个章,作为通关凭证,我至今不知道上面到底写了什么。这些事仿佛给我泼了一盆冷水,我真的能在这"被遗忘的世界"里顺利地度过三个月吗?

从语言开始融入

陌生的地方,陌生的人,总有一些不适应。作为曾经的英国殖民地,内罗毕的官方语言是英语和斯瓦希里语,几乎所有的肯尼亚人从小都是接受双语教学,都能说一口流利的英语,刚到内罗毕的我却有几分不敢开口。改变的契机非常微妙。在非洲分台,为了保证员工的安全,有几辆专门负责接送员工上下班以及外出采访的车,需要用车时,我们要通过短信或电话跟几位黑人司机沟通。最开始,我说每一句话都会仔细思考语法对不对,发每一条短信都会去看拼写对不对,可是我很快就发现,他们回我的短信极其简略,能用"u"就绝不用"you"。

上车后,司机们会主动跟我们聊天,在渐渐熟悉了他们的口音和语速之后,我们也会问他们一些问题,我知道了很多当地人每天都要喝茶,一天不喝就头疼;还有他们现在开的车叫作"new car",其实是其他国家用了十年报废的车,而真正新出产的车只有少部分富人才会开,被叫作"new new car";他们会在路过某条路的时候跟我们说,这条路是日本人来修的,那条更宽的路是中国人修的……在这日复一日的闲扯中,我也逐渐建立了自信,开口说话好像也没有那么难了。

从不安开始改变

诚实地说,哪怕出发前做了很多功课,我们对于非洲的安全问题还是有着几分担忧。我们刚到内罗毕就发现,不管是走进非洲分台的大楼,还是回到住的地方,抑或是去超市购物,都会遇到持枪的保安对我们进行安检。非洲的国家本身是从过去的部落(tribe)融合演变而来的,但是并不是所有人都认可国家的形式,许多人还以过去的部落种族来标榜自己的身份,比如称自己是马赛族或者kikuyu族等,因此部分国家内部会因为种族的不同而产生冲突和矛盾。

内罗毕也不例外,我们生活在Kilimani区,这里是内罗毕华人聚集的主要区域,当地人对于华人的存在是相对包容的,但即使是这样,我们在某天上班路上也险些被当地的警察拦下盘问,而当时与我们同行的李锁良老师告诉我们赶紧上楼,他去处理。回来后他告诉我们,在内罗毕,经常会遇到警察敲诈外国人的情况,有几位非洲分台的记者还被"请到"警局去过,最后只能花钱了事,这次他也是靠拿出记者证才躲过一劫。

为了让我们尽快熟悉周边环境,缓解我们的紧张和恐惧情绪,我们的中国房东在周末带我们来到了离住处不远的城市公园市场(City Park Market),就跟国内的菜市场和集市很像。第一次去的时候,摊位的雨棚还滴着雨,刚下过雨的地面还有几分泥泞,没走几步,我们的鞋就沾满了泥,但是我们的目光很快就被摊位上五颜六色的水果和蔬菜吸引,香蕉不只有黄色的,还有青色的和红色的,国内十几块钱一个的大芒果,这里只要50肯尼亚先令(大概等于3.5元人民币),味道非常香甜,还有各种我们认识或不认识的水果。有趣的是,一位穿绿色卫衣的黑人小哥非常热情地给我介绍各种水果,告诉我红色的香蕉直接吃没有什么味道,他们都是用来炒菜的,他还教了我几句简单的斯瓦希里语,甚至还特意教了我"骗子"一词怎么说。

事实证明,这极大地缓解了我们一开始的紧张。分台的几位老师也告诉我们要多了解当地人的文化,融入这里。当然,夜晚尽量不要独自外出,晚上如果加班的话,一定要打电话让分台的司机送我们回去。也正是周围人的悉心照顾,我们才度过了最开始的紧张时期。

城市公园市场和这里的人

从工作开始面对世界

第一次让自己的镜头面对世界是什么感觉?

我们在非洲的三个月大致分为两个阶段,第一个阶段跟随沈婧老师一起寻找选题,改写新闻。第二个阶段我和翁旭东被分到了演播室的不同部门,翁旭东在导播室里学习实况转播,而我则走进演播室里,跟着几位不同肤色的摄像老师体验直播。当然,这个期间我们还是会跟着不同的记者出去采访拍摄,毕竟直播主要集中在晚上。

我和演播室里几位摄像和主播很快熟悉了起来,和我聊得最多的是一位微胖的黑人摄像,印象里他叫 Ben,非常友好,热情地为我讲解演播室里的一切,从灯光的布置到不同机位的运镜,事无巨细地聊了很多,偶尔也会和我讲讲他们的家人和孩子。他对我在中国的生活也非常感兴趣,还问我毕业了是不是要来非洲上班,说实话我真的有点心动。

我参与直播的一个节目叫 Africa Live，有点像国内的《新闻联播》，最开始的几天，我主要是站在演播室里观摩几位摄像操作，在工作不忙的时候，Ben 会让我戴上耳机，听听导播室里在说什么，感受一下他们平时是怎么沟通的。有一天，在直播开始前，Ben 突然说："啊！要不要试试来录今晚的直播，我觉得你可以！"我很惊讶，我真的可以吗？我知道操作并不难，只是几个简单的镜头，但是这毕竟是一场直播，万一出错了怎么办！这时，Ben 又说："来吧，我觉得你可以。"犹豫片刻，我答应了。直播开始前，当我戴上耳机，握住摄像机的手柄，对好焦，构好图，我突然有一种被全世界注视着的感觉。"这可是面向全世界的直播！"我心想，一时间，紧张感袭来，身体开始发热，背后开始冒汗，我开始在脑海里回想每一个细节。这时，耳机里响起了导播的声音："5，4，3，2，1，开始！"摄像机亮灯，拉镜头，定住！等我再回过神，第一个镜头已经过去，一切平稳落地，身体一下子从紧绷到松弛，我自嘲地笑了笑，真的不难。我把自己参与直播的照片发在朋友圈，有的同学开玩笑说："你用镜头画个十字，证明一下是你在操作。"

直播间隙的演播厅

在采访中感受中非的联系

有一次,我们跟随刘冰清老师一起前往了联合国环境规划署,这也是联合国唯一设在第三世界国家的办事处级别的机构。当时,中国刚刚捐赠了一批摩拜单车给内罗毕,我们对此采访了当时的常务董事 Erik Solheim,说实话,我和旭东都很惊讶,国内尚且刚刚起步不久的摩拜单车,此时已经漂洋过海,来到了遥远的非洲,我们都有一种他乡遇故知、与有荣焉的感觉,Erik 也在采访中表示,对于共享单车这种环境友好型的援助,他希望多多益善。

作者(右一)在联合国环境规划署体验摩拜单车

如果你要问中国人在非洲生活得怎么样,我只能说,难以言表。路边的小贩为了卖东西会一直跟你说:"My friend!"以至于翁旭东听到这句话都有几分应激了。其实不管是在非洲生活时,还是采访中,除了中国援建的道路和设施,中国人留下的痕迹也随处可见。房东告诉我们,目前有将近 10 万华人生活在内罗毕,已经成为肯尼亚最大的外裔群体之一。李锁良老师趁着周末休息,带我们来到了位于分台不远的一个小院子,从一个狭窄的小道进去,经过例行的安检,我们发现这里别有洞天。不但有中国超市,甚至还有我们熟悉的牛肉面,以及来自中国的理发师。毕竟当地人大多要么是脏辫,要么是光头,像我这样的毛寸只有中国的理发师才剪得又快又好,在这里我们也感受到和祖国并不遥远。

难以忘记的基贝拉

内罗毕是一个贫富分化比较严重的城市。分台的老师说,一方面,内罗毕有非常国际化的一面,在这里,你可以轻松地找到来自世界各地的美食;但是另一方面,离内罗毕市区不远的地方,就是世界第二大贫民窟基贝拉。根据维基百科的数据,基贝拉地区面积只有2.5平方公里,这片小小的区域中挤满了铁皮小房子,生活在这里的孩子们,甚至一天勉强只能吃上一顿饭,仅凭家庭条件根本没有能力接受正规的教育。

我们在非洲分台的同事Job凭借一己之力在基贝拉创办了爱心小学"Shine Kibera Educational Centre"。Job全名叫Job Moturi Bitange,他也是一个在基贝拉长大的孩子,之后考上了全肯尼亚最好的大学——内罗毕大学,进而成为非洲分台的一位画面编辑。复活节假期的前一天,我们来到了Job的公益小学参观,Job的小学是没有操场和院子的,就是在一个拥挤老旧的二层居民楼上,在外面看非常不起眼。临走的时候,我们把自己筹集的一些现金捐给"Shine Kibera Educational Centre",希望能为改善孩子的学习条件尽一份力。Job却并没有直接收我们的钱,而是带着我们来到了学校边的商店里,买了一些米面粮油、粉笔彩铅,Job让我们直接和老板结账,他和他的老师们一袋一袋地往学校搬运。看着巨大袋的面粉和白糖,我们以为差不多够孩子们一个月的口粮,可Job告诉我们,这只够学生们吃一周时间,下一周的伙食和日常消耗,Job和他的老师们还得再想办法。

出了学校之后,Job决定带我在贫民窟外围走走,本来一个小时的行程,不到十分钟就结束了,因为我们还没有走两步,就冲出来一个当地居民冲着

Job大吼大叫。马路中间是一只正在熊熊燃烧的轮胎,这情形让我们非常紧张,经过Job的交涉,我们最终决定小心地撤出基贝拉。后来我们才知道,因为当时临近大选,不同政党之间的矛盾让贫民窟里产生了冲突,我们只能怀着遗憾离开了。

作者(左一)在爱心小学和孩子们在一起

短短三个月的实习,有太多的回忆,说也说不完。事实上,驻外记者的生活并不丰富,工作之外大多是异国他乡、远离家人的寂寞,但是,他们也会说"Hakuna matata"(斯瓦希里语:随遇而安)。驻外记者是一群充满热情和活力的人,他们大多既见过富有的南非,也见过找不到几家小卖部的塞拉利昂。非洲这片土地上,有太多的故事等着我们去挖掘,或许这是我此生唯一一次深入地了解非洲,但如果有机会,我非常愿意再度踏足这片热土,去了解这片"被人遗忘的世界"。

非洲大地上的中国脉动：在肯尼亚的实习观察札记

◎翁旭东*

品尝过夜的巴黎，踏过下雪的北京，回味过记忆中的土耳其……谈起与我们素有传统友谊的非洲大地，却似乎更为陌生。然而这种情况正在发生改变，随着习近平总书记"人类命运共同体"理念的提出，非洲各国朋友正比历史上任何时期都同我们站得更近，靠得更紧。特别是在"一带一路"倡议以及"中非合作论坛"等一系列顶层框架设计下，中非全方位、多层次交流合作不断融合深化，国人将越来越多的目光转向这片美丽的土地。也正是在中国力量的帮助之下，非洲大地向着现代化快速迈进。

"走，到非洲去！"这是2018年海外实习遴选时，面对着志愿表上的各个选项时，我的脑海中突然出现的一股强烈的念头。对于非洲这片遥远的土地，我从小时候看动画片《狮子王》时起便种下了一颗兴趣的种子；与此同时，通过在国新班的学习，我也充分认识到，这里正是我国国际传播的第一线，更是同西方展开激烈的话语权争夺的重要阵地。在这一信念的驱使下，我和我的同学、战友欧立坤共同填报了CGTN非洲分台的实习志愿。经过严格选拔，我们最终有幸来到肯尼亚首都内罗毕进行驻站实习。在三个月

---

* 翁旭东，中国传媒大学2016级国际新闻传播硕士班学生，现为中国传媒大学电视学院讲师、师资博士后，捷克查理大学访问学者，国际新闻传播硕士项目辅导员，国际媒介与传播研究学会（IAMCR）大使，从事视听传播、数字媒体、话语理论分析研究，发表相关学术论文多篇。参与国家社科基金重点项目、教育部人文社科重点研究基地重大项目、校级党建与思想政治教育研究重点项目等多项研究课题。曾获全国首批"百名研究生党员标兵"、2023年北京市高校优秀学生，荣获第六届范敬宜新闻学子奖，两次获国家留学基金资助公派出国学习实践，多次获研究生国家奖学金。

的实习生活中,我们不仅在专业老师的指导下创作出一批报道作品,更在肯尼亚社会基层磨砺"脚力"、打磨"眼力"的过程中,对肯尼亚社会有了较为深入和全面的认识。实习期间,基于我个人的观察、走访与体验,我完成了一部2万余字的社会观察报告。今天看来,报告不免笔触稚嫩,但仍有一些内容值得讲述与分享。这篇实习观察札记正是由6年前的这份报告精选、提炼而来,希望通过我的观察,能为读者带来一个真实具体的肯尼亚,更让大家深切感受到在非洲现代化发展进程中的中国力量与中国脉动。

作者在 CGTN 非洲分台实习工作照

作者和媒体指导老师一起采访联合国前副秘书长兼环境规划署执行主任埃里克·索尔海姆

一、肯尼亚基本国情概览

肯尼亚的国土面积超 58 万平方公里，位于东非地区，北面同索马里、埃塞俄比亚、南苏丹接壤，西靠乌干达，南边与坦桑尼亚为邻，东临印度洋。拿地图看的话，肯尼亚所在的地区叫非洲之角（Horn of Africa）①，就像长在非洲大陆的一个犀牛角，向东伸入阿拉伯海，非常形象。

肯尼亚的地方行政管理非常扁平化，只有中央和县两级。2013 年以来，肯尼亚取消了原来的六级行政区划，直接把全国划分为 47 个县。肯尼亚国内有 42 个民族，但一些本地人仍习惯用部落（tribe）来称呼各民族，肯尼亚最大的部落为"Kikuyu"。肯尼亚还有大量的印度人，主要为英殖民时期输入肯尼亚修建铁路的印度劳工的后代，近些年肯尼亚宣布将印度人也列为本国的一个民族。由于各民族都有各自的语言，而且互不相同，基于此，肯尼亚规定英语与斯瓦希里语为其官方语言。《狮子王》中小狮子"辛巴"的名字，正是来源于斯瓦希里语的"Simba"，其本意即为狮子。至于肯尼亚的历史，去到内罗毕国家博物馆会发现肯尼亚整个国家的历史可以简略分为三个阶段：原始部落社会、英国殖民地社会以及民族独立后的当代社会，可以说是一个相当年轻的国家了。

说起肯尼亚的社会特征，"关起门来做生意"是一个不得不提的点。大部分商店和餐厅都是深藏在院子里做生意的，即便白天也是大门紧闭。当有顾客需要进出时，才会有专门的安保人员打开大门。如果要去当地比较大的一些购物中心或者公共机构时，你会发现，在入口处都可以看到安检门和安检员，每一名顾客都要经过安保的安全检查。不光是这些公共场所，就连私人住宅小区也往往有专门的安保人员把守。在分台所在的办公大楼中，每一楼层两侧也都配备保安。造成这种独特现象的原因是内罗毕令人担忧的安全态势。尽管肯尼亚在整个非洲地区属于政治稳定、能够持续发

---

① 关于非洲之角的说法有狭义与广义之分，狭义指厄立特里亚、吉布提、埃塞俄比亚以及索马里、索马里兰这些国家，不包括肯尼亚；广义的划分则在前者基础上加上肯尼亚与苏丹。

展的国家,但其首都内罗毕却是世界上最危险的城市之一。由于本地贫富差距悬殊,部落之间矛盾较深,再加上北部与索马里接壤,使得这座城市面临严峻的恐怖主义威胁。2013年,内罗毕西门商场发生恐怖袭击,造成了至少67人遇难的惨剧。

二、火车开往蒙巴萨

2018年的央视春晚让一条100%中国制造的海外铁路走进国人的视野,这就是蒙内铁路。在肯尼亚当地,蒙内铁路的开通更是为全国上下所瞩目的重大民生工程,乘坐蒙内铁路已经成为当地的"网红"出行方式。

蒙内铁路于2014年开工,由中国路桥集团承建,2017年5月建成通车,始发站为首都内罗毕,终点站为肯尼亚海港城市蒙巴萨。这是一条中国援建且全线采用中国标准的铁路,同时也是肯尼亚独立以来最大的基础设施建设项目。肯尼亚铁路公司官网里提及蒙内铁路是肯尼亚实现2030年全国发展愿景的"旗舰工程"。

在肯尼亚,蒙内铁路正式名称为马达拉卡快车(Madaraka Express),但在政府文件、媒体报道以及民间,人们更多将其称为标准轨道列车(SGR,Standard Gauge Railway)。这是因为在蒙内铁路之前,肯尼亚拥有一条英国在殖民时期修建的米轨铁路(轨距仅1米的铁路)。为了攫取殖民地利益,英国殖民者不惜花费高昂成本修建这条铁路,几乎每修一公里就会有数名劳动者丧命,因此被称为"疯狂铁路"。由于米轨老化严重、年久失修,有的路段早被荒废遗弃,有的甚至被野生动物占领,因此运力极其低下。蒙内铁路的建成通车,将原来不足100万吨的运量提升到2000万吨。肯尼亚交通与基础设施部部长认为SGR将每年为肯尼亚带来14亿美元的额外收入,带动GDP每年上涨1.5%。从长期规划来看,蒙内铁路将不断延伸,连接坦桑尼亚、乌干达、卢旺达、布隆迪和南苏丹等国,形成"东非铁路网",作为东非连接世界的咽喉要道。这条铁路将对整个东非地区的经济发展起到重要作用。

我们去蒙巴萨进行报道调研时,毫不犹豫地选择了蒙内铁路这条明星线路。自从蒙内铁路开通以来,几乎每班次上座率都能达到90%以上,火车票购买的情形更是十分火爆,要想买到一张火车票,有时甚至需要提前一周时间抢票。经过一番努力,我们最终买到了两张二等座的车票,从而有了这次有趣的旅程。

蒙内铁路的车票也采取了和我国车票同样的设计

内罗毕新火车站位于内罗毕西边的凯伦区,建筑标准和级别与国内近些年新修的高铁站持平,十分干净整洁。由于其充满了现代感,许多本地乘客进入火车站的第一件事便是拿出手机自拍留念,或是全家合影,足见肯尼亚人对这条铁路的喜爱程度。网络上的一些评论甚至认为新火车站要比肯尼亚首都的机场——乔莫·肯雅塔国际机场更为先进气派。蒙内铁路给我最直接的感受首先就是亲切感,实在是和国内的铁路太像了,要不是车站以及车厢上使用的是英语和斯瓦希里语,真的会有一种在国内坐车的错觉,这也足以说明蒙内铁路对中国标准的执行程度了。

三、中国人在肯尼亚

肯尼亚与中国在历史上有着很深的渊源,早在明朝郑和下西洋时代,肯尼亚已经同中国有了往来交流。据传，1415年，肯尼亚的马林迪曾经派使节前往中国，还赠送了一只长颈鹿。1963年，肯尼亚取得独立的当年，中肯便建立了正式外交关系。2013年，习近平主席和肯尼亚时任总统肯雅塔建立全面合作伙伴关系，为两国交流合作创造了一个稳定良好的有利大环境。

四川房东告诉我们，有将近10万华人工作生活在内罗毕，已经成为内罗毕最大的外裔群体之一。其构成基本可以分为三类，一类是驻外政府机构、媒体机构以及民间组织人员，拿媒体来说，除了央视非洲分台，新华社非洲总站、《中国日报》、中国国际广播电台也都驻扎在内罗毕；一类是跟随企业来这里搞建设、做项目的公司员工，像中国路桥、中航国际、中国水电、华为等公司都在这里开展业务；还有一类则是来到内罗毕做生意的个体户，从我们接触到的华人来看，这一群体所从事的行业范围也相对比较集中，包括餐饮、海运、房地产、装潢、旅游、珠宝（东非地区以盛产坦桑蓝和察沃绿两种宝石闻名）、工艺品加工，由它们构成了中肯经济交流合作中最生动也最真实的图景。

不得不说，身处海外见到华人倍感亲切。见到我们两个实习生，很多资深"肯漂"都会主动为我们提供帮助，叮嘱我们在肯尼亚需要注意的安全常识，和我们分享在各种特殊情况下的应对方法。初到内罗毕时，为了缓解我们对安全形势的过分担忧，四川房东带我们到最有本地特色的街心菜市场买菜，体验本地普通家庭的日常生活。在去往马赛马拉的行程中，我们幸运地遇到在肯尼亚生活多年的华人朋友，在内罗毕开餐馆的程亮就是其中之一。程亮原来在国内做建筑设计，后来辞职出国闯荡。他在内罗毕的餐馆有两家，一家就是我们经常光顾的牛肉面馆，而另一家更是近在咫尺，是一家火锅店就在我们分台办公楼旁边，我们几乎每周都从那里路过。在几次交谈后才知道，餐馆只是程亮生意的一小部分，真正让他投入更多精力的则是海运业务。他们从中国用集装箱装货，走海路出口到肯尼亚，面向的客户群体也很是广阔，既有在这里的中国客户，又有本地黑人客户、印度客户和阿拉伯人客户。

说到中国在肯尼亚的影响力，中资大型企业是一个绕不开的话题。在

"一带一路"倡议的引领下,越来越多的中资大型企业进入肯尼亚市场。除蒙内铁路外,还有一大批由我们的企业主导建设的重大工程正在进行,其中最为突出的便是一系列基础设施建设工程。从首都环城快速路到内罗毕大学高层综合教学楼,从市区内大型综合商场到景区内高级酒店,中国企业为肯尼亚增添了越来越多的地标性建筑。中国正在用中国标准、中国技术为肯尼亚人民带来实实在在的好处。这些企业还有一个共性特征,就是本地化水平都很高,大部分中资企业的员工都是从本地招聘和培训的。很多企业把中国传统的"师徒制"引入肯尼亚,一些企业里往往是一个中国师傅带着好几个黑人徒弟,让本地员工能够尽快掌握工作技能。

四、非洲人民眼中的中国

最后,再简要谈一个国人比较关心的问题——当地人如何看待中国。和当地人交道打得多了,我个人也有了些认识和看法。先把观点摆在这,绝不完全是美好而单纯的。可以说,当地主流群体对于我国的印象是好的,但同时也夹杂着一些其他噪声。

在蒙巴萨海滩的一个夜晚,无意间我们和餐厅主厨聊了起来。主厨告诉我,在他看来,和非洲比中国是一个很发达的国家。看着主厨对中国满脸向往,我们又向他普及了我们的"新四大发明",小哥听完简直难以置信,时不时一个"Really?"说出来。他说在他们的眼里,中国人都是很富有的。蒙巴萨主厨的话语代表了普通肯尼亚人对中国人的基本认知,也就是以这种认知为出发点,肯尼亚人有了两种截然不同的针对中国人的行为方式。

大部分肯尼亚人对中国人是友好的,也很感谢中国人援建的各种工程。在马赛马拉的营地里,餐厅的厨子边为我们煎蛋边热情地告诉我们这座营地是中国人帮助修建的;行驶在内罗毕市区,我们的司机也常常会指着建筑告诉我们"Chinese made it"。一次我和分台新媒体组的采编团队一起去内罗毕大学孔子学院做报道,三个人构成了一个典型的国际记者团队——英格兰记者、肯尼亚摄像,以及我这个策划兼翻译。经过大学安检时,保安把我们拦了下来,并要检查我们的身份证件。我那天只带了一份复印件,看着保安严肃的神情,不由得紧张起来。令我没想到的是当轮到我时,保安微笑着说:"Welcome",没有任何检查就放我进去了。在去到一些商场时,保安对中国人的安检也没有那么严格,一般就是简单看一下,在他们看来,中国人是值得信赖的朋友。在这里,中国人意味着安全可靠,意味着就业机会,更意味着向往美好生活的标杆。让我感受到肯尼亚人民的可爱的经历还有很多,站在 Yaya Centre 看手机时,一位黑人高管主动迎过来用一口标准的普通话问我们是否需要帮助;Job 在他的慈善小学用"将来会有机会到北京看看"来鼓励孩子们努力学习;公寓的保安每天见到我们就会用"你好"打招呼,他说当地很多人都学会了说"你好",因为这样更容易找到一份工作。

作者同当地同事一起参加早上的选题会

而对于小部分肯尼亚人来说,中国人则意味着人傻钱多,有利可图。在肯尼亚,"My friend"是对中国人的特别称呼,但有时候这个称呼却并不暖心。比如当地的小商贩经常高喊着"My friend"热情地走过来和你握手,和你细数中国人对肯尼亚的支援和帮助,伸出大拇指为中国点赞,紧接着丝滑地诱导你以高出当地高档商场同类商品两到三倍的"good price"买下他们的商品。有时候在街头行走,偶尔也会有人主动过来打招呼,在说完"Hi, my friend"以后便直奔主题,直接问你可不可以给他些钱,即便可能被拒绝,他们还是很乐意去试试看。

  总的来说,这次非洲之行是一次奇妙的体验。它是一个和我们想象中并不一样的世界,这里有太多新奇的事物和现象需要我们自己亲身来探索、感受并重新认识。而因为这片土地与中国的密切联系,往往因为一个小的生活细节就能引人思考。感谢国际新闻传播硕士项目这个宝贵的平台,让我能够有幸踏上这片熟悉又陌生的土地,近距离感受在"一带一路"建设最前沿的中国脉动。感谢在肯尼亚给予我们悉心照顾和指导的前辈与朋友,感谢时任分台台长的黄成老师、BVM总经理董菁华老师在生活上对我们的精心关照以及对我们在非洲认知上的思想启蒙,让我们能够在很短的时间内适应这里的工作环境与文化环境,更教给我们许多看待当地社会文化问题的方式方法。感谢指导老师沈婧老师、李锁良老师在专业问题上的耐心指导和热心帮助,使我们有机会在分台各个新闻制作环节进行实习体验,掌握了国际报道新闻稿件的编辑方式与技巧,并辅导我们完成了一批高质量的实习作品,使我们对国际传播第一线的工作实况有了更为深刻的认识和了解。

  翻开自己的手机电话簿,我至今保留着6年前在实习过程中结识的每一位朋友和采访对象的电话,每一个电话号码背后,都是一段值得纪念的美好回忆。这是2016级国新班学生翁旭东带来的非洲社会观察报告,愿有更多国新学子在海外实习中走进非洲,切实了解这个熟悉又陌生的世界。更希望有更多的朋友能够关注我国在非洲地区的国际传播工作,在非洲大地上感受中国脉动,讲好共建人类命运共同体的中国故事。

那片海

◎游 洋*

"中新社悉尼×月×日电……"

距离我上一次敲下这一行字已经过去整整 5 年了。时光匆匆,那次中新社澳大利亚分社实习经历的记忆,依然如南半球的暖风,带着悉尼歌剧院悠扬的歌声,吹过墨尔本被海水侵蚀的岩石,吹过大堡礁蔚蓝色的珊瑚海,吹过南太平洋、赤道、云贵高原,吹到了重庆。

对于一个播音主持艺术学院的研究生来说,能够考上国新班已经让我获得了加倍学习的机会,能够通过层层选拔参加海外实习更是给了我了解世界、了解中国,更是了解自己的一次绝佳的机会,这对我今后的工作以及人生的视野有巨大的帮助。

"妈,我学会了宫保鸡丁!"

我做菜的本领是在悉尼学会的。

海外实习,这四个字重音在"海外",而非"实习"。拿到中新社澳大利亚分社实习的 offer 之后,我就开始发愁,因为我需要面临的是"第一次""一

---

* 游洋,中国传媒大学 2017 级国际新闻传播硕士班学生,现就职于重庆广电集团《重庆之声》栏目,担任教育节目负责人、主持人。2018 年 7 月,入选"北京市卓越人才计划"项目,于巴黎记者学院进行新媒体运营学习;2019 年 2 月至 5 月,于中新社澳大利亚分社实习,参与国际新闻的策划、采访与撰稿工作;获得中国传媒大学"三好学生""优秀毕业生"等荣誉。

个人""在国外"生活。中新社澳大利亚分社在哪里？我需要在什么区域租房？住在哪里比较方便，同时又比较划算？安不安全？我连悉尼的地图都不会看，怎么找地方？在网上看了一个星期无果之后，我急得发了一个朋友圈："有没有朋友在悉尼，帮我租个靠谱的房子？"没想到，真有！出门还得靠朋友！房东是老乡，名叫茜茜，年龄跟我一样，在悉尼大学研究生毕业之后留在了这里，在一家俄罗斯老板的公司做财务。

解决了住房的问题，去到了悉尼之后，还要解决的就是生活问题。当时澳元兑人民币的汇率基本上是1∶5，吃一碗面要七十多块钱，下馆子吃碗面都成了奢侈，只能自己做饭了。茜茜带我去了离家只有两公里的Flemington蔬菜水果批发市场，那里的水果蔬菜是真便宜，不过，都是十斤、二十斤这样一箱一箱买的。令我印象最深的是澳大利亚葡萄，算下来5元人民币1斤，真的很大也很甜，吃了不少。不过这样也造成了浪费，一箱黄瓜最后有一半都扔掉了。茜茜说，她也是刚来的时候喜欢去那个市场买，后来就去普通超市买了，因为不想浪费。对了，在悉尼，倒垃圾超过一定量是要收费的。在悉尼的三个月，我学会了做川菜，回锅肉、宫保鸡丁、老鸭汤……平时爱吃的菜都在那里学会了。

在那里，出行基本上就是靠火车，双层的，但是它类似于国内地铁的功能，只是像大巴车一样排布椅子，起价应该是3.5澳元。从我住的地方到市中心坐火车要二十多分钟。

在悉尼的三个月里，我逐渐习惯了这里的生活节奏。清晨，我会早起跑步，沿着海岸线，迎着清新的海风，看着太阳从海平面升起，感受新一天的开始。白天，我会穿梭于悉尼的大街小巷，进行各种采访工作。夜晚，回到租住的小公寓，整理采访资料，撰写新闻稿件，思考未来的职业规划。

这个世界上没有"澳洲"这个洲

中新社澳大利亚分社陶社长是我的指导老师，短发精瘦，干练温和。陶老师话不多，平时和蔼可亲，对我的指导多以文字的方式进行。陶老师告诉了我，对于新闻，再怎么严谨都不过分。在日常生活中，很多人习惯将澳大利亚简称为澳洲。刚开始实习的时候，我还会在新闻里面用"澳洲"这个词，陶老师会非常严肃地跟我说，在这个世界上没有"澳洲"这个洲。

还有一次，陶老师也非常严肃地指出了我的问题。为了纪念《黄河大合唱》首演80周年，澳大利亚黄河合唱团将赴中国巡演。巡演将组织澳大利亚黄河合唱团总团及广州分团、上海分团、北京分团共150人，在黄河壶口、乾坤湾等地巡演。采访的时候，主办方给了我一些相关的资料，我把相关资料直接写进了新闻里，包括里面的错误信息。陶老师严肃地批评了我，她告诉我，我犯了两个错误。第一，没有问题意识，人云亦云。新闻从业者要带着问题出发，优秀新闻稿与普通新闻稿的显著差别之一就是看这篇稿件有没有"问题意识"。所谓"问题意识"，指的是记者在采访中能对新闻事实不断地发问，写出的稿件是能够解决问题的。第二，信息核查对当代新闻人来说，更是重中之重！自媒体时代，众声喧哗，各种声音不绝于耳，谣言与真相比翼齐飞，作为主流媒体的记者，更要守住新闻的底线。

作为一名新闻工作者，除了追求新闻的时效性和吸引力，更重要的是要坚守新闻的真实性和客观性，遵守新闻伦理，履行社会责任。在悉尼的实习经历让我深刻体会到这一点。无论是在采访中严谨核实信息，还是在撰写稿件时保持公正客观，这些都是新闻工作者的基本准则。

在日常工作中，我始终坚持这些原则，力求每一篇报道都真实、准确、客观。无论面对多么复杂的事件和多么紧迫的时限，我都不忘作为新闻工作者的初心和使命，用实际行动维护新闻的公信力和社会责任感。

《春天，遂想起……》

《春天，遂想起……》这是我在悉尼朗诵艺术团活动上朗诵的诗歌。

一次采访，认识了在悉尼推广中文朗诵的丹青，她是朗诵爱好者，在悉尼教华人小孩中文朗诵。没想到，在悉尼有一群热爱朗诵的华人，他们聚会的方式就是开朗诵会，朗诵会可以从微信群里开到海边的沙滩上，从聚会的饭桌上开到市政厅的舞台上。他们在海外，用母语思念着祖国，用语言传承着中华文化，用朗诵抒发着一腔爱国的热情。

杨波是我在悉尼认识的最好的朋友，他是云南大理的白族人，为了爱情移居澳大利亚。他在学校担任国际学生联络员，从读书到吃饭，事无巨细地为中国留学生提供帮助。他还组建了云南民族艺术团，把多姿多彩、原汁原味的中国少数民族文化带到悉尼。每周他们都会聚在一个舞蹈教室里面练习舞蹈，跳的也是云南的少数民族舞。我有幸加入了他们，每周的排舞成了我最期待的事。艺术团团员来自各行各业，有留学生、商人、白领、护士等，有20多岁的小伙，也有年近60的大姐。大姐们会帮小伙子们在悉尼找工作、找对象，小伙子们也会为大姐们搬家忙活。因为中国传统民族文化，他们走到了一起，在异国他乡，串联起同胞情谊。在华星艺术节、中秋慰侨晚会、新春灯会，还有悉尼地方政府每年举办的各种节庆活动上，都少不了他们的身影。他们会穿着民族服饰，踏着民族鼓点的节奏，在悉尼人的欢呼声中，展示中华少数民族的风采。

在悉尼有50万华人，在遥远的南半球，他们和同胞们说着中文，跳着中国民族舞，交着中国的朋友，传播着中国的文化，讲述着中国的故事。走近他们，我才真正感受到，海外华人对祖国的爱有多么深沉。

双语节目主持人

"Hi, I'm Mike, 每天一分钟, 学单词, 看天下。"

这是每天清晨我在重庆上空和各位听众打招呼的开场语。毕业之后，我成为重庆广电集团《重庆之声》的一名主持人。近年来，重庆承担起推动内陆开放综合枢纽建设、积极服务西部陆海新通道、中西部国际交往中心、国际消费中心城市等工作任务。真实生动讲好中国故事的重庆篇章成为我工作的主要内容。

在中新社澳大利亚分社的实习经历，对我如今在《重庆之声》的播音主持工作产生了深远的影响。那段经历不仅让我收获了宝贵的国际视野，还锻炼了我的专业素养和跨文化交流能力，为我在《重庆之声》的主持岗位上更好地发挥个人才能奠定了坚实的基础。当《重庆之声》要推出一档中英双语节目的时候，单位第一时间就找到我，我海外实习的经历又派上了用场。由于在澳大利亚的生活和工作经验，我对英语的运用更加自如，这让我在主持双语节目时更加游刃有余。这个节目不仅要用英语介绍中国的风土人情，还要向海外观众传递中国声音，让他们更加了解真实的中国。

在准备节目的过程中，我深感责任重大。每一篇稿件，每一个细节，我都反复斟酌，力求准确无误。为了提高节目质量，我还特地请教了一些国新班的同学，听取他们的意见和建议。节目播出后，受到了广大听众的欢迎，这让我感到非常欣慰。

在主持双语节目的过程中，我逐渐意识到，自己不仅是一个播音主持人，更是一座跨文化交流的桥梁。通过我的声音，海内外的听众可以更加了解彼此的文化和生活，这让我感到无比自豪。

在悉尼的那片海边，我曾无数次站在海滩上，眺望远方的地平线。那时的我，心中充满了对未来的憧憬和期待。如今，回到重庆，我依然怀揣着那份初心，踏实前行。因为我知道，无论身在何处，那片海都会在我心中，激励我勇往直前。

这段海外实习经历，是我人生中一段宝贵的记忆，它不仅让我看到了更广阔的世界，也让我更加清晰地认识到自己的责任和使命。无论未来的道路多么曲折，我都会牢记这段经历，坚定信念、勇往直前，迎接更加美好的明天。

悉尼的海风仍在吹拂，重庆的山水依然壮丽。我将继续在这片热土上，用我的笔和声音，讲述一个又一个动人的故事，传播中国的声音，传递世界的情感。未来，我将不忘初心，继续前行，为实现自己的梦想而不懈努力。

实践出真知：国际新闻传播海外实习收获与体会

◎郑美辰*

2019年1月27日，我入选"优秀国际新闻传播硕士研究生赴海外实习项目"，受中宣部、国家留学基金管理委员会（留基委）公派前往人民日报亚太中心分社开始了为期三个月的驻外记者实习。综观世界风云，把脉国际大势，是人民日报社驻外记者的光荣使命。作为一名国际新闻传播专业的研究生，学其所用、用其所学一直是我的梦想，有机会深入了解央媒驻外机构在促进中外沟通中发挥的特殊重要作用，对我来说是莫大的幸运。

初到曼谷，分社这个"小家庭"的温暖与友爱让我在短时间内适应了新的环境，使我得以全身心投入实习工作当中。分社共有四位驻站记者，每周一次的例会上，首席记者带领我们一起学习解读党和国家最新的方针政策、领导人重要讲话等，总结上周工作，部署新一轮选题计划，使我们对分社整体工作流程有了清晰的了解。其他老师更是亦师亦友，在生活上，从签证手续办理到基本生活保障，无一不热心提供各种协助，为我们能够成功来到分社实习扫清了障碍，消除了顾虑；在工作中，他们为我们提供新闻场合实地采写与学习的丰富机会，让我们得以亲身领略驻在国风土人情与亚太地区国际新闻舆情。或业务指点，或真诚交流，老师们对我照顾有加，受益良多。还有很多无法一一列举的，为我们提供支持和帮助的其他驻外媒体老师、使馆工作人员和当地朋友，他们支持和帮助我快速成长，从最初的手足无措渐渐变得自信从容。

---

* 郑美辰，中国传媒大学2017级国际新闻传播硕士班学生，现就职于中国外文局中东欧与中南亚传播中心（人民画报社）文化传播部。

随着与四位指导老师朝夕相处,一名国际新闻人应该有怎样的自我定位和自我要求,在我的头脑中越发清晰起来,也让我对国际新闻传播这个天天在课堂上、书本中研究的课题有了更为深刻实在的认识。三个月的专业实习中,我始终保持脚踏实地的工作作风与精益求精的工作态度,力求高效率、高质量地完成每一项工作任务,遇到不懂、不会的问题及时请教,并充分利用业余时间学习相关知识,为自己"充电"。作为全媒体记者,在单兵作战的工作状态下,往往更需要具备"眼观六路,耳听八方"的多面手本领。不仅要拿起笔,还要端起相机,在事件现场与其他媒体争夺最佳摄影点的同时,把握照片拍摄的决定性瞬间。还要留心观察,积极争取发言采访的机会,有时还要留心拍摄素材,完成新媒体新闻视频的制作。其间,我参与采访报道了泰国多部委、我国驻泰使馆、我国驻泰中资企业、联合国亚太经社会等多家机构举办的重要活动,记录了泰国大选、泰国欢庆春节、宋干节等在内的重要新闻事件。我们立足共建"一带一路"倡议在亚太地区的开展情况,聚焦本地最新成果,用普通人的故事讲述我国与其他国家的友好关系进展。在采访专家学者、实地调研、深入一线的基础上亲身体会共建"一带一路"倡议在东南亚地区从理念转化成动力,转化为一个个实实在在的成果是多么振奋人心。

2019 年,"关注中国两会、中国经济对世界和泰国经济影响"研讨会在曼谷举行

中国驻泰国大使馆举办开门过大年迎春活动,一对母子正在猜灯谜

除此之外,在本次实习中,北至泰缅交界的清莱府,南至泰马交界的宋卡府合艾市,大大小小多个城市实地调研取材的过程也让我对泰国以及亚太地区的社会人文有了切身的感受与思考。实习期间,我在《人民日报》各平台共发文字、图片稿件三十余篇,内容涉及政治、经济、文教、旅游、宗教等领域。三个月的实习锻炼让我收获颇丰,也认识到自身还有许多不足之处有待完善。首先,工作时由于语言问题,在与一些当地采访对象交流时无法做到充分沟通,对工作的准确性和效率造成了一定的影响。也有因为没能掌握泰语而在采写选题时遇阻而不得不放弃的情况。其次,经验和知识储备不足,个人工作效率仍有待提高。新闻工作本身就是节奏很快的,新闻的时效性也决定了其争分夺秒的工作方式。在平常的稿件撰写时,我的写作速度、思考深度与行文质量同指导老师相比都有明显的差距,这意味着我的基本功还不够扎实,需要进一步通过多练多写来提升。

总之,我在此次海外实习中收获了难得而宝贵的人生经验和职业启发。一方面,海外新闻采编实践使我对我国国际新闻传播前沿有了深入的了解,积累了国际语境下有效沟通与拓展合作的实践经验,更加坚定了自己的职业方向和发展目标,大幅缩短了从校园走向社会的心理适应期;另一方面,同行师长前辈严谨细致的专业精神和职业素养让我备受鼓舞,激励着我在今后的学习与实习中及时补充相关知识,不断磨砺自己的专业能力,为今后的工作与职业规划做好充分的准备。

2020年6月,我自中国传媒大学毕业,获广播电视学硕士学位与国际新闻传播后备人才证书。同年8月,入职中国外文局人民画报社韩文编辑部,从事采访、编辑工作。2021年12月至今,因事业单位改革,进入改制后成立的中国外文局中东欧与中南亚传播中心(人民画报社)文化传播部,工作内容包含国际交流与合作、期刊出版等,可以说成了一名"斜杠外宣"。

当今世界正处于百年未有之大变局,是国际传播工作的历史最好时期,同时也是压力最大的时期。面对国家赋予我们的广阔平台和宝贵机遇,我们有责任把新时代的中国故事讲得更好,把中国声音传得更响亮。中国外文局的主要业务格局包括媒体国际传播、对外出版发行、中外人文交流、高端外宣服务等。初看觉得高远难以捉摸,但实际参与其中后,无论是深入新闻一线采访取材、在翻译岗位默默钻研反复推敲,还是在国际舞台发挥特长服务外交,不管从事哪种业务,合格外宣人都有一种"我,就是中国"的身份自觉,而中国的外宣事业,就是这些人拾柴隆起的火焰。

工作以来,我始终践行"四力"要求,结合对象国受众需求,找准契合点采编专题报道,先后策划制作《百度Robotaxi现身北京街头——无人驾驶时代真的来了吗?》《着汉家衣裳 兴礼仪之邦》《关于中国文创,两代人的对话》《浙江余村因绿而兴》《韩国创业者在中国:"我在成都做咖啡"》等杂志文章及融媒体产品,多件作品被《亚洲经济》、Naver博客、NocutNews等韩国媒体转载,达到了较好的传播效果。其中,《冬奥倒计时:揭秘冰雪战衣背后的故事》紧扣热点话题,借用外眼多角度揭秘冬奥训练比赛服装设计研发的幕后故事,回应了海内外受众对于冬奥会筹办情况的共同关切,展现了当代中国的发展成就和精神风貌。2021年4月,在"大湾区 大未来"主题宣传活动中,我采访了11位来自内地、香港、澳门的青年人,请他们讲述自己在大湾区创业奋斗、实现个人价值的"湾区逐梦"故事,用小切口、小角度、见人见事的叙述方式,让读者在一个个具体的湾区发展故事中看到真实、切实的机遇与前景,感受粤港澳大湾区建设的经济意义与社会意义。稿件被收入《粤港澳大湾区 奋进正当时》专题报道,获中国经济新闻奖三等奖、"期刊主题宣传好文章"等奖项。

此外,我还先后参与编辑出版《中国乡村这十年》《一跃千年 怒江奇迹》《美美与共》《时代答卷 人民至上——十年,一百个难忘瞬间》等多本特刊画册,筹备实施"时代楷模""中国这十年"等主题影像展览,策划开展上合组织国家媒体智库论坛、中国—中亚人权发展论坛、"一带一路"倡议十周年媒体智库暨青年对话会、外交官看中国等国际人文交流项目,围绕重要时间节点和重大选题在各个项目中持续对外宣传好习近平新时代中国特色社会主义思想,讲好中国共产党治国理政的故事、中国人民奋斗圆梦的故事、中国坚持和平发展合作共赢的故事。

在斗争激烈复杂的国际舆论场,外宣人要站稳政治立场,不断锤炼全媒体新闻采编能力、把握世界风云舆论的能力以及用全球眼光、国家意识讲好中国故事的能力。从杂志稿件采写到短视频拍摄制作,从编辑出版特刊画册到组织筹办会议论坛,我明白了国际传播工作的落脚点始终应当是守正创新,也在一次次实践中不断完善知识结构、增加知识储备、加强总结思考,并努力赋予下一次实践成果与时俱进的品质。我深知自己离优秀的前辈师长还有很长的距离,但我会一直走在路上,以更加饱满的热情和真挚诚恳的态度为我国国际传播事业作出更大贡献,同时成就更好的自己。

驻外记者初体验
——在布鲁塞尔感受世界、看见中国

◎代雨君*

2019年3月，我有幸获国家留学基金委海外实习项目资助，以中国日报欧盟分社实习记者的身份来到了布鲁塞尔。这个城市面积不足北京1/100的比利时首都，凭借欧盟总部和北约总部所在地的身份，成为名副其实的欧洲"心脏"。3个月的时间里，我置身事"内"感受正在经历"脱欧""黄马甲运动"、欧洲议会大选等多事之秋的欧洲。遥远的事件发生在身边，成为一个个细小的故事散落在这座随时随地都会发生新闻的城市街头，等待着我们去发掘。宏观叙事中的微小故事，支撑起新闻报道的血肉来，我尝试用稚嫩的笔触记录下来。

驻外初体验

中国日报欧盟分社的报道内容主要可以分为两个大的方面：一方面记录欧盟及其成员国正在发生的重大事件；另一方面报道发生在欧洲、与中国相关的要闻故事。从报道形式上看，主要以文字报道和视频报道为主，文字报道多

---

* 代雨君，中国传媒大学2017级国际新闻传播硕士班学生，现就职于中国储备粮管理集团有限公司新闻中心，主要从事企业的新闻宣传工作。2018年1月至6月，于中国记协国际联络部实习，参与2018"'一带一路'记者组织论坛"及主题采访活动的筹备工作；2018年12月至2019年6月，于中国日报评论部、欧盟分社（比利时）实习，参与国际新闻的策划、采访与撰稿工作；2020年6月，毕业论文《"像化"国家形象——〈中国日报·国际版〉新闻插画里的中国》获中国传媒大学电视学院2020届研究生优秀毕业论文。

数会刊发在《中国日报》欧洲版、国际版以及《中国日报》官方网站,而视频报道大多会发布在《中国日报》官方微博、Facebook 和 Twitter 等新媒体平台上。

虽然是实习记者,仍不同于编辑花大部分时间在办公室修改稿件,在这里我真正有机会走到事件发生的中心,去采访、拍摄、记录重要的新闻故事。

我的第一篇报道是关于中国驻比利时大使曹忠明在列日大学发表主题演讲,这也是我第一篇独立采写,并且需要独自出差才能完成的报道。在我带着录音笔抵达列日大学准备"大展拳脚"的时候,全程的法语让我慌了神,我只能赶紧把重心放在拍出一张好的照片上来,也不枉来现场的意义。活动结束后我向大使馆的同事要来了发言稿件的中英文版,并反复确认了几处问答环节的要点。万事开头难,比想象中还要更难一点,原以为 300 多字的活动稿是小试牛刀的不错选择,实际上却花了我一整晚的时间去修改。交流环节面对法语问答无能为力,结束后没有采访到学生老师的反馈,这些让我担心这篇稿件是否能顺利发布。我还记得在深夜里看着网上写着"列日大学位于比利时的法语区第三大城市列日市"这几个明晃晃的字时,才真实感受到了"欧洲心脏"的魅力与特点。好在消息类的报道重在时效和简明扼要,在欧盟分社社长陈卫华老师(我们驻外实习的指导老师)的修改完善下,这篇稿件还是顺利发布了。

在此后的报道中,了解详尽的背景知识、尽早获得活动日程安排、官方文件、提前拟定问题提纲甚至提前踩点、构思报道结构框架都成为这次慌乱写稿后的经验总结。就像指导老师一直强调的那样,每写一篇报道,记者都要尽量做到成为相关话题的专家。充足的准备不仅是完成报道任务的必选项,更是对每次亲临新闻现场的尊重,也是对自我认知外延的不断扩展。

在布鲁塞尔参与采写的最后一篇报道是关于欧洲议会选举,当地时间 5 月 26 日,我和比利时的选民朋友以及记者朋友们在欧洲议会大楼附近共同度过选举之夜,一起等待最终的结果。这场五年一度的选举投票率创下了 20 年的新高——超过了 50%,我在现场感受到的浓郁气氛恰恰完美印证了这点,比利时的投票率在欧盟各国中排到首位。在现场,我采访到一位在伦敦上学专程飞回布鲁塞尔投票的大学生 Tristan Thomson,他很自豪地告诉我这是他第一次参与投票并且很高兴看到大家对这次投票予以很高的热情和重视。这段采访最终被用在陈老师的稿件中,虽然只是报道的一小部分,但我却深深感觉到在见证重要时刻发生的同时我也为它填上了自己的注脚,更填补了我初次参与报道时没来得及采访的那笔空白与遗憾。

欧洲议会大选"选举之夜"活动现场等待选举结果的人们

成长进行时

实践带给人的成长是迅速的。在 3 个月的时间里,我独立撰写了新闻英文稿件 9 篇、协助采访稿件 3 篇,制作了英文视频新闻 6 条。

"一个人就是一个团队。"从最初单篇的文字报道,到最后图文、视频以及不同平台的新媒体文案,我慢慢都可以独立完成。我的身影也逐渐活跃在布鲁塞尔中国文化中心、电影节、全球海鲜博览会、中国创新创业海外人才大赛、汉语桥世界大学生中文比赛的现场。比起长枪短炮,我试图用手机尽可能记录下发生在这片土地上的故事。在学校的时候,新闻作品大多都是以小组的形式呈现,每个人根据自己的特长各有侧重分工,但在新闻报道一线,尤其是在驻外人手短缺的情况下,拍、剪、采、编、写的全能记者往往才是被需要的。

"新闻是跑出来的。"新闻事实常常夹杂在众多的生活事件中,新闻故事偶尔也会散落在街头巷尾。令我印象很深的是一次采访结束后,在回家的途中偶然发现布鲁塞尔正在举行纪念有轨电车 150 周年大巡游,近 40 辆(列)各时期的有轨电车行驶在布鲁塞尔的街头。我们随即拍摄并剪辑出相关的视频新闻,发布到《中国日报》官方 Facebook 和微博账号上。在欧洲,大大小小的活动、各式各样的游行也是随处可见的。为了确保报道内容的全面准确,我曾跟随着"比利时气候变化"游行的队伍穿梭在大街小巷,也跟随着纪念切尔诺贝利核泄漏事故的人群在草坪上"打坐",还跟着跑酷大师飞奔在街头记录下马戏艺术节的第一场室外表演……我和其他实习记者们时常互相打趣道:"新闻真的是一项奔跑的事业。"

"发挥1+1大于2的协同效应。"除了日常稿件的撰写外,我们几个实习记者需要轮流承担起"assignment editor"的职责,负责每天整理并在内部分享3—5条和欧洲相关的重点新闻。这种分享在保证我们实时掌握重要报道的同时,也提供了另一种学习——研究外媒是如何措辞,怎么建构前后逻辑,怎么清晰地表达自己的观点。在分享学习的过程里,我也逐步意识到记者的专业能力并不局限在采、编、播上,更要有对信息的筛选、理解、接受、转化和总结的能力。一周一次的选题会更是头脑风暴的最佳时机,我们几位实习记者需要汇报未来一周的采访选题和报道计划。起初我们总会接连"撞题",然而随着渠道的拓展,我们选题的丰富度也越来越高,在培养自己新闻敏感度的同时,通过大家的选题分享,我们也更能发现自己感兴趣和擅长的领域。

作者在比利时布鲁日采访"汉语桥"世界大学生中文比赛比利时赛区获奖选手

又见比利时

布鲁塞尔这个城市于我而言并不陌生,甚至可以算是有些熟悉。2018年的夏天,我有幸参加了中国传媒大学国际新闻传播海外教学工作坊,来到比利时布鲁塞尔自由大学交流学习,参观拜访了中国驻欧盟使团、中国—欧盟文化艺术节组委会、布鲁塞尔中国文化中心、欧盟等机构。这座因为撒尿小童出现在小学课本里的城市,起初给我一种不出一周就能探索完的错觉。然而,再次回到布鲁塞尔时,我发现它依然能带给我很多惊喜。我体会着这座城市大与小、紧张与松弛、随意与严谨的反差感:这里的人们关心着发生在舒曼广场欧盟总部大楼里的重大决策,也关心着在布鲁塞尔广场旁53厘米的撒尿小孩小于连最近会换上什么样的衣服;因为实行强行投票制而必须行使自己投票权的比利时公民,却享受着每天五六点商店关门、周日街道空荡荡的生活日常;习惯了妖风四起、变幻莫测的天气但坚持淋雨不打伞的人们却会执着于研究出搭配比利时薯条的10余种佐酱……

这里更是开放与包容的。作为众多国际机构的驻地,布鲁塞尔拥有得天独厚的优势——几乎每周都会举办大大小小的智库会议和论坛活动,并且向公众开放注册。在这里,我听到了许多关于中欧关系、亚洲区域合作、亚洲经济发展、"一带一路"等议题的讨论,观点的碰撞与不同的声音让我能从更多角度去认识世界。这里既生产得出"Godiva"等知名巧克力品牌,也有大街小巷随处可见的手作巧克力商店;人们对啤酒的热爱是一致的,上千种的选择更是多样的;这是"山的那边海的那边有一群蓝精灵"的故乡,也是丁丁的家,随处可见的漫画墙、涂鸦墙都在告诉我,在这里你总会找到自己的热爱,总会听到属于自己的声音。

作者参加欧洲商业峰会

3个月的驻外记者体验似乎并没有因为时间而变得模糊,时至今日依然生动鲜活。希望下次再回到布鲁塞尔的时候,我还能大声地说出:"Good to see you again!"

为讲好中国故事努力奋斗

◎张玮琦*

"雄关漫道真如铁,而今迈步从头越。"2023年的夏天,我离开了曾经求学7年的中传校园,入职中国人大杂志社,成为编辑二部的一名记者,开启了自己的工作生活。

在学习中求知,在实践中成长。得益于在校园里的理论学习和丰富的实践活动,我在入职不久就快速上手新媒体相关工作,逐步参与微信公众号和全国人大官方微博号的运营工作。在前辈同事们的引导和帮助下,我也逐渐投入文字稿件的创作中,所写稿件开始陆续在杂志上刊登。

回想在中传的学习时光,作为2020级国际新闻硕士班的一分子,在各位老师的悉心教导下,我在国际新闻传播专业的理论学习与实践创新的道路上不断前进。然而,最能让我切身体验记者生活、扎实锻炼个人技能的项目,还要数学院的海外实习。2022年2月底,在中宣部、中国新闻社各位领导的支持以及学院各位老师的帮助下,我顺利前往马来西亚,有幸参与在中国新闻社马来西亚分社的海外实习,度过了一段充实有意义的实习记者生活。

---

* 张玮琦,中国传媒大学2020级国际新闻硕士班学生,现就职于中国人大杂志社编辑二部。

2022年3月18日,作者在马六甲鸡场街进行采访

海外实习期间,虽然疫情防控的限制和影响仍在,但陈悦老师依然积极带我参加各项新闻采访宣传活动,让我能够尽可能多地接触新闻现场,更真切地体验国际新闻工作者的日常,用脚步丈量"真实"的距离。在马来西亚实习工作期间,我每天都坚持阅读马来西亚的主流媒体新闻,不论是在纸质媒体还是网络移动端,都可以轻易发现中国故事的踪影。其中既有对中国建设成就的歌颂赞美,也有对于中国社会流行事物的追踪。近年来,马来西亚媒体对中国新闻的关注度越来越高,关注的范围也越来越广,了解中国的渠道也越来越多——从中国传统媒体发展到中国新兴社交媒体平台。除了关注中国的重大建设成就、关注中国最新的各项政策,也关注中国的社会动态及时尚潮流。不仅仅是华侨华人,很多马来西亚、印度等国的朋友,也在接触中国文化、中国影视剧的过程中,对了解中国故事产生了浓厚的兴趣。

与此同时,我还发现在当前的对外传播中,以马来西亚为例,除了中国的重大新闻、"硬"新闻,"软"新闻的传播也具有极强的吸引力。就如在马来西亚实习期间,我在陈悦社长的指导下,参与了中国"一带一路"项目工作人员为当地孩子讲授古诗、华人龙舟文化等题材的报道,稿件被多个国家的媒体采用,体现了中华文化"趣"故事的吸引力。

从马六甲到槟城,从吉隆坡到哥打基纳巴卢,在陈悦老师的带领下,我更深入地走进马来西亚当地的社会生活、了解当地的风土人情。在新闻创作过程中,陈悦老师也给予我很大的自由度,鼓励我大胆发挥和创作,制作新闻视频、尝试新型传播渠道、开拓自己的新闻视野。这些实践创作对于我今时今日的工作也是大有裨益。

2024年3月8日,作者(一排左五)在十四届全国人大二次会议第二场"部长通道"记者区

4月26日,我和同事一起前往北京市朝阳区南磨房乡立法联系点,参加外事报道活动。当天下午,来自莫桑比克、萨尔瓦多、塞舌尔等36个国家的驻华使节应邀参访全国人大常委会法工委北京朝阳区人大常委会基层立法联系点南磨房乡立法联络站、南磨房乡人大代表之家,观摩立法征询会,与人大代表面对面座谈。在会后,我对塞舌尔驻华大使安妮·拉福蒂纳、塞拉利昂驻华大使阿布·巴卡尔·卡里姆以及尼加拉瓜驻华大使迈克尔·坎贝尔分别进行了采访。采访刚开始的时候还略有些紧张,脑海中一直在反复演练自己准备好的问题,总是担心自己的准备不够充分,抑或出现其他意外情况。但是想到自己在海外实习的时候已经有过很多次成功的实践演练,紧张的情绪也渐渐消散。随着采访的进行,我心里的石头渐渐落了地,顺利地完成了独立采访活动。借助这些采访素材,我和同事高效完成了稿件的撰写,稿件得到了领导同事们的好评。

七个月的海外实习生活，130余篇常规文字报道，数十个新闻视频作品，我收获良多。在一次次的实践锻炼中，我的新闻理想更加坚定，新闻视野不断开阔，个人能力也得到了极大的锻炼和增长。这次海外实习对于我的个人学习成长有着极大的影响，也坚定了我对于记者职业道路的选择。

习近平总书记在党的二十大报告中强调，要增强中华文明传播力、影响力。加快构建中国话语和中国叙事体系，讲好中国故事、传播好中国声音，展现可信、可爱、可敬的中国形象。深化文明交流互鉴，推动中华文化更好走向世界。这份宝贵的海外实习经历对我产生着深远的影响，无论是求学期间还是在中国人大杂志社工作以来，讲好中国故事，传播好中国声音的使命初心一直不改。

纸上得来终觉浅，绝知此事要躬行。作为全国人大常委会机关刊物，《中国人大》杂志是宣传宣介人民代表大会制度的重要平台，也是读者受众了解全过程人民民主的重要窗口。如何以实际行动讲好中国人大故事、传播好全过程人民民主的声音，让人民群众更好地看到人大制度、听见代表声音、参与立法过程，也是我需要不断学习和实践的重要课题。

在2024年全国"两会"期间，我有幸作为新闻工作人员参与其中。第一次参加"两会"，内心是无比激动的。3月5日，十四届全国人大二次会议开幕当天，我切身感受到了大会现场的庄严和震撼。"两会"期间，我作为摄像记者进入了"代表通道""部长通道"，还曾前往台湾代表团、甘肃代表团、

2024年3月11日，作者在人民大会堂

四川代表团全体会议现场进行摄像走访。这些都让我对于人民代表大会制度有了更深刻的感受和体会,对于如何讲好中国人大故事也有了更强烈的责任感和使命感。

在专业学习和海外实习期间,我越来越清晰地认识到,中国故事远不只是中国传统文化故事、中国共产党的故事、中国特色社会主义的故事,更多的还有中国人民的故事。在工作实践中,我对此又有了更深入的理解和感受。在前往天津市和平区采访的过程中,通过走访社区、与群众聊家常,我进一步了解和体会了群众家门口人民民主的生动实践,对于讲好中国故事有了更多的展望。未来,立足人大工作这座富矿,我更应该俯下身子、深入基层,继续深入人民群众、采集第一手鲜活素材,真正做到把脚扎进泥土里,把文章写在大地上。借助专业所长、借助新的媒介传播手段、借助丰富的传播渠道,把这些真实动人的中国故事传播开来。

青年之文明,奋斗之文明也,与境遇奋斗,与时代奋斗,与经验奋斗。鉴往知来、继往开来,站在新的历史交汇点,面临新的历史使命,作为新闻传播事业的从业者、后备军,我们更要逐光前行,踔厉奋发。挥别学生时代,开启工作征程,作为新入职的新闻从业者,唯有努力炼好自己这块"金",提高政治思想觉悟、锻炼个人传播本领,以理想者、担当者、吃苦者、奋斗者的姿态,迈出更坚实的实干脚步,积极投身新闻传播事业的实践,方能怀抱梦想又脚踏实地,敢想敢为又善作善成,为讲好中国故事、传播好中国声音贡献自己的力量!

知行合一：被点亮的国传梦想

◎李 玥*

白驹过隙，踏入中国传媒大学校门的场景还历历在目，一晃已经进入了在校的第三年。回顾两年半的学习生活，国新班无疑为我们提供了非常多的机会和广阔的发展平台，在这里，每个人都有无限的可能，我也从一个对新闻传播几乎一无所知的"小白"逐渐蜕变为能写、能拍、能剪的记者"预备役"。

一、一年半：紧凑的课程学习

从刚刚入校一直到研二上，我们一直在进行紧凑的课程学习。课程涵盖的内容丰富，从理论学习、新闻编辑、文献阅读与学术写作，到出镜报道、视听分析、马克思主义新闻观，一圈摸爬滚打下来，无论是在新闻理论方面还是实践操作层面，我都取得了不小的进步。

在所有的课程当中，有两门课程最令我印象深刻。研一下学期吴敏苏老师为我们上了"英语新闻采编播"课程，这是我第一次上出镜的课程，第一次进入学院自己的演播录棚室。在这门课上，我们接触到英语出镜报道的全流程，从背稿到拍摄，再到后期的剪辑，还包括摄像机的操作，为之后实习中的作品制作打下了良好的基础。更为重要的是，吴敏苏老师和我们的

---

* 李玥，中国传媒大学2020级国际新闻传播硕士班学生，2022年1月15日至7月14日于中国新闻社法国分社担任实习记者。

班主任胡芳老师一起,点亮了我的新闻理想。在入校前,作为本科学习外语的学生,我对新闻传播的认识很是模糊,对自己之后的就业也完全没有规划。吴老师在第一节课上就询问我们,有多少人想成为驻外记者,而她带出来的诸如王冠这样的优秀记者,也给我们树立了非常好的榜样。

"英语新闻采编播"课上全班同学在棚内的合影

研二上学期的"英语新闻写作"课程也令我受益匪浅。这门课程邀请到了一线工作的国际传播记者来给我们做讲座,我们得以在这门课上同新华社、中新社、《中国日报》等央媒正在一线工作的国际传播记者面对面进行对话,了解他们的工作日常、经验心得。其中很多驻外记者是我们专业毕业的直系师哥、师姐,一方面他们的经验分享让我们得以在实习、工作前先对这份工作有一个较为直观、深入的了解,另一方面也鼓舞了还在校学习的我们,期待有朝一日也可以成为像师哥师姐们一样优秀的国际传播从业者。

"英语新闻写作"课程讲座海报

二、十七天：忙碌的国情实践和讲座

2021年夏天，研一下学期结束后，我们马不停蹄地去浙江进行了国情实践，结束后又返回北京，在北外和其他四所高校国新项目的学生一起参加了国情讲座。

这次国情实践中,几位留学生同学和我们一起,全班同学分为几个小组,以小组为单位进行新闻报道实践。彼时正值建党百年,大家坚定中国立场、由小及大,在南湖重温入党誓词、在绍兴了解民族脊梁鲁迅先生的成长历程、在德清和安吉学习乡村振兴新模范的经验、在G20会址和2022年亚运会场馆中体悟人类命运共同体精神。在实践中,我们开始探索中国声音、中国方案与中国智慧的发声之道,自己寻找选题、查阅资料、采访、撰稿、剪片,把一个点做厚,再把背景信息与访谈的精华浓缩。我们在小组内部建立"中央厨房"机制,初尝新闻工作合作的"苦"与乐。作为融媒体时代国际新闻后备人才,我们尽力采、写、编都尝试;同在一个团队,我们也利用自身长处各有侧重,在讨论中碰撞出创意的火花。

作者(左三)和小组成员在G20会场的合影

在国情讲座中,我们聆听了十七节由各行各业的专家大咖讲授的讲座,我甚至见到了一直非常敬仰的傅莹女士,还同她合了影;我们进行了一次分班讨论和一次外出参观,参观了当时还未对公众开放的中国共产党历史展览馆,看到了很多珍贵的文物,也对我党的历史有了更直观、更深入的了解。经过在国情讲座上的学习,我也更加明白自己肩上担着的使命和任务,希望在五年后、十年后、二十年后，我可以不辱使命，和其他学校国新班的同学们一起，承担起我们党和国家国际传播的重任。

几个高校的国新班在中国共产党历史展览馆前的合影

三、六个月：充实有趣的海外实习

从被2021年优秀国际新闻传播硕士研究生赴海外实习项目录取，中新社的人事负责老师和我取得联系，到最终尘埃落定，拿到签证可以赴法，历经整整半年的时间。当时受疫情影响，法国的旅游签证、实习签证尚未对我国开放，为了成功取得签证，我申请了圣日耳曼昂莱政治学院的自费交换生项目，被录取后，经过法国高教署、法国驻华大使馆和法国内政部的重重审核，最终拿到了留学签证，成功赴法进行实习。

在这半年漫长而艰难的准备过程中，我有过非常焦虑的时候，有过等签证等到情绪崩溃的时候，有过食不下咽、夜不能寐的时候。万幸得到了有关部门领导们的帮助，得到了中新社的许可与协助，得到了留基委的资助，得到了我的班主任胡芳老师、刘雯老师以及我的导师汤璇老师的支持与关心，在大家的一起努力下，最终我得到了这个宝贵的机会，成功获取签证。

1月6日，我拿到了为期六个月的法国留学签证，但当时正值法国疫情形势逐渐严峻之时，每日新增病例数已经突破三十万。面对未知，我有过害怕和彷徨，但法国签证来之不易，错过这个机会我可能会遗憾终身，我也很想发挥自己的外语优势，实地体验驻外记者的工作与生活，为我国的国际传播事业做出一点小小的贡献。最终在胡芳老师和中新社熊子超老师的帮助下，我办妥了国内的各种手续，坐上了去法国的飞机。

中新社法国分社实习生李玥(右)与人民日报法国分社实习生方可圆在法国戴高乐机场

落地后，我立即同中新社法国分社的社长李洋老师取得了联系，并在六个月的时间里听从李洋老师的安排开展实习活动。除了实习外，李洋老师也在生活上给予了我很多关心和帮助。

我在法国进行的实习活动可以分成三类：第一类是线下的报道与采访活动；第二类是法国当地新闻的日常编译工作；第三类是辅助性的工作，帮助驻外记者老师进行时事的追踪和新闻稿的撰写。

1. 线下报道：直击新闻一线

(1)第一次线下活动：中心区华人纪念碑揭幕仪式

1月29日，在李洋老师的带领下，我参与了巴黎中心区华人纪念碑的揭幕仪式以及此后在区政府举行的中国新年庆祝活动的报道。

巴黎中心区于当地时间 29 日正式设立华人纪念牌,旨在铭记华人重要贡献。中国驻法大使馆公使衔参赞高萍、巴黎中心区区长威尔、法国华侨华人会主席任俐敏、法国亚裔社团联盟主席孙文雄等出席仪式。

在现场,我拍摄了四百余张活动照片及二十余条视频,对 8 位发言嘉宾的法语发言进行了录音,并在活动结束后当天整理成中文文字版发言稿交给李洋老师。

活动现场巴黎中心区区长威尔的特写

围观舞狮的法国民众

这是我第一次实地接触一线的新闻活动报道,体验了新闻生产的整个流程。这样的经历是新奇的,无疑也是非常宝贵的。活动现场设立了专门的媒体区,我也有幸见到了驻法的其他主流媒体的记者们,大家对待新闻的认真态度令我印象深刻。例如,活动刚刚结束,就有记者打开电脑就地坐下开始撰写新闻稿。因为我在活动开始前半个多小时就到了现场,帮着组织活动的工作人员进行了一些简单的现场布置,所以在活动开始之后,参加活动的一些华人华侨把第一排的位子让给了我,方便我这个小个子的女生拍摄近景照片。在紧张的新闻报道活动中,我感受到了浓浓的人情味和中国人之间的友爱。

在这次报道活动告一段落后,李洋老师对我所整理的发言稿和所拍摄的照片提出了指导意见,指出了之后可以改善的地方。紧张但有趣,这是现场报道留给我的印象,也正是这次报道经历,让我发现我很喜欢记者这个职业,而且如果加以训练,是完全有能力做好这份工作的。

(2)系列报道:2022年法国总统选举

2022年法国总统选举是贯穿我整个实习期的一件大事。从3月马克龙正式宣布参选,到4月的竞选集会、两轮投票、公布结果,再到6月后续的立法选举,2022年的选举时间线拉得很长,也是我参与的第一个系列报道。

1)马克龙宣布参选

3月3日晚,法国总统马克龙通过多家法国媒体发布《致法国人民的一封信》,以此宣布自己正式竞选连任法国总统。

当天晚上八点,《致法国人民的一封信》发布在法国媒体上后,我第一时间对信中提到的内容进行了归纳和总结,撰写成稿件发给李洋老师。并在当天晚上十一点左右,整理总结了法国媒体对马克龙宣布参与竞选这一事件的评价,交给李洋老师。

这次的报道让我体会到新闻时效性的重要。此前,根据法国媒体的消息,马克龙连任竞选的声明应当在3月4日发出,我已经做好了3月4日全天关注的准备。但3月3日晚上八点,李洋老师通知我该声明已经发布,所以当天晚上我临时加班,搜集信息,撰写稿件。这次报道也很好地提醒了我,在新闻报道的过程中,不能凡事都想当然,要对新闻事件保持高度的关注,只有主动出击,才能在第一时间把重要的消息传回国内。

2)马克龙举行大型竞选集会

当地时间4月2日,法国总统马克龙在巴黎近郊楠泰尔举行大型竞选集会,意图是加强与选民互动,进一步提振选情,为连任竞选做好准备。

此次报道任务非常特殊。首先,从消息源上,此次竞选活动是我从交换学校的学生那里得知的。为获得签证,我申请了法国圣日耳曼昂莱政治学院,该学院属于法国政治学院联盟中的一所,其学生主要学习政治学,毕业后多从事政治、外交等相关领域的工作,在校期间对政治的关注度就十分高了。获知有此次竞选活动且普通民众也可以申请参加之后,我第一时间将消息转发给李洋老师,并在活动当天和李洋老师一起到现场进行报道。其次,由于我此前并未参加过类似的大型政治性活动,活动的注意事项中也并未注明关于物品携带的要求,在当天我携带了相机和大疆准备去现场拍照并录像,但在安检时被告知无法携带相机设备入内。所以当天场内的报道任务和图片拍摄都是用手机完成的,只在场馆外用相机补拍了马克龙的支持者和空镜等一百余张高清照片。

马克龙所在集会现场

场馆外马克龙的支持者

这次的报道让我体会到,要想做好驻外记者,需要随时保持信息敏感,扩大消息源,扩大社交圈,才有可能拿到原先难以获得的报道机会。此外,还需要随时应对突发情况,例如突然被通知如果不是以注册媒体身份入内的话无法携带相机,这时就需要随机应变,无论通过什么方式都要如期完成报道任务。

3) 两轮投票

当地时间 4 月 10 日和 4 月 24 日,2022 年法国总统选举分别展开两轮投票。首轮投票日当天是我第一次独自承担新闻图片的拍摄工作。一开始我自行找了几个投票点,但人流量都十分有限,最后在李洋老师的指导下,找到了一个选民较多的投票点,顺利完成了拍摄任务。第二轮投票时,吸取了上次的教训,我选择了更早的时间,一大早赶赴投票点,蹲守了两个多小时,最后拍到了满意的图片。

这次独立图片拍摄任务让我明白,驻外记者需要在平时的工作中积累点滴经验,不断吸取教训,在一次次实践中不断丰富知识、锤炼本领。

4月24日,一名选民在巴黎市中心一个投票站接受媒体采访

(3)意外收获:2022年巴黎图书节揭幕

当地时间4月22日,2022年巴黎图书节在巴黎临时大皇宫揭幕。这是我第一次同时独立承担新闻报道和图片拍摄任务,22日当天,我独自一人去到了图书节现场。

图书节现场挑选书籍的民众

在完成了常规的信息搜集和图片拍摄后,我准备离开现场,回去撰写报

道。在找寻出口的途中，在一个图书摊位前，我突然看到了五六架大的摄像机，以及拥挤的人群。当时我以为是某个演艺圈明星或是文化界名人莅临现场。因为体型比较娇小，我从人群中挤到了非常前排的位置，一抬头发现前面站着法新社的记者，摄像机和话筒上都贴着法新社的台标，再仔细一看，图书摊位前站着的是法国政党"不屈的法兰西"的领导人梅朗雄，我也因此得到机会近距离拍摄到了梅朗雄的照片。

偶然间拍摄到的法国政党"不屈的法兰西"领导人梅朗雄

从此次报道中，我深刻感悟到在报道现场需要具有敏锐的观察力，也要保持好奇心，具有一定的勇气，才能抓住稍纵即逝的机会。此外，在跑完一天现场后，回到家中还要尽快筛选照片、撰写文字报道，这也让我体会到了驻外记者工作的辛苦。做驻外记者，要在新闻现场调动自己所有的热情与能力，也要耐得住寂寞、沉得下性子来将所见所闻落到笔头上。这次报道活动也是我第一次从找选题到跑现场、拍图片、写报道，全程独立完成的报道，虽然辛苦，但也让我发现我喜欢这份工作，也有能力做好这份工作，坚定了以后成为驻外记者的理想信念。

2. 辅助工作：充分发挥法语优势

在线下报道之余，在刚刚开始实习的前两个月中，我主要进行一些辅助性的工作，帮助驻外记者老师进行时事的追踪和新闻稿初稿的撰写。

（1）"一个海洋"峰会和马克龙竞选新闻发布会

欧盟轮值主席国法国于2022年2月9日至11日举办"一个海洋"峰会,法国总统马克龙呼吁国际社会共同加强海洋保护。3月17日,法国总统马克龙在位于巴黎东北郊的欧贝维利耶举行新闻发布会,介绍其竞选计划。

2月11日,"一个海洋"峰会开通了线上直播;3月17日,马克龙竞选集会也开通了线上直播。我全程跟着直播,对峰会和集会上提及的要点以及法国总统马克龙的讲话进行了整理和翻译。

虽然我是法语专业出身,在法语专八的考试中也取得了优秀的成绩,但要跟着三四个小时的纯法语无字幕直播进行要点和讲话稿的整理也是一个非常大的挑战。这次的报道经历让我明白,要做好驻外记者,我在语言方面还需要更加努力。此外,如何在数个小时的直播中提炼出最核心的要点,而不是囿于细枝末节的表达,也是我需要多加训练的地方。

（2）凡尔赛宫举办欧盟峰会

由现任欧盟轮值主席国法国主办的欧盟峰会当地时间3月10日在巴黎近郊凡尔赛宫开幕,本次峰会主要聚焦乌克兰局势。峰会于当地时间3月11日在法国凡尔赛宫闭幕,会议就加强防务能力、减少能源依赖等议题发表声明。

3月11日,在峰会闭幕后,法国总统马克龙、欧盟委员会主席冯德莱恩和欧洲理事会主席米歇尔在新闻发布会上发表讲话。我跟着线上直播观看了此次一个多小时的发布会,对三位发言者的发言稿进行了整理,并就本次新闻发布会撰写了新闻稿,交给李洋老师。

此次报道是我第一次进行国际新闻的报道,也是我第一次直面西方国家对于国际事务的发声。虽然之前在国内有阅读外媒的习惯,也在此前的实习中对西方媒体的报道话术有所了解,但此次在国外参与国际新闻的报道时,我发现,之前好像是生活在一个可以保护我的安全球里,虽然知道外界有枪林弹雨,却是不会直接打在我身上的。然而此次在海外,以实习记者的身份再来面对这些西方媒体、西方政客的话语,此前的安全球仿佛被打碎了,我需要直面国际上以西方国家为主导的话语体系。虽然我对这些领导人的发言有很多不赞同的部分,有很多感到困惑的部分,但现在的我只能做到将其原本的意思悉数传达,如何能够在坚守自己立场的同时进行客观报道,这是我在之后的实习和工作中需要学习的。

辅助性的工作对于语言的要求很高,我在其中充分发挥了自己的语言优势,也在这些工作中锻炼了自己的语言能力。在5月举行的法国 DALF C1 考试中,通过日常跟发布会进行速记、要点整理和翻译的锻炼,我在口语和听力部分都取得了接近满分的成绩,高分通过 C1 考试,拿到终身语言证书。

3. 常规报道:日常编译工作

自3月18日开始,经过前期种种辅助性工作的铺垫,我开始进行常规性编译稿件的撰写。

常规性的编译稿件即每天我浏览各大法国新闻网站,摘取有意义的新闻,作为选题报给驻外记者老师,驻外记者根据情况筛选出一个选题,我便就该选题进行深入的阅读和了解,撰写相关的中文稿件。

通过近一周的练习,我所撰写的首篇署名编译稿件于3月20日发出。日复一日的常规性报道,扎扎实实地锻炼了我的编译和写作能力,且每次写完稿件后都有非常有经验的驻外老师手把手修改、提出改进意见。在整个实习过程中,虽然日常的编译工作看上去有点无聊,没有线下报道那样丰富多彩,但却为我的新闻写作奠定了非常坚实的基础。因为本科学习外语专业,实际上我此前并没有过长期撰写中长篇文字报道的经验,这次海外实习给了我非常好的契机,能够补足这一短板,不断精进自己的写作和编译能力。

虽然由于新冠疫情的影响,实习的过程中线下报道活动的开展受到了很多限制,但是每一次参与报道,每一次撰写文章,对我而言都是非常宝贵的经历,我也从中收获了许多,有了很多切实的体悟。如果用两个词来概括这6个月的实习生活,那便是"充实"和"有趣"。

四、感悟

在这6个月的实习经历中,我的感悟主要有以下两点。

一是从总体上来看,国际舆论形势对于我国而言还是不友好的。随着信息技术的迅猛发展和全球性信息网络的建立,一个崭新意义的世界信息市场正在逐渐成形。在信息传播中,作为载体的大众媒介的影响力越来越突出,成为一个关键性的环节。媒介帝国主义理论集中的焦点,也正是大众传播的国际化。发达国家在有意无意地控制发展中国家的媒介系统。在信息传播中,发达国家与发展中国家的地位是不平等的,由此造成了发展中国家消极、被动的后果。

在冬奥会举办期间,出于好奇,我统计了法国媒体《费加罗报》上从申办北京冬奥会成功到冬奥会闭幕期间关于冬奥会的130条涉华报道,其中仅有2条是积极报道,26条无明显感情色彩,其余都是负面报道。在日常生活中,我所遇到的法国人都是亲切友好的,但反观法国媒体,很少有对华的客观报道,积极报道更是少之又少。这一度令我产生了非常割裂的感觉,一面是善良友好的法国民众,一面是妖魔化中国的法国媒体和政客。这一现状更是体现了国际舆论环境对于我国的不友好,以及我们加强国际传播的必要性。在平常的沟通中,有不少法国学生提到,对于中国很好奇,但并没有了解中国的渠道,不清楚中国正在发生什么。有很多在媒体上看到的报道无法验证其真伪,只能选择相信。因此,加强国际传播,我们还有很多需要做的,也有很多可以做的。

二是海外实习对于学习国际新闻的学生而言,是一个非常宝贵的机会,是一个可以非常有效地提升自己新闻素养的平台。在央媒海外实习中,我可以接触到中国最主流的媒体,在驻外记者的教导下,了解新闻生产的全流程,了解一个现场举办的活动如何变成一条详讯。在海外的实习生活中,所有的经历和感悟也都是一笔宝贵的财富。海外实习不仅坚定了我从事新闻事业的决心,也给了我机会,让我在步入职场前可以亲身体会记者这个职业是如何工作的,我是否对其有兴趣,其中的困难我是否可以克服,而我又是否能够胜任,这些都是我在校园里所不能得到的经验。

最后,再次感谢中宣部国际传播局,感谢留基委,感谢中新社,感谢中国传媒大学,感谢电视学院,感谢我的班主任和导师,感谢李洋老师,在我海外实习的前期准备工作和正式的实习过程中给予我的种种支持与帮助。我也希望可以不负众望,早日实现梦想,成为一名合格的宣传记者。

好风借"四力"，助我过"四关"

◎ 刘婧妮*

党的十八大以来，习近平总书记对新形势下宣传思想战线队伍的建设提出了总要求，并于加强和改进国际传播工作提出了一系列新观点、新论断，作出了一系列新的重大部署，为做好相关工作指明了方向、提供了遵循。2016年2月，习近平总书记在新闻舆论工作座谈会上明确提出，好的新闻报道，要靠好的作风文风来完成，靠好的脚力、眼力、脑力、笔力得来。时隔仅两年，习近平总书记在全国宣传思想工作会议上再次强调，宣传思想干部要不断掌握新知识、熟悉新领域、开拓新视野，增强本领能力，加强调查研究，不断增强脚力、眼力、脑力、笔力，努力打造一支政治过硬、本领高强、求实创新、能打胜仗的宣传思想工作队伍。2022年，习近平总书记在党的二十大报告中又一次强调：加快构建中国话语和中国叙事体系，讲好中国故事、传播好中国声音，展现可信、可爱、可敬的中国形象。加强国际传播能力建设，全面提升国际传播效能，形成同我国综合国力和国际地位相匹配的国际话语权。

面对国内实现中华民族伟大复兴新征程、国际百年之未有之大变局的形势，我们国新学子，也是新时代的中国青年，要想在冲突、挑战与机遇的分岔路口借东风起舞，也要借"四力"之风，过好"四关"，用力、用心、用情讲好中国故事。

---

* 刘婧妮，中国传媒大学2020级国际新闻传播硕士班学生，现就职于中央某政法机关。

2021年6月,我很荣幸地通过留基委"优秀国际新闻传播硕士研究生赴海外实习项目"遴选,成为中国新闻社韩国分社实习记者。当时,由于新冠疫情形势较为严峻,在与中国新闻社人事部熊老师与韩国分社刘旭师姐取得联系后,老师们就签证办理一事给予了我许多意见与指导。同时,班主任胡芳老师与刘雯老师也与我多次谈话,建议我尽量抓住来之不易的机会,好好锻炼自身能力。签证申请、机票预订、住宿安排、手续办理……一系列繁杂而又必需的事务性工作最终在各位老师的帮助指导与家人的支持下顺利开展。最终,我于2022年1月开始了线上实习,并于2月4日前往韩国首尔。

激发"脚力",拒绝闭门造车,勇闯"调研关"。新闻报道的生命力在于真实。新闻工作者要经常走出办公室,把社会实践当作课堂,把深入一线当作基础。2022年上半年,中国与韩国新冠疫情形势严峻,高峰期韩国国内甚至日增六十万新冠确诊病例。但是,就像战争、毒品与动乱无法阻挡记者们的脚步一样,疫情的挑战也不会成为新闻工作者窝在办公室的借口。一方面,在刘旭师姐的带领下,我们深入韩国第20届总统大选一线,为国内发回最真实、最鲜活的报道。无论是清溪川的拉票集会还是孝子洞的投票现场,无论是前总统朴槿惠出院问好的三星医院还是前总统文在寅离职演讲的青瓦台,无论是首次对公众开放的青瓦台内部大草地还是时任韩国总统尹锡悦召开就职典礼的国会议事堂,都有我们的身影,也有我们的镜头。另一方面,我们也争取在保证日常工作顺利开展的前提下,保证自己不感染不生病。就我个人而言,我会佩戴KF94口罩,四小时换一次,并在每次去完人群密集的场合后使用酒精喷雾、洗手液、消毒纸巾给自己和随身物品做全面消毒。正是基于刘旭师姐的言传身教和我的亲身体验,我至今难以忘怀时任总统候选人、共同民主党党魁李在明竞选现场的大合唱,社区中心外排起长队等待投票的韩国民众以及等待投票结果出炉、时刻关注红蓝动向的那个夜晚。同时,我也将冒热气、沾泥土、带露珠的新闻作品要求与原则牢记于心。

激发"眼力",避免认知局限,打破"视野关"。一方面,要善于观察、善于发现、善于判断、善于辨别,从纷繁复杂的新闻素材、事实信息中透过表象看本质、透过一般看规律，避免被别有用心的人牵着鼻子走。另一方面，要始终关心大势、关切大事、关注大局，不断开阔视野，避免认识局限，学会全方位、多角度、宽领域地观察、思考与分析问题。北京冬奥会正值韩国第二十届总统大选前夕，韩国政坛波谲云诡、暗流涌动。冬奥会等国际事件被别有用心之人利用，试图通过媒体有倾向性地调动韩国民众民族主义情绪，加剧中韩民间紧张局势，从而影响大选。对此，我们向前溯源、分析事件来龙去脉，以"庖丁解牛"式思维剖析，并及时跟进两国政府、民众、媒体多方举动，一方面总结经验，另一方面通过撰写内参、调整报道策略等形式积极影响未来。除深挖视角外，大选期间，我们还能以包容性视野应对安哲秀与尹锡悦宣布"单一化"等特殊情况出现，及时写发新闻稿并采写国际述评，对大选选情做综述及预测。同时，由于本届大选两名候选人前期民调结果史无前例地接近，因而记者很难提前预判最终结果。因此，投票日当天，我和刘旭师姐一边密切关注计票结果、实时跟进韩网报道，一边做好两套预案，就两名候选人当选均作消息、新闻背景和综述备稿，梳理李在明与尹锡悦二人履历，整理成稿。此外，在评论类稿件方面，由于尹锡悦在竞选期间发表过一些所谓"反华"言论，为避免敏感话题刺激网民神经，评论类稿件最终以特稿形式刊出。

激发"脑力"，严防目睫之论，深挖"语言关"。一方面，我们要以新闻工作理论与实际为基础广泛涉猎政经文法社科等多方面知识，完善知识结构，争做博览群书的杂家；另一方面，也要结合兴趣与专业深入研究一个或几个领域，争做专家。在实习期间，我跟随刘旭师姐去了几场特殊的媒体见面会。2021年，韩国慰安妇代表李容洙建立了民间团体"日军慰安妇问题诉诸国际法院（ICJ）推进委员会"，并数次就韩、中、菲等多国"慰安妇"受害者提交公开请愿书一事邀请各国媒体参与说明会。发布会上，李容洙奶奶字字泣血，句句诛心，一遍又一遍地诉说着当年的痛苦回忆，无须华丽辞藻，哀痛之情便已跃然纸上。我们悲切于大多数受害者在没有得到口头和物质上的道歉前就已遗憾离世，更悲愤于加害者对此事的漠不关心和处处回避。2022年时值世界"慰安妇"纪念日设立十周年，也是日军慰安妇受害者金学顺老人实名公开证明受害事实三十周年纪念。在采访调研资料的基础上，我以《东亚日报》及其围绕"慰安妇"展开的相关新闻报道为主体，展开了学术研究，并在硕士毕业论文中探讨了其建构的"慰安妇"媒介集体记忆及其背后影响因素。同时，我对其采用的话语表述、叙事策略和情感生产具体策略进行分析，并总结了经验、提供了建议。

激发"笔力"，争取融会贯通，触及"真情关"。一方面，我们要在运用文字、声音、图片、视频等元素的基础上创新话语表达方式与传播方式，另一方面也要找共识、找交集，让报道更接地气、聚人气，更有情感、有温度。2022年5月10日，尹锡悦就任总统，同时青瓦台"回到民众怀抱"。我与刘旭师姐兵分两路，分别前往青瓦台开放仪式与总统尹锡悦就职典礼现场进行采访报道。我很荣幸能被师姐信任，首次单独以外国记者身份参与重大活动，甚至是现场唯一一名中国记者。我负责的工作不仅包括拍摄新闻视频、摄影以及准备参观vlog素材，同时也包括帮助其他中国主流新闻媒体进行街采等。在采访过程中，有许多韩国民众听到"我是来自中国的记者"时，会因为对中韩政治较为敏感而直接拒绝我的采访要求。在经历了数次被拒经历后，我仍鼓起勇气发问，才成功用韩语采访到一名来自釜山且一大早坐高铁赶来首尔看青瓦台开放的韩国阿姨，并用英语对一名来自延世大学的东南亚留学生进行了采访。此外，由于现场人流量过大、网络质量较差，出于传稿需要，我不得不四处寻找稍微空旷的地方，并拿出手机和电脑席地而坐，对提前准备好的文字报道进行再次修改，对图片和视频进行初步筛选。最终，四五条文字、图片与视频报道当日顺利落地，vlog《韩国青瓦台全面开放 一起看看里面什么样!》也通过多家视频平台播发，获得了总浏览量超百万的成绩。

最后，感谢国家、学校与学院的栽培以及各位老师的教诲。得益于学生阶段就能拥有如此宝贵的机会与平台，我的职业选择与人生方向才能在学习与实践中被指明。未来，我仍会坚持以党性立身做事，以创新、开放、包容的理念终身学习，争做奋勇担当、主动作为的新时代新青年。

建筑之城，文化之窗：迪拜六月实习记

◎杜懿晨*

弹指之间，为期六个月的实习生活已经落下帷幕，那些初入职场时的慌张和焦虑仿佛就发生在昨天，而今已随着时间的流逝逐渐化为成长的营养。此次海外实习，我深入中东这一文化与现代化交汇的复杂脉络之中，不仅系统地提升了我的业务技能，更全面地锻炼了我的适应能力、社交能力和创新思维。在迪拜这座繁华与传统交织的城市中，每一次工作的挑战和机遇都深刻地塑造了我对世界的理解和自我能力的认识，让我在职业道路上迈出了坚实而自信的步伐。

从处理日常的行政工作到策划跨文化的媒体项目，每一项任务都不仅是对我的专业能力的考验，更是对我的人际交往和文化适应能力的挑战。在这里，我不只是学习如何成为一名能力出众的传媒专家，更重要的是学会了如何在不同文化背景下寻找共通点，如何在全球化的职场环境中保持个人的独特性和专业性。通过这次实习，我得以窥见不同文化的交融如何在实际工作中产生影响，以及如何在多元化的工作环境中找到自己的位置。

---

* 杜懿晨，中国传媒大学2020级国际新闻传播硕士班学生，现就读于牛津大学牛津互联网研究所（Oxford Internet Institute）。于2021年12月19日—2022年6月20日赴阿拉伯联合酋长国迪拜中建中东有限责任公司实习。

一、融入与适应——跨文化的工作初体验

初到迪拜,我立刻被这座城市独特的现代化天际线和无尽的繁华景象深深吸引。高耸的摩天大楼与历史悠久的建筑交织在一起,展示了一个在沙漠中孕育的全球化都市的独特魅力。在这样一个充满活力的国际环境中,我有幸加入了中国建筑集团中东公司,一个在地区建设中扮演着重要角色的企业。作为实习生,我被委以重任,负责新媒体产品的策划与制作,以及社交媒体平台的运营。这不仅是对我的专业能力的考验,也是对我的适应和创新能力的挑战。

我的首个项目是策划并执行一个名为"Csced me vlog"的视频 vlog 系列。这一系列的视频不仅要记录公司的人文活动和行业交流,还要对外宣传公司的重点项目,展示公司的国际形象和承担的社会责任。在这个过程中,我不仅应用了在学校学到的多语种文案编写技能和中、英、韩三语配音技术,更通过创新的互动方式,如增加虚拟现实元素和互动式图表,以吸引并增加网络用户的参与度。

这项任务让我深刻体会到,有效的传播远不止于信息的简单传达,更关键的是如何通过故事讲述和视觉呈现来触动观众的情感,使其产生共鸣。随着每一个视频的制作和发布,我逐步了解了在多元文化背景下工作的复杂性,也越来越能够在快节奏和高要求的工作环境中找到自己的定位,这不仅仅是一场职业技能的锻炼,更是一次文化和自我认知的深度探索。

1. 聚焦企业文化特色建设,提升企业员工获得感和忠诚度

作为国际化企业的典范,中建中东公司不仅致力于建设壮丽的工程项目,还积极塑造了一个负责任的中国建筑企业形象。在公司领导的精心策划和带领下,我有幸参与了多项旨在彰显企业社会责任的活动,这些活动不仅展示了公司对社会的贡献,还凸显了其在全球范围内的文化交流和环境保护方面的努力。我的任务是全程记录这些活动,并通过 vlog 视频的形式,将这些影响深远的事件呈现给全世界。

作者在公司总部和蓝宝合影

2022年春节期间,我们策划并实施了一系列具有创新主题的视频,这些视频的内容丰富多彩,设计巧妙,吸引了超过10万网民的关注。特别是由我亲自出镜主持并制作的《vlog|海外建设者的温情年夜》视频,不仅展示了我们团队在异国他乡的团聚和庆祝方式,也向世界传递了中国传统文化的温暖和魅力。该视频最终被央视官方频道采用并发布,得到了广泛的认可和好评。另一部作品《驻海外国企食堂都吃啥?》,我与当地的知名自媒体人士共同出镜,通过展示多样的食物和独特的餐饮文化,揭示了中建中东公司员工在海外生活的真实面貌。这部视频由具有广泛影响力的华人自媒体团队"迪拜人"推广,不仅增进了当地社区对我们企业文化的理解和接纳,也成为一次成功的跨文化传播实践。

2. 聚焦行业信息交流,塑造优秀企业品牌形象

除了日常的工作任务,我还积极参与了公司组织的多种文化和社交活动。这些活动不仅使我的社交生活更加丰富多彩,还为我提供了宝贵的机会与来自世界各地的同事交流,让我深入了解到不同国家和文化背景下的工作与生活方式。在这种多元文化的环境中,我不仅拓展了个人的国际视野,也学习到如何在全球化的职场环境中找到自己的定位,并有效地构建国际人脉网络。

在六个月的实习期间,我有幸参与了一系列标志性的行业交流活动,这些活动不仅展示了企业的社会责任和行业领导力,也为我提供了实际观察和参与国际商业操作的机会。这包括第十五届阿拉伯企业社会责任大奖启动仪式、第四届中东及北非地区交通大会暨展览会以及 2021 年度中东大项目大奖颁奖典礼。在这些活动中,我负责拍摄并制作中英双语 vlog 视频,记录下中建中东公司多年来在阿联酋市场的深耕与发展,展现了公司的良好品牌形象及其履约声誉。我的工作不仅捕捉到这些重大时刻,也通过视觉叙述讲述了公司故事,从而在全球观众中塑造了一个负责任且富有创新精神的企业形象。

通过这些经历,我深刻认识到文化交流的重要性以及它在当今世界经济中的作用。每一次活动都是一次宝贵的学习机会,让我更加理解不同市场的业务运作和文化差异,也使我明白,作为一名国际传播和新媒体专业学生,如何有效地利用我的技能和知识在全球化的舞台上发挥作用。这不仅增强了我的职业能力,也深化了我对国际业务和跨文化交流的热情和理解。

作者(左二)参加 2021 年度中东大项目大奖颁奖典礼

二、深入实践——从项目现场到企业内部

如果说传播工作是公司的"外塑形象",那么生产经营就是公司的"内强素质"了。只有内外结合,才能"内外兼修",推动公司业务的开拓。为此,我先后参观了公司的歌剧院大厦项目、阿仁科希尔顿酒店项目、阿仁科万豪酒店项目、新月酒店项目、阿布扎比疫苗厂项目等房建事业部项目;迪拜山庄地产商场道路基础设施升级工程等基础设施事业部项目;拜访了周转材料中心仓库、沥青拌合站、基础物资部等部门。

在此基础上,我独立承担了项目视频拍摄、剪辑的工作,完成多部中英双语 vlog 视频;参与策划《中建中东公司 2021 年大事记》视频并翻译英文文案;参与"建筑在说话"辛达加项目和阿布扎比疫苗厂项目拍摄,其中《沙漠工程师》视频登上国务院国资委官网(英文)、《人民日报》官网(英文)、环球网、央视 CGTN、央广国际在线、中国网等多个平台,取得良好传播效果。

为了更好地开展工作,我积极深入项目,熟悉公司。六个月来,我和中建中东公司四大事业部、总部各部门都有工作往来。忙碌的工作加快了我的生活节奏,锻炼了我处理问题的能力,培养了我困局中寻觅良方的能力。

作者赴阿布扎比疫苗厂项目采访

三、回顾与前瞻——实习所学与职业规划

这段实习经历不仅仅是职场的一次尝试,更是我成长和学习的一段宝贵时光。在过去的六个月中,我在领导和同事们的关怀与支持下,不断学习并努力工作,我的思维、沟通、人际交往以及抗压能力都得到了显著提升,并获得了团队的广泛认可。从最初的不适应到后来的熟练应对,我深刻体会到了团队合作的力量以及如何共同面对挑战和困境,这是我获得的最宝贵的经验。

迪拜的实习生活对我来说不仅仅是一段简单的工作经历,它更像是我职业生涯的一次正式起步。每天早晨七点半的班车,晚上六点的下班时刻,以及周末与同事们的户外活动,这些日常的点滴积累成了一段难忘的记忆。在这里,我不仅收获了工作技能,更赢得了纯真的友情和同事们的深厚关怀,这些将伴随我一生。

千里之行,始于足下。通过这次实习,我将在未来的职业道路上更加谦虚和谨慎,积极向领导和前辈学习,不断提升自己的专业能力,并将理论知识更好地应用于实际工作中。在这篇文章的结尾,我衷心感谢所有在我实习期间给予我指导和帮助的人,包括中宣部国际传播局、国家留学基金管理委员会、中国建筑集团有限公司、中建中东有限责任公司以及中国传媒大学的各位领导、同事和老师。是他们的支持和教导使这次海外实习成为我一生中一段难以忘怀的经历。

央企国际传播
——心中有数,手中有术

◎臧 赫*

中国一直高度重视海外"朋友圈"的建设。在区域国际局势日益动荡的今天,中国始终坚持"不搞破坏,只搞建设"的原则。其中,出海央企以各类优质项目为牵引,在"一带一路"倡议等政策背景下在海外投资建设,是他国民众感受"中国智慧""中国方案"最直接的载体。2021年下半年,我有幸成为首批优秀国际传播硕士赴央企海外机构的实习生,进入中国建筑集团有限公司埃及分公司(以下简称"中建埃及")进行为期半年的实习。

工作中,我积极深入一线,主动承担文字采写、视频策划与拍摄、海外社交媒体编辑和运营等全方位、多角度的工作。这半年的实习让我提前适应了驻外记者快节奏的工作状态,经历了独立采编播发等新闻产出的各个环节,还得以站在驻外央企这一国际传播新的"主力军"的视角观察行业真实现状,是一次十分可贵的经验积累和锻炼机会。

回想当时,看到2021年的海外实习多了央企实习的计划,我意识到央企海外机构已经在顶层设计上成为中国国际传播的主阵地之一。因此,我毅然决定要从这个不曾了解过的视角拓展自己的国际传播视角并进一步提

---

* 臧赫,中国传媒大学2020级国际新闻传播硕士班学生,读研期间赴中建埃及分公司海外实习,其间在中建埃及自有平台上发表300余条海外社交媒体推文,总涨粉超过8万;曾全流程独立制作多条百万级爆款视频,多次供稿CGTN和新华社等媒体。实习期间主创作品获得第四届"一带一路"百国印记短视频大赛社会公益奖、"丝路正青春"短视频征集大赛二等奖。现就职于中国新闻社融媒体中心。工作期间参与"一带一路"十周年相关报道以及国内外日常突发事件等报道工作,原创作品多次获中新社总编辑奖。

升能力。

这次经历让我目睹了央企在海外践行着人类命运共同体的价值观,也看到了"中国智慧"和"中国经验"在"一带一路"前沿凝结成的累累硕果。正因如此,央企不能只停留在做一个"无声的奉献者"的层面,而是要把握住这样的跨文化交往机会,提高主动发声的能力和水平,形成同我们国家综合国力和国际地位相匹配的国际话语权。这也正是我们国家和央企正在努力奋斗的方向。

在实习中我还有幸结识了中央媒体驻埃及的记者前辈,从不同角度看到了海外新闻工作者的常态。首先要能单兵作战,文武双全,成为全媒体人才。海外社交媒体方面的工作,需要内容生产和内容运营两个方向的深度参与。既要亲自参与采、编、发全程,联系新首都以及阿拉曼项目各个参建单位,收集并跟进选题素材报送,实现从 0 到 1,又要对接国内媒体合作方反复推敲,审核每一条要发布的稿件和视频,实现从 1 到 100。这些工作对我的采编能力、外语能力、新媒体意识、国际传播的敏感性,以及沟通协调能力有充分的锻炼,也培养了我准确和严谨的职业习惯。

对驻外记者来说,强健的身体和心理素质均不可或缺。在施工单位的项目现场,不论是在沙漠的烈日下还是在灯火通明的夜晚,抑或是时不时接受大漠"特产"风沙的洗礼,建设者们从未停下脚步。为了记录他们的面孔和付出,我也真正体验到了在裸露的钢筋水泥中上下穿梭的感觉,践行着一线新闻人的敬业精神。外采环境往往复杂多变,通过本次实践,我对于记者如何提高"脚力"和"眼力"灵活应变等问题有了更多理解。这段实践经历对于当时的我来说就是未来职业生涯中独一无二的预科班。

实习期间,周围埃及青年对汉语学习的热情也深深打动了我,他们其中的不少人来中国留学后对中国的好评让我印象深刻。根据近年公布的国际民调结果,78%的阿拉伯青年认为中国是自己国家的伙伴,中国已成为最受阿拉伯世界欢迎的国家。2022 年 12 月,展现中国扶贫成果的剧集《山海情》的阿拉伯语版也在埃及实现海外首播,精准化传播势在必行。

可以说,中国在阿拉伯等国家的跨文化传播与国际传播迎来了恰逢其时的时机和条件。海外央企更要抓住机会,制订、实施主动且精准的传播策略,与其被别人表述,不如自己表述,展现真实、立体、全面的中国。

基于以上的实习观察,我对央企海外传播有以下几点思考。

一、心中有数——增强国际传播的主动性和主体性

讲好新时代中国和中国企业的故事,需要心中有数。

一是提升央企作为国际传播主体的责任意识和政治站位,把国际传播的理念与意识内化于心、外化于行。增强对外传播的主动性,改变中国和中国企业在国际传播形象中的被动局面。

我所在的项目——埃及新行政首都中央商务区项目,是两国领导人共同签约的"一带一路"倡议领域的重点工程。中建埃及抓住这一重要项目的国际传播契机,在埃及这一阿拉伯国家中社交媒体用户最多的国家开设了脸书、推特、英格、优兔、领英、海外版抖音以及微信等多个平台的社交媒体账号,形成海外传播融媒矩阵,与国际主流舆论"同台说话"。公司同时还协助运营"中资企业在埃及"(Chinese Enterprises in Egypt)脸书账号,系统化扩大在埃中国企业整体的影响力。

二是明确国际传播的目的——既要向世界展现可信、可爱、可敬的中国形象,也要协助推动构建人类命运共同体,创新人类文明新形态。因此,国际传播首先要融入世界话语体系,追踪人类共同关注的热点问题,同时突出中国国家形象塑造的差异化特征。例如,中建埃及结合世界地球日等全球节日,响应《联合国2030年可持续发展议程》,策划推出展现中建埃及在当地"绿色建造"的推文;落实把中华文化"请进来"的理念,推出《我在新首都学汉语》系列视频等传播产品;我还深度挖掘中埃友好合作的案例,采写拍摄了《埃及梦,中国情——中建埃及分公司三名埃及员工的中国情结》《小梦想,大舞台》这类有共情、有共鸣的属地员工人物故事,均取得了较好社交反响。

二、手中有术——提升国际传播效能

央企的国际传播既要整体布局,也要在小处落实。在社交媒体的语境下,面对广大外国民众,企业往往更需要放下自己的"偶像包袱",善用社交话语、国际话语,塑造共同的意义空间,增强当地民众对中国与中国企业的互惠性理解。

一是找好讲故事的角度,提升影像叙事力。例如,围绕共情传播创制融媒体作品。共情传播是跨文化传播中有效减少语言文化壁垒的一种传播方式。利用这种方式时,可以"时空结合"或者"大小结合"。"时空结合"是指抓住中埃重要节日、项目重要事件与完工节点的仪式等能够形成广泛共情的新闻时刻进行报道;同时发挥在场优势,用好本地资源,敏锐地发现其他和当地民众息息相关的议题,挖掘新闻线索,丰富传播素材。"大小结合"是指充分发挥建筑项目"视觉锤"般的影像冲击力,利用航拍等手段展现恢宏气势,引发两国人民的自豪感;同时注重围绕两国员工进行小人物、小切口的报道,提升央企的亲民性和民众信任度。

以我在实习期间拍摄的以当地人物为主体的短视频为例,包括埃及青年拉尼姆·梅尔讲述自己在企业参加志愿活动的故事,聚焦青年工程师成长的人物故事,在非洲难民儿童小学摄制的驻埃中企爱心公益短片等,都以"人情味"抓住当地受众共情的传播点,发布后都收获了极佳的反响,成功打造了"破圈"产品。

作者拍摄制作中建埃及祝福北京冬奥会视频

二是在传播的全过程、多方面、多角度的细节上进一步优化,不仅要做,还要做实、做好,提升竞争优势。

要整合全球传播资源,比如建立和加强与当地媒体的联系、与国内外宣媒体加强联动;优化平台设置,掌握海外社交媒体账号的"人设"打造和推文发布技巧等;在日常运营中发现海外社交媒体平台涌现的各类舆情时需要提高敏感度,及时对接相关负责人进行处理,做好企业舆情管理;注重传播数据的整合和分析,形成支持央企国际传播工作反馈与调整的"数据流"等。

除以上两点之外,我还想分享一点通过细节反映出来的问题:记得当时正值父亲节,国内的媒体合作方老师循例和我沟通在国际节日等节点准备的选题策划——"父亲节要不要出一条视频?我们可以采访几个埃及员工……"听到这样的方案,我的第一反应是需要再和埃及同事交流一下他们对父亲节的重视程度,以考虑后续的策划方向。结果埃及同事说:"我们埃及不过父亲节。"得到这样的回答后,我深感震惊,一方面是文化冲击,另一方面是感慨即便是专业外宣媒体机构,我们整体的国际传播的"道"与"术"也都还有很长的路要走。

可见,做国际传播工作的出发点要放在海外当地用户上,充分赋权既懂中国又熟悉当地文化的跨文化国传背景人才,而不是基于经验主义从我们的思维惯性想当然,不然也只算是发布在国外的"内宣",不仅与实现有效传播、共情传播仍有距离,还可能闹出笑话甚至引发舆情危机。

作者主持《中国建筑服务埃及可持续发展报告(2020—2021)》发布会

一种声音，多个声部。央企海外机构有责任主动树立战略传播意识，把央企丰富的跨文化实践转化为国际话语优势，把传统和当代中国的魅力更好地展现给世界，真正让中国企业形象和国家形象在当地留下长久的影响力和美誉度。

在此要再次感谢中宣部国际传播局以及母校中国传媒大学对国新班给予的关注和支持，让我们能有幸获得在国际传播一线的实践机会，积累见闻与本领，提升了我的思想高度和政治自觉。我也有幸得以为扩大海外知华友华"朋友圈"而付出努力，用自己的笔和镜头记录下两国人民动人的友谊故事。这次实践，不仅使我提高了对全球话语的感知能力以及以中国为主体的叙事能力，更帮助我在对外传播事业上积累了更加深厚的热爱。

臧赫工作照

如今，我毕业进入中国新闻社工作。虽然目前接触到的国际传播相关工作不多，工作重心暂时从之前的外宣转到内宣，但当今内外宣的边界日趋融合，此前的实习经验对我的日常工作也发挥着潜移默化的指导作用。仅仅不到一年的时间，我已经接触到了前台和后台各类岗位的报道工作，充分调动了此前练就的语言表达、视频策划与编导、沟通协调、换位思考和抗压等能力。在此，我也期许自己能以这段实习经历作为开端，今后在讲好中国故事的道路上深耕厚植、久久为功。

到现场去，到一线去
——在实践中初探国际新闻报道

◎方可圆*

一、海外实习：从"线上"开始，于现场记录

研二的下半学期，我在留基委海外实习项目资助下，前往人民日报法国分社开始实习工作，实习期间主要负责法语媒体文章的日常搜集、整理与编译，以及参与新闻现场报道和采访，翻译、撰写和编辑消息详讯。海外实习期间正值2022年法国大选和俄乌冲突爆发，我共协助驻外记者完成采访稿件2篇，发布网络新闻稿件近十篇，并独立完成一篇登报新闻稿件的撰写。

我于2022年1月中旬抵达巴黎，彼时正值法国新冠疫情形势迅速恶化，新冠确诊人数日增近几十万，法国成了当时全球新冠疫情最严重的国家之一。法国政府也采取了"疫苗通行证"等措施来应对疫情，未完整接种受官方认可的新冠疫苗的民众无法进入文体场所、餐饮场所等公共场所。

因此，出于安全防疫和政策限制的考虑，根据记者老师的安排，我初到法国之时的实习工作主要在线上进行，包括参考使馆、外媒等发布的消息编辑详讯、帮助记者老师校对文章内容等。虽然肆虐的疫情让我的实习工作

---

* 方可圆，中国传媒大学2020级国际新闻传播硕士班学生，现就职于中央广播电视总台总编室，目前正在中央广播电视总台浙江总站进行锻炼，已在地方总站参与总台2024年新春走基层、抗寒潮暴雪天气、一年之计看"两会"、五一"闪耀的你"、中国国际动漫节20周年等特别主题报道。

难以正常展开,但在此期间,我仍然能够初步了解驻外分社稿件的撰写、审核与发布流程,充分体会媒体一线对客观严谨的报道的高度重视。

当第一次编写的稿件成功发布时,当第一次看到我的名字出现在"人民网巴黎×月×日电"之后时,一种强烈的责任感与使命感油然而生。国际新闻报道对我来说不再遥不可及,我也无比期盼着能够尽快参与到线下的报道过程中,采集最鲜活的第一手新闻。

在我的"疫苗通行证"成功生效之后,记者老师也开始给我安排一些线下的报道工作,主要是协助记者老师完成当地涉华活动的相关采访、摄像等任务,例如1月29日法国巴黎中心区举行的华人纪念牌揭幕仪式、为《两会零时差》视频栏目拍摄外国友人的街采素材等。

亲历新闻现场的感觉与居家办公完全不同,站在华人纪念碑揭幕仪式的媒体区,我充分感受到一线新闻采写工作的不易。"现场"不仅需要记者高度集中注意力,全方位调动视听觉以最大限度获取信息,还需要记者具有灵敏的新闻嗅觉与反应力,第一时间主动抓取新闻素材。

在揭幕仪式进行的过程中,我既要保证清楚录下每一位发言人的致辞,以便随后编写稿件之用,也要时刻注意利用人群中的空隙进行现场抓拍,一时间不免有点手忙脚乱,幸好同行的记者老师帮助我完成了一些录音和听译工作,这篇稿件才得以顺利发布。在揭幕仪式结束之后,现场各大新闻媒体的记者也都迅速行动起来,"抢占"合适的采访对象,我也在记者老师的带领下参与了对法国华侨华人会主席等人的采访。事实上,由一人同时负责记录、摄影、采访等多项任务才是驻外记者的常态,这次报道活动让我深切地体会到,要成为一名合格的驻外记者,我还有许多需要学习和改进的地方。

华人纪念碑揭幕仪式的准备工作

除了在新闻事件现场进行报道,我也非常幸运地跟随记者老师前往法国参议院对法共全国理事会主席洛朗进行了采访,这也是我第一次近距离接触法国政治党派的主席。洛朗先生非常亲切地接待了我们,整个采访过程也十分顺利,这让我对如何安排、策划和准备人物采访有了初步的了解。

此外,在埃菲尔铁塔前的街头采访也让我感受颇深。在那次街采刚开始时,我们非常顺利地采访到一位对中国国情有所了解的法国人,他的回答非常符合我们的

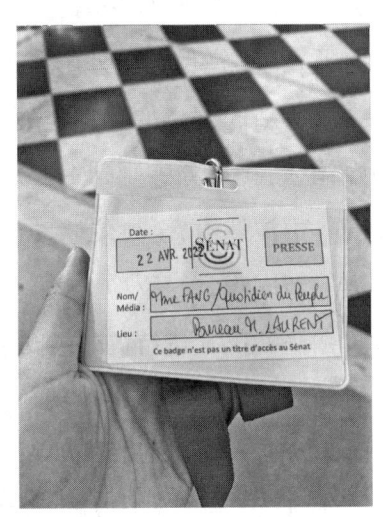

法国参议院大楼的媒体通行证

报道需求。但之后接触的几位行人都让我们连连碰壁,他们或不太愿意接受采访,或对中国发展现状不甚了解。甚至在我们寻找采访对象的过程中,某一组织突然来到现场展开一些示威行动,导致我们不得不多次更改拍摄地点,以确保所摄视频素材不受外部活动的影响。这次采访任务让我充分感受到,街采与活动报道不同,采访环境和采访对象存在较大的不确定性,需要记者充分发挥主观能动性,并随时根据现场情况进行调整。

虽然受新冠疫情影响,在实习过程中我所能参与的现场报道较为有限,平日里多数时候还是以线上工作为主,但我仍然觉得自己是非常幸运的,央

媒海外实习项目为我们这些国新学子提供了一次宝贵的接触国际新闻生产运行机制的机会,让我们能够从一个全新的观察者、记录者、参与者的角度走进国际社会。在 6 个月的海外实习结束以后,我总觉得刚刚了解到国际新闻报道中极其浅显的一部分,希望我在之后的工作生活中能加强对国际传播的理解,不断磨炼脚力、眼力、脑力、笔力,有所成长,有所收获,有所沉淀。

二、从国际到地方:于基层蹲点向前方奔赴

2023 年 6 月,我从中国传媒大学 2020 级国际新闻传播硕士班毕业,来到中央广播电视总台就职,目前正在中央广播电视总台浙江总站进行锻炼。在地方总站的工作总是与赶往前方报道的一场场奔赴分不开,但在中国传媒大学学习和实习阶段积累的多次现场报道经验让我很快融入地方一线的报道工作中。目前,我已深度参与总台 2024 年新春走基层、抗寒潮暴雪天气、一年之计看"两会"、五一"闪耀的你"、中国国际动漫节 20 周年等特别主题报道。与此同时,我也总在地方找寻进行国际报道的机会,现已成为浙江总站与 CGTN 对接供稿人之一。

作者在中国国际动漫节的新媒体直播报道

目前来到地方总站锻炼,我最先体会到的就是节奏快。站里资深的记

者老师跟我说过最多的一句话便是："可圆,记住要快!"在这样高强度、快节奏的锻炼模式下,我正在快速成长为可以独立面对采编全流程的新人记者,对广播、电视、新媒体报道,从报选题、策划到执行播出的全链条做到了心中有数。

"五一"假期返程高峰作者在萧山国际机场报道

与此同时,从注重现场体验感的新媒体直播到以鲜活叙事为重点的人物报道,再到深入挖掘社会热点问题的调查新闻,我有幸参与到多样化的报道工作中,也充分认识到新闻工作者不仅需要传递真实,也要和人民同呼吸,与社会共进步。

事实上,我国媒体的报道方式也正是强调社会的共同利益,强调努力采取共识,鼓励采取共同的行动。因此,如何做出更有建设性、前瞻性的新闻报道将是我今后思考和发力的方向,我也希望能够借着这两年在基层锻炼的机会深入了解中国社会现状,为今后更好地传播好中国声音,讲好中国故事做准备。

【"五一""闪耀的你"】"盾构工匠"炼成记报道

跨越山海讲好央企故事　用情用力服务国际传播

◎曹瑞玲*

一、2022年夏

8月9日，乘着飞机跨越山川与海湾，我来到阿联酋迪拜。虽然到达时间已是晚上，但灼人的暑热和干旱气息，以及机场抵达处的阿拉伯语标识告诉我，新的旅程开始了。中建中东有限责任公司成立于2005年，以棕榈岛别墅项目为服务起点，经过20年的努力耕耘，服务范围覆盖阿联酋、科威特、沙特、卡塔尔、巴林、阿曼、黎巴嫩等海湾国家，承建住宅、酒店、医院、办公楼、道路、桥梁、机场等涉及国计民生的各类工程100余项。怀着对建筑行业的好奇以及对从事央企国际传播工作的期待和憧憬，我开始了为期6个月的实习旅程。

我入职的第一周，就接到了阿联酋建筑业领导人峰会的宣传报道任务，那时距离活动开始已经不到两天。这场峰会由中东知名建筑杂志《建筑周刊》主办，邀请建筑行业领军人物共话行业发展与未来愿景，中建中东公司多位领导将出席。本次峰会的举办地点泰姬陵酒店，是由中建中东公司承建的豪华酒店之一。这样特别的缘分让这次峰会更加特别。经过和部门领

---

* 曹瑞玲，中国传媒大学2021级国际新闻学硕士班学生。于2023年通过外交人才选拔考试进入外交部。在校期间曾获国家奖学金，多篇论文入选国际顶级学术会议。2022年9月至2023年3月于中建中东有限责任公司实习。

导的讨论,我被委以一个很重要的任务,对当天的活动进行出镜报道,并对多位嘉宾进行采访。

尽管公司对这个活动的前期准备和宣传已经较为充分,但对刚入职的我来说,仍旧非常陌生。面对近在咫尺的活动,期待和焦虑轮流占据我的内心。我摩拳擦掌地想把学校里学到的理论和实践知识运用到工作中,却也担心在如此重要的活动中出现纰漏。但焦虑总是无法解决问题,于是我立即着手开始整理要点信息,快速梳理出报道思路,然后开始构思镜头、设计采访问题和解说词。部门领导和同事们的鼓励与耐心指导也逐渐驱散了我内心的紧张,让我可以在活动现场戴着司徽站在镜头前,以中建中东公司记者的身份完成报道。后来,我遇到公司的埃及总工程师,他说他对那个视频印象很深刻,还说之前从来没有人这么做过。

作者现场报道阿联酋建筑业领导人峰会

那是我在中建中东公司的第一个实习作品,现在回看,虽然有很多缺点与不足,但却成为我克服焦虑,迅速进入工作正轨的起点。在实习的6个月中,我聆听了来自各个国家建设者的故事,去了阿布扎比疫苗厂项目现场,见证了公司获得荣誉与奖项的瞬间,也体会到"中国建筑"品牌背后深沉的底蕴与力量。我收获的不仅是工作业务上的锻炼,也获得了更宽广的跨文化与跨学科视角,让我能够更深刻地思考央企国际传播的途径与意义。

二、2022 年冬

来到迪拜两月有余,我对公司国际传播工作的参与更加深入。迪拜是世界文化交融的城市,公司内部绝大部分是外籍员工,因此宣传工作要结合阿联酋当地实际,了解不同人群的特点与生活状态,与当地受众的文化和话语契合。随着对工作内容和城市环境的熟悉,我开始更主动地接触更多人,倾听更精彩丰富的故事。

在一次行业峰会中,我有幸采访到阿拉伯企业社会责任机构主席哈比芭女士。她得知我来自中国后,对我回忆了她在 2000 年来到四川成都参加会议的经历。当时,成都市的绿色转型工作方兴未艾,但是在当地政府的领导下,已有许多显著成果,如水污染综合治理、大气污染综合整治、环境保护区建设等。让哈比芭感到温暖和欣喜的,不仅是会上提到的中国绿色发展的成果,还有会方对参会嘉宾的关怀。当时会方给每位外籍嘉宾安排了双语翻译,让跨文化沟通变得更加便捷。考虑到她的伊斯兰教信仰,工作人员还专门带她前往了成都的清真寺进行参观游览。这些经历让哈比芭对那次中国之行的印象十分深刻,回到阿联酋之后,她也时时关心成都的环境保护和绿色发展状况,并对近年来成都取得的成就感到由衷的欣喜和赞叹。

当时我感到非常荣幸和激动。荣幸的是,她愿意与一个素未谋面的外国实习生进行如此细致深入的分享。激动的是,中国的发展与变化真真切切地为海外民众所知所感,"中国故事"漂洋过海,又经由哈比芭女士传得更远、更响。阿联酋是最早加入"一带一路"倡议的国家之一,是"一带一路"的重要节点,近年来在政策沟通、设施联通、贸易畅通、资金融通和民心相通领域都取得了丰硕成果,而哈比芭女士对中国的感情,正是"民心相通"的极佳例证。我相信,这样的美丽故事还有很多,等着有心人来发掘和讲述。

三、癸卯兔年新春

2023年的春节对于我来说是一个别样的经历,因为这是我第一次离开家人,在异国他乡迎接着新的一年。在春节前,我接到了一个特殊的报道任务——报道中建中东公司参与"欢乐春节"大巡游活动。"欢乐春节"大巡游活动始于2018年,是在迪华侨华人、留学生、中资企业和机构与迪拜当地民众共庆中国春节的活动。到2023年,它已成为海外最大的华人华侨新年庆祝活动,被文化和旅游部誉为海外"欢乐春节"最具影响力品牌。作为公司巡游工作组的一员,我全程参与了方阵与站台的筹备工作。我们从选择主题、创意设计,到舞台布置和道具制作,每一个环节都需要精心策划和细致商讨。

巡游当天,世博城热闹非凡,中国和阿联酋两国国旗迎风招展,中国结、鞭炮串和红灯笼装扮出浓浓年味,寓意癸卯兔年吉祥如意,红红火火。近60个方阵、20多辆花车和约2500名巡游人员让这次大巡游的规模非比寻常。在巡游前,我采访了公司方阵里的多名外籍员工,他们来自不同国家,工作于不同的建筑项目,但都对中国文化充满兴趣,也为能参与这次巡游而感到激动和自豪。

作者于巡游现场采访巴基斯坦籍方阵成员

如果说报道大巡游活动让我感受到春节作为幸福和希望的节日，它的价值和意义超越了国界和语言的限制，那巡游后公司的"年夜饭"则让我为中籍员工的团结和坚守所感动。他们中的许多人已经超过三年没有回国，为了项目进度，在岗位上坚守职责。在这样一个特殊的日子里，公司食堂的大师傅们也是使出看家本领，每人拿出一两道最拿手的菜式，组成一桌色香味俱全的"年夜饭"，让来自五湖四海但是相聚于迪拜的同事们都能吃到"家的味道"。

更让我感到温暖和欣喜的是，在春节期间，公司的"建证幸福书屋"也举办了揭幕仪式，还举行了丰富多彩的"迎元宵"中华文化交流活动。"建证幸福书屋"是公司跨文化融合工作的重要成果，为进一步促进中阿两国人民互学互鉴、文化交流创造良好环境。在元宵节前夕，我作为活动主持人与公司中外籍员工一起猜灯谜、吃糕点、分享读书心得。在节日的喜庆氛围中，文化与情感的连接得以构建。不管是体验深厚的节日情感，还是交流不同的节日体验，或是践行节日仪式与习俗，都促进了中外员工的相互理解与集体团结，也为公司的企业文化建设贡献良多。

四、2023 年春

在国际传播岗位上，需要讲好企业社会责任故事。在实习过程中，让我印象最深的有两个项目故事，一是伊提哈德铁路项目，二是阿布扎比疫苗厂项目。

"伊提哈德"在阿拉伯语中为"团结、联合"之意，伊提哈德铁路即寓意要将阿联酋资源联合起来。在项目设计实施过程中，生态环境保护一直是团队的重要考量因素，伊提哈德铁路沿线有多个国家级生态保护区。对这个项目资料的整理和报道，让我对 ESG（企业的环境、社会和公司治理）工作有了更深刻的认识。ESG 目标的实现，需要在工程建设中弘扬绿色发展理念，减少施工建设过程中的负面影响，促进区域经济发展与环境保护双赢目标的实现。

中建中东公司铁路项目部在建设过程中，主动规划，以更合理的方式给予沿线动植物以细心的安置和照料。项目团队精心规划了动植物搬迁计划，在项目用地南边规划出一片同等大小、生态环境相似的区域作为修复的新保护区，并在保护区周边修建了 70 多个涵洞供动物穿行，开发了 50 公顷的鸟类觅食区，种植了 3900 多棵热带植物，保护了珍稀鸟类和野生动物的生存空间。

对另一个让我感触颇深的项目——阿布扎比疫苗厂项目的报道，除了让我对企业社会责任有了更深刻的理解，还让我对人类卫生健康共同体有了更具体的认知。为缓解中东地区巨大的疫苗缺口压力，中建中东公司承揽了由中国在阿联酋投资建设的第一座疫苗厂。项目建成后，年疫苗产量可达 2 亿剂，成为海湾地区的疫苗生产基地和转运枢纽。

来到项目现场，我看到尘土飞扬的机器后面是不同国家劳动者忙碌的身影。来自叙利亚的工程师给我介绍了项目中使用的技术，还带我参观了疫苗厂各个不同的分区，比如生产区、存储区等。疫苗厂工程的结构和功能具有一定的特殊性，在工程技术方案和施工组织设计方面有更高的要求。项目管理团队通过 BIM（建筑信息模型）技术多次模拟施工场景，设计出一套多专业交叉的施工组织设计方案，阿布扎比疫苗厂项目的设计和建造工期仅有 16 个月，而同等规模的工程一般需要 30 个月。

叙利亚籍工程师向作者介绍疫苗厂仓储区

中方项目负责人还给我讲述了很多项目背后的动人故事。例如，项目建设高峰期正值夏季，施工场地的最高气温高达 60℃以上。此外，面对资源协调难、技术标准不统一、不同国籍员工语言障碍等问题,大家心里只有一个共同的目标,那就是:希望能够保质按时地完成项目交付。

丰富的素材使我的报道内容十分充实,涵盖疫苗厂项目中不同国家建设者之间的合作、中国建筑在阿联酋当地履行企业社会责任以及中方项目团队为了项目及时履约而做出的奉献和牺牲等,视频报道得到了中建集团和主流媒体的肯定。疫苗厂建设不仅是全球"免疫鸿沟"弥合的重要举措,也是中阿合作的典范,为构建人类卫生健康共同体作出了重要贡献。通过这次报道,我不仅收获了实践技能上的锻炼,也体会到了"中国建筑"品牌背后深藏的底蕴与力量。

五、展望

在迪拜实习的 6 个月,我收获颇丰。我努力为公司海外传播力和品牌影响力的提升提供新视角、开拓新思路,进一步提升中国建筑在中东地区的品牌美誉度,为中国建筑实现在中东地区的高质量发展积聚多元化力量。在工作中,我需要从小切口出发,用生动的细节与鲜活的案例展示公司的发展状况、经营成就与社会责任,同时也不回避企业遇到的困难与挑战,通过讲述企业克服困难的过程塑造更为坚韧与真实的企业形象。企业也可以在这一过程中,继续扩大"朋友圈",善结良朋,友遍天下。

此外,通过在实践中总结和摸索,在学习中突破和提升,我深刻认识到央企海外单位国际传播能力的建设需要在世界发展的共同规律、属地政治经济文化现状与中国叙事体系独特性之中取得平衡。只有立足于海内外受众的共同情感,用有温度的文字、生动的情景与现场、亲切的话语符号与引人入胜的叙述节奏,才能让可信、可爱、可敬的中国企业形象深入人心。

感谢这次宝贵的海外实习机会,让我能够在迪拜这样一个富有生机活力、包容多元文化的城市中度过难忘的时光。6 个月的实习期很短,但我相信我在国际传播事业中的道路还很长。在未来,我将带着这半年来收获的进步和感动,继续坚定地走下去。

不畏路远，行则将至

◎檀林耀*

经中宣部国传局组织，受国家留学基金委资助，我从2021年12月开始在中国建筑股份有限公司埃及分公司阿拉曼项目实习，又在2022年8月前往美国纽约联合国总部全球传播部实习。半年多的实习经历打破了我对埃及、美国的刻板印象，提升了我的"技"与"道"，使我更加明晰国际传播的重要性与艰巨性。

一、对外传播前，先敲敲自己的脑袋

脑袋里是木头还是流水，将从一开始就影响对外传播的态度。脑袋里的木头，意味着死板的印象与固执的看法，而流水则象征灵活的认知与系统的看法。我是带着脑袋里的木头来到了埃及。

"千年文明古国"是埃及身上的一张标签，但也只是众多标签中的一张而已。渴望从这张标签入手来逐步认知埃及全貌，是我实习之前的想法，但我所忽略的埃及近代史与现代史注定了我对埃及的认知只是坐井观天。埃及社会严重的贫富分化、悬殊的城乡差异以及当地人民的宗教信仰与语言使用，这些是我认知最为不足的部分，但也是了解当地社会最重要的突破点。在建筑项目上，我身边接触到的埃及人包括工程师、保洁员、司机、翻

---

* 檀林耀，中国传媒大学2020级国际新闻传播硕士班学生，两次获得国家公派留学奖学金，分别前往中国建筑股份有限公司埃及分公司和联合国美国纽约总部实习。

译、文件管理员等。对我而言,他们之间最明显的区别是对英语的掌握程度。工程师与文件管理员一般受过高等教育,英语使用较为熟练,我和他们交流顺畅。阿语翻译通常毕业于大学的中文专业,我与当地工人交流必须以他们为"桥梁"。司机与保洁员则只懂得简单的英语,手势与面部表情是我们交流的媒介。属地工程师在项目员工中的比例虽然呈上升趋势,但在绝对数量上处于少数,当地建筑工人与服务人员占据了项目人员的大多数。

当我身处埃及思考传播对象时,"当地民众"便不再是一个整体了,上面这种粗糙的分层虽然不尽完全,但足以破除我在传播时易犯的单一受众画像的问题,让我尽可能融入多种视角,以较为平衡的态度思考传播。

二、央企的海外传播要由对内传播定调子

过去的 3 个月,在导师刘少博和辅导员刘月、Kareem 的指导下,我首先了解了阿拉曼新城超高综合体项目的概况、组织架构和工作要求,认真学习了阿拉曼项目的相关管理规定,并熟悉了所在的综合管理部门和自己的实习岗位。我完成的工作集中于宣传策划、图片和视频拍摄、文字翻译等。可以说,把对内传播做好,才能为海外传播铺平道路;而做对内传播之前,也必须要有对外传播的考量。

1. 专题宣传策划

基于阿拉曼项目"设计+建造"合同 Fast-Track 模式的特点,我与辅导员刘月以项目"龙头"设计管理部门为主角,共同策划了设计管理团队图文和视频宣传事宜,并且前往合作的多家设计分包,展现了设计管理团队快节奏、国际化、属地化等亮点。目前,图文《ADT 项目设计管理团队:启动"设计+建造"引擎,奏响 Fast-Track"冲刺曲"》一文已发布在中建埃及微信公众号;视频《走进阿拉曼项目的脑力引擎:设计管理团队》发布在中国建筑的视频号、央视频号、bilibili 账号,以及中建国际视频号、中建埃及公众号等平台,即将发布于《环球时报》等海外平台。

作者采访照

过春节是中华民族的传统习俗。而在埃及新冠疫情蔓延、工期紧张的背景下,大张旗鼓地欢度佳节显得不合时宜。为了兼顾员工身体健康的前提与适度放松的心理需求,我们坚持安全至上,邀请属地员工与中国员工参加拔河比赛,挂灯笼、贴春联,装饰 CMO 办公楼。

春节过后,冬奥会随即召开。为了向属地员工宣传北京 2022 冬奥会,我与刘月老师结合项目员工的绘画兴趣,策划了"共画'冰墩墩''雪容融'!阿拉曼项目中埃员工为冬奥健儿加油!"的活动。这条活动消息被 CGTN 阿拉伯语频道的官网、脸书、推特等社交媒体账号转载。

2. 图片和视频拍摄

对我而言,设计管理团队视频是个很大的挑战,需要深度参与前期宣传策划、人员联络、视频脚本撰写、人物采访等工作,并独立完成视频拍摄和视频剪辑。除了项目专题视频拍摄,我还对接中建埃及、中建国际、中建集团的征集要求,先后拍摄了春节传统习俗、项目施工现场、项目员工面貌等素材。

在《共画"冰墩墩""雪容融"!阿拉曼项目中埃员工为冬奥健儿加油!》视频中,刘月老师让我尝试发挥自己的英语特长,担任主播串联视频内容。虽然视频形式是短视频,但不能因为时间短而放松对英语口语、出镜仪表的要求。我经过认真排练,完成视频制作,视频先后在中建埃及、中建国际公众号和中建埃及的 TikTok 账号上发布。

作者协助中建八局拍摄微电影

春节期间我拍摄与剪辑的视频《虎虎生威!我们在埃及阿拉曼这样过新年~》在中建国际和中建埃及公众号上发布,所拍摄的照片被中国建筑公众号推文《全球中建人一起"建"证幸福年》、中建国际公众号推文《贺新春!中建国际给大家拜年了!》《大年初一! 中建国际人在全球为大家送祝福!》《大年初二! 中建国际人带你"建"证幸福年!》选用。

此外,我负责项目重要会议、培训活动、员工合影、客人来访等活动的照片拍摄工作。在此过程中,我接待并结识了人民日报中东分社记者,通过他们进一步了解了海外新闻传播工作,并为他们的专业、敬业精神所感染,他们激励着我往更高、更远的目标努力奋斗。

3. 翻译工作

我负责翻译了《阿拉曼项目报审文件管理规定》、部分视频字幕并承担部分工作的交流翻译。在英语交流与翻译的过程中,我得到了语言锻炼,并充分发挥了我的英语专长。

4. 新媒体作品制作

临近春节，安全生产意识不容松懈。阿拉曼项目安全生产领导小组2022年度第一次扩大会议于1月29日召开，我负责拍照、撰写文稿，并在公众号发布推文《阿拉曼项目召开安全生产领导小组2022年度第一次扩大会议》。春节期间，王少峰总经理莅临阿拉曼项目进行指导并向员工进行春节慰问，我为青年员工座谈会和阿拉曼项目推进会拍照、撰写文稿，并在公众号中建埃及和中建国际上发布推文《王少峰出席阿拉曼项目2022年项目推进会暨2022年工作推进会》。

三、国际组织实习教我在"平衡木"上舞蹈

在我近4个月的联合国总部实习期间，联合国微信公众号粉丝增长了7万人，我见证了公众号粉丝突破百万的时刻。我累计制作了近50篇微信文章，累计阅读量近150万，其中涉及俄乌战争议题、联合国日、中国与联合国话题的文章阅读量较高，平均突破5万人次。此外，我共参与策划了两场联合国"打工人"快手直播活动，平均站内总观看量达到了55万人次。

我在联合国总部的社交媒体团队实习期间，俄乌战争走向依然扑朔迷离，黑海谷物协定屡屡中断，面对如此重大的突发性国际新闻，我们常规的工作安排被打破，几乎一切都要以此为重心来报道。我意识到我们团队面临的挑战在于：一是事件突发，手头上的资料常常准备不足，难以为事件提供翔实的背景信息；二是人手不足，彼时部门只有两名负责人和两名实习生，难以承担如此重大的新闻报道工作；三是难以平衡国内外新闻舆论观点。针对以上挑战，我向负责人和同事提议：首先，我们应做好信息储备，不仅要获取最新消息，也要做好背景功课。在事件发生后，大家划分背景信息的获取范围，尽可能全面补充战争背景信息。其次，我们可以联系新闻处的同事，第一时间获取信息，尽可能减少新闻等待时间。最后，我们要把握好机构自身的立场与国内新闻受众的观感，尤其是结合国内主流媒体的报道，在两者中间尽可能取得平衡。最终，我们发布的有关俄乌战争最新动态的

报道几乎每篇都获得了"10万+"的阅读量,并以客观、中立的态度获得了网友的肯定。

在与来自世界各地同事的交流中,我能够感受到大家对于中国发展进程中的时事政治与文化颇感兴趣,但不会直接以"好坏"下判断,大家会结合本国的情况再加以对比讨论。比如,在与一位来自巴西的同事交流时,她谈起巴西国内天主教的主导地位,她的亲人也都信奉天主教,但她本人对于天主教的烦琐教规不感兴趣,于是没有信奉宗教。她问起中国宗教的影响力如何,哪些宗教影响力大?我说从她的角度来看,道教对教徒管理较为宽松,或许她会想进一步了解。国内虽然大多数人并不信奉宗教,但社会坚持尊重和保护宗教信仰自由。她也认同政治与宗教应该分开的观点,一个国家不应该只有一种宗教,否则容易走向"政教合一"的局面。

作者(右三)于联合国总部实习照

进入驻外央企实习,我最明显的感受是,宣传是这台庞大机器的一小部分,是众多"排气筒"中的一个,这些"排气筒"的"排气"频率一致,宣传是其中最显眼的一个出口,却未必是排气量最大的一个出口。海外央企的形象塑造必然需要齐心协力,主力是其宣传机构,但最有效的,还是当地员工与中方员工的接触与交流。

在阿拉曼项目和联合国总部实习的这几个月,我收获颇丰,这份收获不仅在于工作的充实,更体现在课堂所学与实践应用的碰撞。在宣传工作的实践中,核心意识和细节处理应尽量取得平衡。策划活动,应首先确定主题与核心,再沿着主线发散细碎想法;完成视频脚本后,应尽量完成分镜头本,把脑中的画面变成具体的操作,一来可以避免拍摄现场忙乱,二来这是一个思考变量与定量的过程,方便自己在心里多准备几套方案;在具体的拍摄中,针对计划之外的新情况,要结合主题灵活调整;每日拍摄完成都要反思进度,为剪辑或者补拍留足余地;剪辑过程容易陷入素材的汪洋大海,这时需要牢记视频的主题与核心,结合所拍素材灵活调整之前的思路。拍摄与剪辑都只是宣传工作的一部分,宣传、讲故事的核心是为目的服务。

此外,我努力将自己对于国企宣传工作的理解与自己的视听传播语言结合。宣传工作要求广而告之,但具体到出海央企的情境中,中、英、阿三国语言的选择、新冠疫情环境下的可行性与影响等因素需要时刻放在心中。新冠疫情对于跨文化传播的影响是显而易见的,对于不同环境中的疫情防范要求,宣传工作要在安全至上的前提下求同存异。在全球化、媒体化的大环境中,传播的国别之分逐渐淡化,所区别的只是传播触角延伸的远近。《论语》中"己所不欲,勿施于人"的原则可以用在国际传播中,国际传播首先需要考虑本国受众喜好,从国家之间人民兴趣的共同点出发,才能找准宣传点。

从电视学院到联合国舞台：探索跨文化沟通与全球挑战的实践

◎谢雨晗*

一、灾难背后的韧性与希望：人道主义事务协调厅实习心得

2023年3月起，我有幸加入了联合国人道主义事务协调厅（UNOCHA）的印度尼西亚办事处担任信息管理实习生。通过这6个月亲赴一线的实践，我进一步了解如何在全球各地突发的自然灾害和人道危机中提供有效的信息支持，并见证了国际组织如何协调行动，帮助那些最需要帮助的人，也由此对人道主义领域的工作有了更深刻的认识和体验。

我的主要职责包括协助收集、处理，以及分析自然灾害中产生的数据。由于东南亚地区复杂的地理条件，这里常常遭受来自飓风、台风、洪水、干旱和海平面上升等自然灾害的袭击，给当地居民的生活和基础设施带来了严重威胁。作为联合国系统内的主要危机应对机构，UNOCHA 需要通过灾害数据的搜集与整理，例如汇总统计灾害类型、受灾人数等来快速响应并提供人道主义援助。

再者，我也会协助部门进行政策提案的制定。UNOCHA 不仅致力于受灾社区恢复和重建，也努力推动人道主义行动的可持续性和长期发展。例如，最近我的任务就是以"气候变化下的人道主义救援"为主题，采访红十

---

* 谢雨晗，中国传媒大学2021级国际新闻传播硕士班学生，通过 CSC 国家留学基金委公派项目赴联合国可持续发展办公室（韩国仁川）及联合国人道主义事务协调厅（印度尼西亚雅加达）实习，毕业后计划于海外院校读博深造。

字会与红新月会国际联合会(IFRC)、国际美慈组织(Mercy Corps)等致力于人道主义事务的国际组织,并起草相关的项目任务书,由此为人道主义行动者的长远发展提出进一步的建议。这个过程也让我学到了如何从更广阔的视角审视问题,同时也锻炼了我的调研写作及沟通能力。

由于我的传媒专业背景,我还接受了不少与媒体相关的任务。雅加达的联合国组织都在同一栋办公楼里,虽然我并不负责沟通联络的部分,但也被领导推荐参与每周联合国宣传小组(UNCG)的例会。在这个过程中,每位与会者,哪怕是实习生都有发表自己见解的机会。我们共同探讨了如何更好地运营联合国的社交媒体账号,同时也针对"如何建设一个更包容的社会"各抒己见,共同努力推广我们的人道主义工作。在这一环节,我学会了如何将复杂的人道主义问题以易懂的方式传达给公众,也更深刻感受到社交媒体在现代社会中传播信息的强大力量,如果能正向利用这种网络力量,则能给人道主义的议题和理念传播带来很有效的助力。

值得一提的是,在这个过程中我还发现了一个非常有意义的选题,并把它作为我的毕业论文题目。在一次和领导一起赴东爪哇苏拉威西地区调研受灾社区的过程中,我偶然从灾害报告中接触到"社区广播"这个概念。2018年苏拉威西大地震和海啸灾害发生,位于地震中心的Suara社区严重受灾。在灾害最初发生的三天里,道路封闭无法通行,并且信号基站被破坏,社区无法与外界取得有效联系。社区广播Nebula FM在此时发挥了传递救灾重要信息的作用,并在之后信号仍旧没有恢复的情况下继续发挥社区与外界沟通的重要渠道的作用,积极鼓励受影响社区成员就后勤、基本援助、清洁水、电力供应等问题提出请求、投诉和提供反馈,充当了放大社区声音并向有关部门传达民众需求的重要角色,为人道主义组织的救援、灾后重建、灾难谣言澄清等工作的协调与推进做出贡献。在联合国人道主义事务协调厅的后续走访过程中,多数民众也对于Nebula FM在这个过程中发挥的作用表示满意。

为什么印度尼西亚的"社区广播"这种传统的媒介形态能在特殊情况下发挥这样关键的作用?怀揣着对这个问题的好奇,我开始了信息的搜集、整理与分析,并通过田野调查等形式亲赴社区广播运作现场,期望从这些案例的剖析中得到传统媒体如何与社区乃至社会结构进行深入互动的答案。2023年7月,我正式开始了参与式访谈,以滚雪球的方式逐步确定了采访对象的名单。还记得访谈的第一家社区广播是位于唐格朗地区的SG Radio,当看到数十名社区广播的组织参与者和忠实听众们穿着统一的服装,并准备了丰盛的当地特色美食来迎接我的时候,我真的感到"受宠若惊",也意识到他们对于我的研究的重视。访谈过程也非常顺利,我从中获得了很多在互联网上难以获得的一手信息,也了解了他们在运营过程中的使命感与责任感。犹记得临近离开时突然天降暴雨,工作人员淋着雨跑到大路上为我拦车,并再次郑重感谢我愿意选择印度尼西亚的社区广播作为研究主题,选择他们的社区广播作为典型案例研究,让他们感受到自己存在的价值和意义。受访对象们的热情与真挚也给予了我更多动力,让我切实感受到自己的研究的现实价值。也许我的力量是有限的,研究深度也是有限的,但我希望通过这样一个特别的课题,让人们了解到在许多发展中国家的社区还有一群人以"传统"的广播形式,为了他们的共同发展、营生、教育、健康、民主而做出过许多努力。

作者在联合国人道主义事务协调厅实习工作照

联合国人道主义事务协调厅工作环境

经过6个月的实习,我逐渐理解了人道主义工作的复杂性和挑战性。面对自然灾害和危机,需要从多个角度综合考虑,才能制订出有效的应对策略。每一个不眠之夜,每一份紧急报告,每一次政策讨论,都是在为建设一个更安全、更公正、更可持续的世界而努力。

二、全球化语境下的挑战与机遇：联合国可持续发展办公室实习心得

2023年12月,我又开启了新一段联合国实习工作,赴位于韩国仁川的联合国可持续发展办公室(UNOSD)担任调研助理一职。联合国可持续发展办公室作为联合国经济和社会事务部可持续发展目标司的一个技术分支,主要致力于促进全球各国向可持续社会的更快更广泛转型,职能包括绘制、评估及改进知识资源的交换,为联合国成员国及更广泛的政策社区提供共享和应用这些资源的指导。因此,在实习期间,我有幸参与了一系列与国际知名的SDGs相关的科研机构合作项目,共同编写关于可持续发展的重要文件,包括《首尔市市政运营方向与主要政策》和《科学技术信息通信部分享会:数字政策愿景与战略》等。这些文件涉及的主题非常广泛,从环境保护到农业发展乃至通信技术的创新,涵盖了来自28个国家的超过100项研究数据。作为一名文科生,每一项数据的收集和整理于我而言都是一个挑战,我需要以较强的自学能力在自己不熟悉的领域快速抓取有效内容,再确保所有搜集到的信息的准确性和时效性,最终产出有指导意义的调研报告草稿,以便能在全球范围内推广相关主题的最佳实践和创新解决方案。

除此之外,我还在这段实习中获得了很多参与重要的国际会议和活动的机会,如"2024联合国世界经济形势与展望大会""柬埔寨SDG 6PSS研讨会""纳米比亚国家计划委员会访韩实践调研"等,我主要负责撰写活动计划文件,处理参与者的签证和差旅安排,并确保所有活动按计划顺利进行。印象深刻的是在接待纳米比亚来访团时,来自他们国家各个不同部门的高层官员主动和我进行交流,向我分享了他们目前的经济发展模式、气候变化带来的挑战、数字化转型遇到的困难、儿童受教育权利不能被全面保障等问

题,他们希望通过这次机会向韩国乃至中国学习如何制定有效的经济发展战略以及如何推动数字化转型并实现可持续发展目标。他们的诚恳态度令我非常动容,即使我是一名实习生,他们也抱着跨文化交流的心态向我了解他们所"不熟悉的世界",希望打通信息的隔阂,为自己的国家带去更多建设性的思考,这种兼收并蓄、不断学习的心态也深深启发着我,只有通过分享和合作,我们才能共同应对全球性挑战。

此外,领导也将各种重要会议和活动的现场报道任务交给我,让我全程跟进活动进展并协助会议记录,独立负责包括文本、图片、视频在内的内容创作并管理和运营 Instagram、Facebook 和 Twitter 等全平台社交媒体账号。作为一名国际新闻专业的学生,我也在这个过程中学习到如何在海外的社交媒体语境下创造吸引人的内容,以及如何通过不同的平台收获更广泛的受众。

在仁川的 4 个多月是难忘的,我在一次次国际活动中深化了自身对全球挑战和跨文化沟通力量的理解。我将持续秉承着这种"学而致知"且"打通中外"的理念,在全球化事务中贡献自己的力量。

作者(右二)接待纳米比亚国家计划委员会代表团

联合国可持续发展办公室工作环境

知行合一，践行国新精神

◎侯国棣*

一、第一次感受国际传播一线：艰辛与光环并存

海外实习转眼已过去近两年的时间，今日回想，通过海外实习，我第一次走到了国际传播一线。感谢每一位领导、老师对我们的大力支持和关注。道阻且长，珍惜来之不易的机会，努力做好当下。越是工作，越能体会到学习的重要。工作是产出智慧，学习是汲取营养，调整并把握工作和生活的节奏，要留出时间学习、补给。

海外实习选拔伊始，学院老师就对我给予了很多支持和关怀。选拔之前，吴敏苏老师的英语新闻采编播课程为此行建立了基础，在专业课程的基础训练之上，吴老师通过一个个真实的案例为我们描摹了在海外从事新闻传播工作的大致情形，令我心生向往。在海外实习选拔时，班主任胡芳老师和刘雯老师对我们十分关注，并支持我们报名尝试；在我们办理签证遇到困难时，也是胡芳老师的帮助使我们坚持把握这个难得的机会，决不放弃……这些点点滴滴令我难忘，也成为我之后下决心一定要把工作做好的动力。

第一次在国外独立生活这么久，并且在异国他乡度过了自己的第二个本命年。在此之前从没想过在国外过年，这使我感触颇多。

---

* 侯国棣，中国传媒大学2020级国际新闻传播硕士班学生，于2021年12月16日至2022年6月16日参加海外实习，在中建中东有限责任公司担任总经理办公室新闻传播实习生。

如果现在问我,海外实习是什么样的?那一定是艰辛和荣誉并存的。工作和校园生活不一样,更需要一份责任感,更需要面对和解决现实问题的能力,挑战无处不在。结束之后回看这一切,我觉得我的关键词一定是"坚持"。没有工作是只有光鲜,而不需要背后付出的。保持一个平和的心态,勇敢自信地面对生活,珍惜当下拥有的一切,最重要的是做一个"小水滴",每天进步一点点。

另外,迪拜自身就是一个各国文化交融的城市,具有极强的包容性。我实习时正逢延期举办的阿联酋2020年迪拜世界博览会,作为国际传播的学生,我被这样一场各国文化同台展示的盛会吸引。因此,工作之余,我多次去往迪拜世博会进行参观,感受不同国家文化的魅力。我深深地感受到不同国家、不同文化之间融汇产生出的新生力量。太多国家我没有接触过,而世博会让我置身其中,和各国最经典的文化精神共振,百去不厌!

作者(右二)参加 EEG 植树活动

二、边实践边思考:国际传播路在何方

除了个人感受,在海外实习的半年时间里,我结合自己的工作内容,时常对已接触到的央企海外传播工作进行思考和总结。主要包括以下几个方面。

1. 如何发出真实声音,摆脱"刻板印象"的困境?

在进行一些前期资料收集工作时,往往需要使用采访的形式与其他项目员工沟通。在反复协商的过程中,我作为一个询问者、采访者,不止一次听到这样的说法:"你那边可以直接给出答案吗?我们安排员工提前背或者照着说。"这样的想法仿佛已经成为对传播工作的一种刻板印象,如果抱着这种印象来准备相关工作,又怎么能说出真话、怎么敢表达真实感受呢?

如何解决这一难题、鼓励每个人发出自己的真实声音呢?在此提出拙见。首先,积极面对这种境况,通过实际行动,改变相关人员的态度和印象。比如,如果有机会的话,我会尽量先解释,再积极引导被采访者在一个比较轻松自然的状态下与镜头交流,不必拘泥于所谓的"稿子"。其次,对于员工个人层面,应该在整个公司范围内,提高对传播工作的重视,正视传播工作,明确每个员工都有责任与义务参与进来,尽量减少出现由于担心过程烦琐、怕麻烦等原因,而拒绝沟通,直接想要"标准答案"的情况。最后,从公司角度而言,应体现出一定的包容与激励,鼓励每一位员工勇敢表达自己的心声,注重日常工作中工作留痕,便于追溯。对于员工的真实感受,公司有必要认真参考,而不是只能接受好的方面,不能接受一点点批评。只有从头到尾、从大到小都重视起来,才能从根本上改变这种情况,产生良性循环,促使传播工作做得越来越好。

2. 在复杂具体的现实情境中,如何有效推进各项海外传播工作落到实处?

当时我所接触到的海外传播工作,有时是"被动的"。即,哪里有活动,我们报道哪里;哪里有获奖,我们关注哪里。作为一名普通的宣传岗位员工,缺乏对公司整体宣传内容的认知,在工作中很难及时发现值得报道的重点,容易被牵着走。而在活动较少的月份,传播工作容易陷入"断更"的情形中。在进行传播策划时,要做到已知信息的公开透明,使每位参与传播工作的员工对近期传播内容都有一定的了解,方便互相协调,共同协作;对于一些固定操作,比如每年都评选的奖项、每年固定时间参与的活动做到提前梳理、提前谋划、提前准备,并形成初步的格式,打造传播内容连贯性;针对活动较少的时期,做到心中有数,适当召开选题会,推出原创策划内容,鼓励更多用户参与,扩大受众面。

在具体的工作中,阿布扎比疫苗厂项目的拍摄工作仍是重中之重。出于参加集团开放日活动整体宣传的层面,这项工作不仅具有高度的重要性,也具有时间上的紧迫性。然而在实际推进过程中,却遇到与业主沟通不畅,甚至涉及项目合同签约的现实问题。在这样的复杂困境下,拍摄工作不得不暂停。其中,我负责起草了中建中东公司给业主的申请拍摄的函件,同时也参与了与项目经理的沟通,竭力推进项目落实。

作者采访工作照

在各项海外传播工作进行过程中,一定存在各种各样的问题。而这种与业主之间的协调困难,让我们不禁注意到,讲好中国故事绝不只是一句口号,背后凝结着无数看得见的、看不见的努力与付出。

在这个事件中,根本原因涉及企业自身与企业海外传播(国家对外传播)之间的平衡。拍摄时间的安排正值签约期,需要双方各部门之间的磨合与协调,而就在这样的关键时期,项目宣传的拍摄对最终合同的签约无疑有着很大的影响。一方面是对外传播的战略需求,另一方面是项目签约的关键谈判节点,复杂的现实常常存在。无论是进行学术研究,还是对实践提出建议,都不能脱离具体的现实情境。而国际传播,最好细化到特定的国家、特定的文化、特定的群体,越是复杂的情况越是需要用更丰富的思维来"解题"。

在此提出比较理想化的场景:好的故事不是"自上而下的",不是收到工作任务再去寻找故事的。最好的情境是自发的,需要调动每一个企业人员的积极性,每一个人都是海外传播的主体,要带着探索的眼光和传播的意识去发现身边的"好故事",这需要长久的铺垫与建设。

3.调动企业员工、企业相关人员参与海外传播的积极性

中国企业的海外传播受众,很大一部分是企业员工和企业工作相关人员。尤其是活动报道,往往会涉及更多公司员工。很多员工并没有关注宣传内容的习惯,甚至带有一定的抵触情绪。在实际工作中,甚至有这样的反馈声音:"不管做得如何,都没有人愿意看。"这是我们进行传播工作的一大难题。

作者在编辑微信推送

如何解决这一难题呢?在此提出拙见。应该先从中籍员工抓起:一是深入员工生活,牢记三贴近原则,开动脑筋,多站在员工角度思考问题,做出能够获得更多认可的作品;二是积极利用媒体平台,鼓励员工发表自己的看法,并及时予以回应,打造真实可信的媒体形象;三是不忘传播工作初心,适当回归传播最基本的功能——传达消息,积极打造信息阵地,一些重要的、突发的公司通知(可公开的部分),可以充分利用宣传阵地,及时传播一手信息,做到公开透明,将传播工作从锦上添花变为必不可少;四是开展互动

活动,加深与员工的联系和纽带,比如开展树洞投稿、互动有奖、评选精彩评论等活动,鼓励每一位员工参与到海外传播中来,力争让员工们将其当作乐趣而不是完成任务。

海外实习早已成为我生命中不可缺失的一部分,在其中,我不仅学习了实践技能,还更深入地感受到我国当前国际传播工作的现状、路径,并积极地面向未来探索。无论未来如何,我都将珍惜这段经历,将收获内化于心,不懈努力。

从想象到成为：在中新社澳大利亚分社实习有感

◎罗文俊[*]

经过新冠疫情的阴霾，我终于在 2023 年 4 月到达澳大利亚悉尼，开始了短暂又难忘的实习驻外记者的生活。随着中澳关系回暖，中新社澳大利亚分社的业务也重整旗鼓。此行遇到了在业务上给予我指导的中新社澳大利亚分社社长顾时宏老师。在三个月的时间里，我完成了消息稿、人物通讯及记者手记等各类稿件的写作。海外实习的三个月成为我研究生时光的一个高光时刻。在临近毕业之际，回顾这浓墨重彩的一笔，我对于成为一名驻外记者做出了如下思考。

一、驻外记者需要提升快速学习能力，像做研究一样做好充分的采访准备

在一个发达的资本主义国家工作，驻外记者可以相对容易地接触到前沿的科技和学术等资源。在和这些领域的人士对话时，需要做好充分的案头工作。让我印象深刻的是采访澳大利亚华裔科学家郑婉仪。她的研究领域是胸膜间皮瘤，一种罕见的癌症。我在采访前详细查阅了她在悉尼科技大学官网的学术简历，并阅读了她最新的英文学术论文。采访当天，我带着自己对论文的疑惑如学生一般向她请教。在顾老师的引导下，我们进行了非常高效的对话，从她母亲患癌逝世因此自己立志从事癌症研究的人生经

---

[*] 罗文俊，中国传媒大学 2021 级国际新闻传播硕士班学生，毕业将入职中国交通建设集团中国港湾工程有限责任公司，外派"一带一路"共建国家从事央企国际传播工作。

历聊到澳大利亚人十分自豪的房屋"DIY 文化"中建筑材料石棉的裸露可能增加患癌风险。在顾老师因为别的工作先行离开采访地点后，我又和她聊了约 90 分钟。也正是这场酣畅淋漓的对话让我逐渐对采访有了驾轻就熟的感觉。

作者（右）采访澳籍华裔科学家郑婉仪

另外一件体现快速学习的经历是报道在悉尼举办的第 30 届女篮亚洲杯。由于我在生活中没有打篮球的习惯，也很少看球赛，因而我在进入场馆进行现场文字报道之前和一位学习体育的朋友通了两小时的语音电话，我快速了解了篮球的基本规则以及在一场篮球比赛中需要重点关注什么。现场比赛气氛的活跃和热烈程度远超我的想象，打动了我这个曾对篮球毫无兴趣的人。我一边为中国女篮呐喊加油，一边用纸笔快速记下精彩点和每位队员的得分。比赛结束后，我较为顺利

作者在悉尼奥林匹克公园体育馆报道第 30 届女篮亚洲杯

地完成了稿件。由于是预赛，少有中国媒体在现场，因而国内有许多媒体第一时间转载了我的稿件。

二、驻外记者需要广交朋友，倾听有中外跨文化生活经历的普通民众的声音

人与人的交流可以基于生活经验而产生共情，从而达成一种共识。我无意间在一次家庭主题展会上认识了曾在中国生活十余年并且中文水平可以用流利来形容的澳大利亚人 Sally，她十分爽快地接受了我的采访邀约。采访那天晚上，我和 Sally 在达令港边一家酒店大堂聊到深夜，不由得想起略萨在小说《酒吧长谈》里描述的那种聊天状态。因为太晚喝了咖啡加上说了太多话，我到后来竟觉得有些缺氧和体力不支。很难想象一个澳大利亚人会花 30 多年去学习中文，语气、用词都可以用地道来形容。听她讲在澳大利亚国立大学读中国研究，她说堪培拉很像北京，第一次到北京的时候她竟然哭了；奥运期间和澳大利亚 Channel 7 的制片人去找穿背心的北京大爷，她说他们很有趣，像邦迪海滩上悠闲的人们。听她唱"九月九酿新酒，好酒出在咱的手"我狂笑不止，内心却无比感动。听她回忆在人大交换学习时结识的 30 年好友，两人都因为父亲对自己要求严格却对弟弟更加宽松而产生共鸣。"弟弟能去派对，姐姐不能去"全世界哪儿都一样。她说离开中国的时候，海运了自己在潘家园挑的心爱家具回澳大利亚……采访结束的时候下了很大雨，她找酒店前台帮我借了把伞，然后说："慢走，慢走。"一方面，我为她对中国的热爱而感动；另一方面，她的叙述时间跨度是从 20 世纪 80 年代至今。不同于对政治经济变迁的宏观分析，我认为个人生活史亦具有重要的新闻价值。采访结束以后，我和 Sally 成了朋友，她还邀请我到她的家乡，距离堪培拉以西 160 公里的小城 Wagawaga 做客。她答应带我和当地小镇镇长以及当地报纸的记者编辑做些交流，但是因为时间问题未能成行。驻外记者在异国工作往往是单打独斗的，因而广交朋友非常重要，采访资源因此能够如滚雪球一般扩展开来。

还有一次，顾老师给我布置了一个街采的任务。悉尼有一座维护完好的中式园林——谊园，我需要随机询问一些游客关于这座公园的印象和游

玩的感受。令我没有想到的是,游客以澳大利亚本地人为主,而华人则相对较少。我克服了社交恐惧症,不断寻找采访对象,在简短并稍浅显的对话中亦获得了一些有趣的信息。比如一对年轻的情侣告诉我,澳大利亚的海德公园和中式公园差异显著。诚然,海德公园的大块草坪能提供让人休憩、享受阳光的空间,而中式公园中亭台楼阁与自然的融合亦显得妙趣横生。游客们都能感受到中式园林 30 多年如一日的维护中包含的诚意,所以十分乐意为这座园林付费。一位带着孩子的母亲则表示,中式公园的鹅卵石路和澳大利亚式公园的砂石路不同,她十分乐意让孩子从小接受异国文化的影响,而园林带给人的宁静无论何种国籍和文化背景的人都能有所感受。不同于报道中国驻外使馆、中国文旅部等部门设在海外的中国文化中心等官方色彩较强的机构所组织的新闻发布会和文化展会等活动,挖掘民间文化、报道普通人故事亦是驻外记者的重要工作。

三、反思与遗憾

我在此次实习中也发现了自己业务上的许多短板,实习也留下了许多遗憾。首先是语言能力,作为一家通讯社的国际新闻记者,快速准确地使用中英双语独立完成消息、通讯等基础类稿件的文字采写是基本功。由于我在本科阶段学习新闻学,没有接触太多规范的英语新闻采写知识,而研究生阶段亦没有太多相关训练,英语采写时常成为我十分不自信的地方。然而,这项能力恰恰是需要在学生阶段就打下基础的。与此同时,由于岗位的特殊性以及实习时间的限制,我在实习的过程中其实没有编译或采写澳大利亚本地非涉华类但仍具有重要性和显著性的新闻。例如,有一次我经过澳大利亚广播公司,偶然遇见一场示威活动。起因是澳大利亚著名原住民主持人斯坦·格兰特在对国王查尔斯三世加冕仪式的直播报道中,加入了对君主制怀疑的评论,并指出,许多澳大利亚原住民对于这种皇室的追捧感到不愉快。他的言论遭受到许多观众的批评和指责,然而澳大利亚广播公司并未表明态度,最终他选择了"暂时离开岗位"。斯坦·格兰特的女儿代表父亲就他们所遭受的言论攻击发表了公开演讲,现场聚集了许多澳大利亚的媒体,整场活动秩序井然。无论是发表演讲还是呼喊口号,都可以采写出颇具现场感的稿件,但我也只是以"看热闹"的心态经过。我在国内接受的训练以如何"讲好中国故事"为主,而对澳大利亚的基本政治、经济和历史情况了解甚少。在纷繁复杂的国际舆论场,笔者愈加认识到一名国际新闻记者在政治、经济乃至历史、哲学等方面的知识积累十分重要。有时我想要采写一些和澳大利亚本地相关的新闻,会感到力不从心。例如,笔者曾参与了毕马威会计师事务所悉尼办公室《澳中企业家跨境商业生态系统报告》新闻发布会,会议会聚了许多澳大利亚经济学界以及商界的精英。会议中途有圆桌讨论和提问环节,如果此时记者可以提出有见地的问题或者观点而非"stupid question",则能和这些潜在的采访对象获得更有质量的交流并积累一些人脉。

其次,我在 2021 年曾获得了新华社中东总分社的实习资格,但由于新冠疫情影响一直未能成行。在与导师和学院老师商量后,我申请延期毕业,终于能在 2023 年改派中新社澳大利亚分社。然而,国家留学基金管理委员会的相关资助无法延续到 2023 年,此次实习的所有生活费用都由我自己支付,悉尼的物价水平远高于北京,因而我在资金上并非十分充裕,这也导致我前期在诸如租房等方面耗费了大量精力,无法全身心投入实习工作中。海外实习从确定实习地点到签证办理、联系海外实习导师,一路都充满高度不确定性。

作者在毕马威会计师事务所悉尼办公室《澳中企业家跨境商业生态系统报告》新闻发布会上提问

总体来说,这是一次"用爱发电"的实习经历,经历过才发现我由衷地热爱国际传播事业。直到如今,我依旧为这段经历感到兴奋。毕业后,我或许不会进入记者行业,但工作内容仍与国际传播事业息息相关,希望自己能在国际传播事业上继续探索下去。

海外实习之旅:跨越文化,传播中国声音

◎李璐亚*

一、前期准备

阿拉伯联合酋长国是"一带一路"共建国家,同中国保持着良好的贸易和商业伙伴关系。阿联酋石油和天然气资源非常丰富,是石油输出国组织(OPEC)中的重要成员。迪拜是阿联酋的主要城市之一,也是中东地区的经济金融中心。世界各地的文化在此交织碰撞,形成了一道独特的风景线。入选优秀国际新闻传播硕士研究生赴海外实习项目之后,我要前往位于阿联酋迪拜的中国石油中东公司进行实习。这一机会对我来说,无疑是人生中的一次重要体验。亲身参与国际传播实践,与来自不同文化背景的人共事,能够提升我的跨文化传播能力,拓宽我的视野,也能为我未来的职业生涯奠定坚实的基础。

我是 2021 级国新班首批出发进行海外实习的学生,出发前的准备时间较为紧凑。我深知此次机会来之不易,所以特别感谢中宣部国传局对我们提供的支持,以及中国石油中东公司领导老师们的帮助。出国前需要提交很多材料以及办理相关的出国手续,在这一过程中,我的班主任胡芳老师和

---

* 李璐亚,中国传媒大学 2021 级国际新闻传播硕士班学生,2022 年 9 月至 2023 年 3 月在中国石油天然气集团有限公司中国石油中东公司进行了为期 6 个月的海外实习,实习岗位为企业文化宣传岗。

刘雯老师给予了我无微不至的关怀和帮助。每当我遇到困惑、难题时,她们总是耐心地为我解答,给予我宝贵的建议,老师们的热情和关心也让我更加坚定了自己的信心。此外,我的导师崔林老师也非常支持我的选择,鼓励我要多参与国际传播工作,在实践中提升自己。

抵达迪拜之后,我第一时间与中东公司的领导取得了联系。看到印有我姓名的接机牌的那一刻,我心中的紧张和不安瞬间烟消云散。感谢一路上为我提供帮助的人,是你们的支持让我能够顺利来到这个陌生的国度,开始实习之旅。

李璐亚在中国石油中东公司的工作照片

二、实习工作

我的工作主要包括以下几个方面的内容。首先是参与公司海外社交媒体平台的跨文化传播工作。中国石油中东公司在 Facebook、Twitter 和 TikTok 三个社交媒体平台上均开设了账号。实习期间我负责海外社交媒体的内容选题、文案写作、视频审核与数据统计等工作。精准地传达信息、展现正面积极的企业形象是海外社交媒体平台账号的主要任务之一。因此,项目的进展情况、公司先进技术的应用是账号的主要选题。公司在中国传统节日和当地传统节日期间举行庆祝活动时,我也会制作相应的新媒体产品。除此之外,我也负责对跨文化传播成果进行收集整理,撰写结项报告。在参与运营公司海外社交媒体平台账号期间,我对中央企业的海外传播工作有了更深入的了解,也更加感受到了海外传播工作的重要性。

李璐亚在中国石油中东公司工作

此外,我也参与了《中国石油在伊拉克企业社会责任专题报告》的撰写工作。中国石油在伊拉克企业社会责任专题报告包括公司在伊拉克业务概况,以及公司在服务石油工业发展、促进员工成长发展、注重安全健康发展、实施绿色低碳发展、共创社区和谐发展这五方面做出的努力。我此前没有撰写此类报告的经验,但中国石油中东公司的老师为我提供了耐心细致的指导。首先,我秉持在实践中不断学习的态度,认真搜集资料,积极投入实践。我阅读了中国石油往年的社会责任报告,掌握了相关的基础资料。其次,参照国务院国资委发布的《中国企业社会责任蓝皮书》拟定了报告大纲。最后,我结合伊拉克各项目提供的资料与自己在实习期间的实际工作经验,在指导老师的帮助下完成了报告的初稿。此后,我也参与了报告的翻译校对与版面设计等工作,为报告的准确性与美观性贡献了力量。报告在2022年12月于迪拜、北京和巴格达三地同时发布。

李璐亚参与撰写的《中国石油在伊拉克企业社会责任专题报告》封面

在中国石油中东公司实习的半年期间，在指导老师们的带领下，我逐渐熟悉了自己负责的工作，也从中积累了一定的经验。但同时我也认识到，自己在写作能力方面还是有所欠缺。一个好的新闻工作者一定要有深厚的文字功底，因此，接下来我也会持续学习，更加注重提高自己的写作能力。未来，我希望自己能够以更加独特的视角、清晰的条理和优美的文笔来讲好中国故事，传播好中国声音。

三、实习感受

工作之余，我在与公司同事的交流中了解到，阿联酋对中国旅客实行30天落地签政策，在工作签证方面申请流程也不复杂。在与公司外籍员工交流的过程中，一位来自巴基斯坦的员工告诉我，他们在来到阿联酋工作之前，需要通过多方面的技能与外语考试。除此之外，外籍员工还需要准备详细的申请材料，包括工作邀请函、劳工合同和健康证明等。中东公司的外籍员工在这方面非常羡慕中国员工。我觉得这也是祖国繁荣强盛为我们带来的坚实后盾。作为中国人,我为能够享受到这样的便利而感到自豪。驻外实习期间,我也在同事们身上感觉到大家对于这份难得的工作机会的珍惜,他们对于工作的热情与投入也深深地影响了我。

在中国石油中东公司工作期间,我有幸与一群不平凡的人共事,他们是默默奉献在海外,为国家能源事业贡献青春的海外石油人。夏天的伊拉克油田,室外温度能达到50℃,但为保障油田不停产,员工们接续工作,奋斗在石油生产的一线。在与公司员工交流时,我了解到许多员工都获得了"海外工龄二十年"的勋章,这是对他们长期坚守海外的褒奖。这些员工中,有的自入职伊始就踏上了海外征程。他们放弃了与家人团聚的时光,毅然选择远赴他乡,为国家的能源安全保驾护航。他们辗转于中东、非洲、拉美等地,面对的是陌生的语言、匮乏的物质和险恶的环境。然而,这些困难并没有让他们退缩,反而激发了他们更加坚定的信念和勇气。

在异国他乡,海外石油工作者们不仅要克服生活上的种种不便,还要面对工作上的巨大压力。岁月在他们脸上刻下了沧桑的痕迹,青丝变白发,但他们的坚守和奉献从未改变。他们用自己的青春和热血,为国家能源事业铸就了一座座不朽的丰碑。他们用自己的实际行动诠释了何谓责任与担当。这些海外坚守者让我深感震撼和敬佩,在未来的道路上,我将以他们为榜样,向着自己的目标与理想前进。

非常感谢中国传媒大学电视学院给我提供如此宝贵的机会,让我能够在 线参与国际传播工作,感受世界的多元与包容,真正充实自己。作为2024年应届毕业生,我深知自己肩负的责任和使命。在未来的道路上,我将继续在媒体单位工作。一方面,我将积极学习新的知识和技能,不断提升自己的综合素质和业务能力,以更好地适应媒体行业的快速发展和变化。另一方面,我也会继续参与国际传播工作,积极传播中国的优秀文化和价值观,让世界更加了解中国。我会发挥自己的专业优势,以更加饱满的热情和更加坚定的信念,为国际传播事业贡献自己的力量。

赤道高原之上的国际传播进路

◎罗一蒙*

2022年9月底,我来到位于赤道高原的基多,在中国石化集团国际石油工程公司厄瓜多尔子公司(国工厄子公司)开启了为期半年的海外央企实习生活。对于本科专业为西班牙语的我来说,南美大陆熟悉又陌生。在这里我渐渐习惯了与国内13小时的时差,了解了当地独特的风土人情,完成了从象牙塔内的理论学习者到海外一线的工作实践者这一身份转换。半年时间里,我有收获、有贡献,也有反思,我对国际传播有了更为深刻的认识。这段不可多得的实习经历为我后来的学习和工作提供了极其宝贵的经验支持。

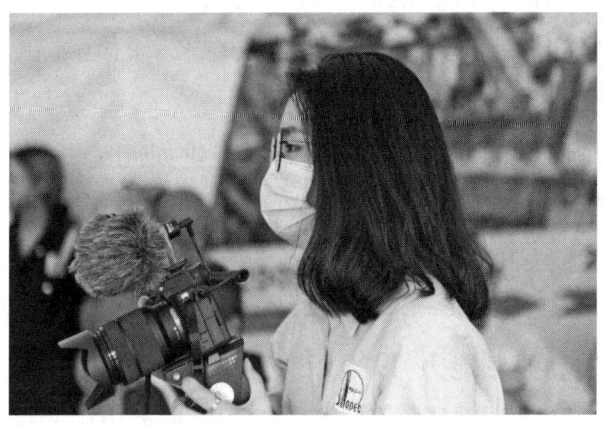

2022年12月,作者在井场进行拍摄工作

---

* 罗一蒙,中国传媒大学2021级国际新闻传播硕士班学生,现就职于浙江大华股份技术有限公司,任海外市场产品经理。

一、尊重当地文化，积极融入沟通

国工厄子公司的总部位于厄瓜多尔首都基多，下属井场和油田分布在位于亚马孙雨林的柯卡地区，总员工一千余人，其中本地员工占比 80% 以上。虽然公司隶属于中国石化，但作为在厄生产经营的主体，在遵守当地法律法规的同时，亦应尽可能融入当地文化，加强沟通交流，关怀本地员工。

语言是沟通的桥梁，厄瓜多尔的官方语言为西班牙语，而大多数中方员工和本地员工仅掌握基础的英语，这使得双方的沟通存在一定壁垒。同时，对于长久驻厄的中方员工而言，若是对西语一窍不通，那么在日常的生活起居上也会遇到诸多不便。为克服这一障碍，许多员工自发学习西语，公司也会定期组织西语培训课程。目前，许多外派已久的老员工都能与当地人进行基础的西语对话，极大程度上提高了个人生活的便利，也提高了整体工作效率。

语言关卡突破后，如何融入当地风俗成了下一重要课题。为此，公司特意举办了跨文化沟通交流座谈会，让大家分享各自的经历、经验，取彼此文化之所长。比如在职场礼仪中，本地人更为注重仪容仪表，因此公司规定从周一到周四全体办公室员工要着正装工作。此外，不同于中国人的内敛克制，本地人的性格更为热情奔放，因此在公司中互相碰面时都会热切问候，这同样是中国员工需要适应并融入的。

在南美，比起政党，更能将人民团结起来的是足球。2022 年世界杯期间，厄瓜多尔的世界杯小组比赛是举国上下关注的焦点，公司的社交媒体账号也持续跟进发布着比赛进展。比赛当天，公司允许大家身着球服上班，组织在各个会议室的屏幕上直播球赛。除了观战，国工厄子公司更是作为主办方，联合在基多的石油行业的各大公司，举办了一场企业间的足球联赛，既团结了公司内部员工，又加强了行业交流，更提升了国工在厄的品牌形象。

二、弘扬中华文化，创新活动形式

央企作为国家最为庞大的驻外主体，被赋予了讲好中国故事，弘扬中华文化的重要职责。总部位于北京的国际工程公司会定期向世界各地的子公司下发宣传任务并进行数据考核，春节便是各单位需要把握住的重大节点。

海外单位关于春节的宣传视频层出不穷，大多离不开包饺子、贴春联等传统主题，如何在此基础上翻新，是每个宣传工作者需要思考的问题。

考虑到公司行政部有一位年轻的本地员工卡洛琳娜曾学习过汉语并通过基础汉语水平考试，未来将奔赴北京语言大学深造，又有一位资深的中方高级专家戴国汗先生是书法爱好者，于是一个"老带新"的文化传承视频创意在我脑海中萌发。我们邀请戴先生教授卡洛琳娜如何用毛笔书写"福"字，讲述贴"福"字在春节中的寓意，并请二位亲手制作了古法糨糊，将写成的作品张贴在公司的各个楼层，把辞旧迎新的喜气带给每一位员工。

卡洛琳娜和戴先生展示"福"字

当年为癸卯兔年，也是国工厄子公司成立的第 21 个年头，不乏员工从公司成立之初就加入了这个大家庭，不离不弃。我们分别邀请了三位在 1975 年、1987 年和 1999 年出生的三代属兔员工，共同体验中国折纸艺术，将彩纸折成玉兔，并请他们在镜头前表达了对公司的感情及对新年的美好祝愿。没想到的是，小小的折纸活动受到了大家的广泛喜爱，于是我们将这一活动推广到了全公司,给每名员工都发放了彩纸和折纸教程链接,并邀请大家开动脑筋装点自己的小兔,分享各自的作品照片,最后评选出前三名最生动的玉兔作品颁奖。

彼时国内《流浪地球 2》正如火如荼地上映,在新春佳节观看春节档电影似乎成为中国人民的新习俗。联想到中国石化曾在沙特推广中国书架项目,我想效仿在国工厄子公司设立中国影院,毕竟比起文字,影像更加直观,也是让本地员工进一步了解中国的绝佳途径。于是,我在公司最大的会议室组织了一场《流浪地球》放映活动,放映同时提供中国的零食供众人品尝。在观影结束的采访环节,大家表示《流浪地球》颠覆了他们对中国电影的认知,没想到中国的科幻电影已如此成熟,可以媲美甚至超越好莱坞大片。此次放映活动后,总有本地员工见面便询问我下一次活动时间。

三、携手驻外机构,探索合作共赢

在海外,中国使领馆、商会、央媒、中资企业、孔子学院等机构共同构建了所在地国家形象呈现的行动者网络。国工厄子公司除了积极参与中国驻厄瓜多尔使馆和厄中资企业商会举办的活动外,亦同新华社基多分社和厄瓜多尔基多圣弗朗西斯科大学孔子学院保持长期合作,实现资源共享、优势互补。

由于新华社基多分社规模较小,当时只有一名驻地记者李国荣及两名当地雇员,李老师曾受邀参与报道国工厄子公司的公众开放日活动。在抵达基多后,为了做好宣传工作,我迅速与李老师建立起联系。李老师有多年驻外报道经验,但不懂西语,平日里通过英语与当地雇员沟通,由雇员完成稿件撰写。后来,李老师又完成了两条报道国工厄子公司为当地创造就业机会及公司如何践行 HSE 理念的视频新闻,并请我完成了字幕的核校工作。

运营公司的社交媒体账号是央企宣传岗位的重要工作内容之一,曾经我们发布的内容多以公司成绩为主,后来应要求开始提高文化内容比重,包括中华文化和本土文化。对于平时坐班的央企员工来说,如何拍摄到地道的当地文化是个难题,而李老师却能接触到各种有意思的文化选题,他不吝将自己的外出拍摄计划与我分享,邀请我一同进行拍摄,并与我共享他的拍摄素材,最终合作产出了基多日花车游行的视频作品。

若说与新华社的合作是央媒央企联手宣传的必然,那么与孔子学院的合作则是一次偶然的契机。机缘巧合之下,我在商场陪同事采购时添加了时任孔院院长张浩女士的微信。后来了解到她是中国石油大学的英语教师,受委派来厄瓜多尔任教,我表示一直希望能与孔院有所合作,她也表示希望能和中资石油企业密切往来,于是我俩一拍即合策划了元宵共庆活动。孔院的中方院长、外方院长和三位老师一行五人来到国工厄子公司,向本地员工介绍了元宵节的由来,带大家动手制作灯笼,一起品尝汤圆。孔院的喻老师更是带来了一段琵琶独奏,让众人感受到了中国古典音乐的魅力。

国工厄子公司员工与孔子学院老师共庆元宵节

四、打破认知误区,因地制宜行动

研一期间,我作为国际新闻专业的学生接受了系统的国际传播理论知识学习,在准备海外实习项目面试前,我同样针对国工厄子公司的社媒发布情况展开了研究,并根据我当时的认知制定了一套宣传方案。然而理想和现实之间存在着不容忽视的差距,走上工作岗位后我才发现实际的宣传工作中面临的难点和痛点。

国内机关对于各单位的考核追求数据亮眼,即社交媒体平台的粉丝量、浏览量、互动量均有待提高。在国内的研究中,针对推特(现名 X)的文献数量远大于脸书,然而在与本地同事交流中我才知道,当地人极少通过推特获取信息,大部分人更习惯使用脸书,因此我们的脸书的数据远好于推特。还有这样一个平台,粉丝量超过了脸书和推特之和,即为领英。这一现象看似出乎意料,实则不难理解,领英上的关注者大多为求职者,他们是最为紧密关注公司动态的人群,因此维护好领英的动态发布生态对于树立企业形象起到至关重要的作用。

除了运营自有社交媒体账号外,我们也会定期争取在本地媒体上获得一定版面,一般由本地同事负责联络。公司曾经准备捐赠一批电脑给当地学校,公司领导希望能由本地媒体对此进行报道,然而这一提议却遭到本地同事的反对,她表示这一决定很有可能对公司形象起到适得其反的作用。彼时原住民反对石油公司的游行正热烈进行,他们认为石油公司破坏了他们的居住环境。一则捐赠报道未必能扭转民众的消极情绪,反而会进一步加深大家对于石油公司攫取大量利益的负面印象。想要树立负责任的企业形象,就应当从长期公益项目着手,例如在环境方面想办法助力亚马孙雨林的绿化,在教育方面降低贫困地区人民的文盲率等,以此真正赢得本地人民的认可和尊重。

停留在地中海的雨季：与阿拉曼相遇的 183 天

◎杨泰一[*]

2023 年 9 月 23 日，我踏上埃及阿拉曼的土地，开启在中国建筑埃及分公司为期 6 个月的实习。本次实习主要从事企业宣传工作，负责阿拉曼超高综合体建筑的系列报道以及中建埃及企业文化宣传。实习期间，累计产出 30 余篇新闻报道，5 部宣传视频，登上中国建筑系列公众号、视频号以及《新首都》报。人物作品《"一带一路"在地生活 | 建筑工地上的"铿锵玫瑰"索哈伊拉》获得 2023"中国与非洲"影像大赛三等奖，并在中国一带一路网以及旗舰媒体 CGTN 中被转发报道。

作者的作品在中国一带一路网展映

---

[*] 杨泰一，中国传媒大学 2021 级国际新闻传播硕士班学生，现就职于京东世纪贸易有限公司。

作者的作品在 CGTN 多语言播出

一、被万花筒折射的多彩生活

期待、逃避与和解是贯穿实习生活的三种心情。从成都双流国际机场到开罗国际机场的 10 小时里,时差所挟裹的疲惫感无法掩盖前往异国的期待感,开罗逼近 35℃的天气也被抛诸脑后,此时的我在不断幻想未来 6 个月的崭新生活。坐上颠簸的大巴车奔波 3 小时抵达阿拉曼后,迎来了在埃及的第一个傍晚,干燥的天气仿佛能够更清晰地看到日落,也一览无余地看到了阿拉曼现实而艰苦的工作环境。

阿拉曼是距离开罗 263 公里的一座沿海新城,阿拉曼新城项目便是为疏散首都城市压力,促进经济发展以及旅游业所打造的商业项目,同样是"一带一路"共建国家建设发展与合作共赢的重要一环。"新城"这一标签表明阿拉曼目前开发区域较少,生活区域较为割裂,这也让集体式生活成为此次海外实习的重要体验。因此,相比于生活在繁华市区的多彩生活,阿拉曼的生活更多是下班后一起返回公寓的集体大巴,是春节一同煮火锅下饺子的团圆饭,是傍晚一场说走就走的篮球运动。这些生活的碎片拼凑出我对阿拉曼生活的回忆,也收获了和同事超越同事关系的友谊。

对阿拉曼的另一点回忆是与埃及同事的交流。在实习期间我拍摄了很多小切口下的人物故事，透过这些多面态的人物形象，我感受到他们的热情和自信，也苦恼于埃及人的散漫。"Push"是埃及员工描述中国员工时出现频率很高的词汇，折射出埃及人心中中国员工的工作形象。但正是两国这种大相径庭的工作特征给我的实习生活增添了很多意料之外的惊喜，也让这段实习生活更加深刻且难忘。

在刚抵达埃及的一段时间，逃避的心理总是伴随着崩溃时刻。当埃及员工偷懒导致航拍视频延误，当感染新冠却因为地理位置偏僻无法就医时，简陋的生活环境让生活中一些微小的问题被放大，逃避成为一种化解情绪的方式。毋庸置疑，这样的状态使工作常常碰壁，但一经克服，未来面对同样的问题时我就能游刃有余。当下回忆起来，这些在异国他乡克服的困难成为我未来个人成长的宝贵经验。离开阿拉曼的当天，我拍摄了最后一张施工楼群，夕阳洒落在即将完成封顶的4座高层精装修住宅楼上，我不自觉地感慨6个月时光的飞逝。这些随着秒针划走而不断攀升的楼群见证着我在埃及6个月的时光，而我也见证着这些楼从七八层到20多层的增长。这些携带着时光刻度的印记永远保留在阿拉曼，若干年后我再度前往阿拉曼旅游时，便知恢宏的楼宇背后蕴藏的是每一位驻足努力过的中建人。

楼群对比：2022年10月（左）2023年3月（右）

除去日常的工作生活外，在埃及的这段时间我也四处领略了一下穆斯林文化下的风土人情，保守而奔放的文化反差带给我巨大的冲击。这样的冲击体现在埃及人民的宗教信仰与内心欲望上，体现在经济发展与人民生活中。从这些有缘遇到的埃及人眼中去了解中国形象，尽管这些描述稍显片面，却在一定程度上折射出"一带一路"倡议以及中国企业的在地化程度。在我看来，这也是海外实习的重要一面，除展示中国形象外，聆听最真实的声音，拓展自身的国际视野。

二、行走在埃及的土地，勾勒真实的基建生活

《"一带一路"在地生活｜建筑工地上的"铿锵玫瑰"索哈伊拉》是我抵达埃及后拍摄的第一部人物故事。"工地"与"玫瑰"在词意上难以关联，正是通过这样的反差塑造更为饱满的人物特点，也着重凸显中建员工的使命与担当。作为阿拉曼项目建设中唯一的女性工程师，索哈伊拉具有鲜明而独特的人物色彩。首先，女性视角是一线项目建设中稀少而宝贵的视角，从女性视角出发了解项目建设背后的企业文化以及企业理念，同时聚焦埃及员工故事进一步削弱宣传色彩。其次，在叙事视角上，采用第一人称的内心独白，拉近传者与受者之间的距离。作为我独立拍摄、剪辑的第一部作品，过程中也遇到很多难题，其中主要是语言沟通中的解码错位，以及施工环境所制约的拍摄角度。通过这样一次完整的人物拍摄，我更加理解了一线工程如何进行穿插作业、质量监管，更加切实地感受到一线建设者的责任担当与阿拉曼这颗"地中海明珠"的战略价值。

实习期间，"中国速度"是被多次提及的词汇，尤其是短短实习 6 个月便见证着 5 座高楼拔地而起后，这一词汇显得更为具象。12 月中旬，在实习第 3 个月时，业主与监理要求安装 6 架摄像头，并每月一次进行对比剪辑，展现楼层的变化。尽管肉眼的观测已经足够明显，但当将一个月的时光不断挤压时，当楼层的增长被呈现在数十秒之间时，"中国速度"已经成为一张毋庸置疑的亮眼名片，展现着背后中国经济的实力。我们常常在高铁上、在宏

伟的楼层间感慨着国家的发展速度,但当我们打破时空的限制,将视角拉得更远、更早,回溯到最初的起点并一步步记录时,才更加深刻地理解了何为中国速度。

通过本次实习,我对于国际传播的体会不断加深,也更加认清我国国际传播工作所遇到的难题。从企业的视角出发,首先,传播企业价值理念是企业文化宣传的重要组成部分,这一部分的宣传通常出口向内,成为内部员工的宣贯手册,在国际传播中的作用较弱。其次,企业掌握着丰富的人物故事资源,但由于企业传播渠道相对于其他媒体较为单一,有效资源无法被充分挖掘利用,故而丧失了许多优秀的宣传作品。在这一过程中,我同样发现自身所欠缺的国际传播素养,表现在语言沟通不够精准以及视觉修辞手法的运用还不够娴熟上。例如,对阿拉伯语的不了解在很多场合影响到拍摄工作的进展,无法有效进行所需要的镜头表达,这也让我更加意识到基本的语言能力在国际传播中的重要作用。

作者实习期间工作照

三、冬日、明珠与阿拉曼

在埃及的6个月里,我既体验了沙漠高温下的基建生活,也欣赏了地中海畔碧蓝澄澈的湖水;既游览了承载着悠久历史的胡夫金字塔,也触摸了红海之下成群结队的彩鱼。冬天需要套一件羽绒服,埃及气温打破了我对沙漠气候的固有认知;春天就已经逼近35℃,炎热气候让我对这个国家又增添了一丝反感。这些也许只有一次的生活体验勾勒出海外实习的全部样貌,也让我对这段生活的回忆变得更加丰满。

首先,除去工作技巧的学习外,此次实习教会我如何更快融入新环境,让我更深入地理解了团队理念,也在一定程度上抽离了学生的身份,以完全的国际传播者与旅居者视角看待工作与生活。不可否认的是,较为艰苦的工作环境以及异国文化的差异对我形成了较强的文化冲击,但也不断锤炼着我接受新事物的能力,使我能够在面对新的困难时学会调整心态。其次,集体式生活锻炼了我团队合作的能力,人非孤岛的特点在此次实习中被放大。更为重要的是,作为一名宣传者,需要捕捉团队成员中的个人特点,挖掘人物及其工作背后的特殊故事,在每一次宣传中思考本次传播的侧重点。最后,我为自己能够充分将所学习的知识与技能发挥到宣传工作中而感到幸运。在实习接近尾声时,我们以中国颜色为主题展现项目建设的一线工作者,赋予每一种颜色不同的主题,例如中建蓝、安全绿等,将中国元素融入企业宣传,丰富视频的维度。2024年3月23日,踏上回国路途时,我自己是充实的,这样的充实并非简单的快乐,而是面对挫折时的勇敢,面对难题时的不再逃避。埃及对我而言已经不再是充满神秘历史的北非国家,而是揭开面纱后依然恋恋不舍的回忆空间。

人们常说,喝过尼罗河的水就会再回到埃及。新冠疫情让海外实习的准备工作更加艰难,因此这次实习机会来之不易。我坚信会再次去品尝尼罗河的味道。

我的拉美记忆：在墨西哥做新闻

◎王伊然*

2022年10月,我第一次踏入墨西哥。《寻梦环游记》中的彩色小镇、万寿菊和亡灵节的传统成为我探索墨西哥的最初动力。在开始实习前,我期待能够更加深入地探索这个国家。

一、初识墨西哥

有人说,一滴水从拉美地区穿过地心,沿着直线一直走,可以到达中国的三亚。这句话形象地展现了拉美地区和中国之间的距离。中国和墨西哥有着14个小时的时差。中国人早起上班的时候,墨西哥的夜幕早已降临多时。

地理的距离也会带来心理上的距离。在我的脑海中,这个遥远、复杂、多层次的国度以几个关键词的形式存在。五彩斑斓的建筑、热情似火的舞蹈、独具特色的菜肴是墨西哥的名片。前几年风靡全球的动画电影《寻梦环游记》将墨西哥的传统节日亡灵节和墨西哥人对于死亡的态度展现给世界观众。但是,在艺术与美食的背后,也存在着盘根错节的毒品与黑帮问题,像是阳光背后甩不掉的阴影。

我和另一位实习生,还有一位休假回墨的编辑同一班飞机前往墨西哥

---

* 王伊然,中国传媒大学2021级国际新闻传播硕士班学生。曾前往新华社拉美总分社实习。

城。抵达墨西哥的时候，正值当地傍晚。前来接机的记者老师热心地买了几杯南瓜冷萃，是当季新品。伴随着南瓜与咖啡的香气，我坐在社内汽车的后排，一边看着昏暗的窗外，一边期待着接下来的生活。

拉美总分社的工作地点和员工宿舍在同一个院子里。院子中央是一块儿四四方方的草坪，在蓝天的衬托下格外好看。格雷是接待我们的雇员，也是我在日后打交道最多的当地人。他不会说中文和英文，但是很热心地帮助我们搬行李。院子里还有好几位当地雇员。每次在院子里打照面，大家会笑着互相说"hola（你好）"。美国心理学家艾伯特·梅拉比安提出过梅拉比安定律，认为在说话人对听话人的影响中，语言信息占7%，听觉信息占38%，视觉信息占55%。在墨西哥城，我再次深刻体会到非语言沟通的强大力量。

二、新华社的实习体验

说是实习，倒感觉自己不是很像实习生。

主要原因是基于工作内容和节奏。印象中的实习生更像是助手，负责整理资料和账号运维等一系列琐碎的工作。但是在墨城，实习生并没有被分配去打杂，而是深度参与记者工作。分社老师们也充分考虑实习生的兴趣和特长，尽力为我们提供各种机会。我被给予了更多一线的采编机会，也被鼓励深挖自己感兴趣的话题。

我曾出镜直播，参加大使馆的文化活动，采访物流公司的负责人，也曾走街串巷、与心仪的采访对象建立联系。除了采编之外，我也踏足了一些从未尝试过的领域。实习期间，我首次尝试进行舆情监测的工作，整理了外媒对于墨西哥的报道，以及墨西哥当地中资企业的动向。在做舆情监测的过程中，我加深了对墨西哥和当地重要议题的理解，进一步观察到中国与墨西哥的动态关系。

其中，我想主要记录一下印象比较深刻的几项工作。

（1）智慧菜园的出镜报道

10月16日是世界粮食日。新华社音视频部与各地分社合作，拍摄一系列与粮食安全有关的新闻直播。这也是我第一次做新闻直播。

前一天下午,墨西哥城分社的老师们和我们开会交代了任务。我负责直播的开头和演示部分。回到宿舍,我第一时间开始写出镜词,然后提交给老师们修改。第二天,由于我经验不足,拍摄期间口误了好几次,好在同行的老师耐心指导,片子最终顺利呈现,发布在多个媒体平台。

王伊然在智慧菜园直播报道

在中传学习期间,我也上过出镜报道相关的课程,但是这次体验让我意识到记者面临着更高的要求,工作的节奏比校园作业快很多。满打满算,准备时间只有一个下午和一个晚上,远不如校园作业的准备时间充足。快速整合信息、在现场进行有效表达,是我仍然要思考和努力的地方。

(2)墨西哥城秋季中国文化节

2022年秋季中国文化节由墨西哥城孔子学院、江西师范大学、中国文化信息协会汉语推广工作委员会联合举办,地点在墨西哥城的一个公园内。文化节活动包含了书法、剪纸、中国结等传统文化内容的展现和教学活动。中墨混血女孩萨雷妮在文化节上表演多支中国传统舞蹈,她年纪不大,但是已经在孔子学院学习超过十年,也可以无障碍地接受中文采访。和她的交流让我近距离感受到孔院在传播中华文化中的深刻意义。她说,在中文教学之外，孔院老师还积极耐心地教授她中国舞蹈，帮助她通过学习和实践加深对中华文化的理解。

这是一篇五百字左右的通讯稿。我当晚回到宿舍就马上开始写稿，之后老师进行修改，再与国内编辑对接。第二天，我早上醒来，发现该稿已在新华网发布。在和老师的后续交流中，我发现了自己原稿的很多不足之处和可以改进的地方。首先，在采访现场，要选对的人进行采访，这需要记者的经验判断。其次，通讯社以传递信息为主，因此稿件的语言应该更精练。最后，由于记者目睹了现场情况，可以在写作中适当增加细节描写，传达现场的信息。

（3）关于墨西哥剪纸的采访和写作

墨西哥拥有独特的文化和传统。我刚到墨城后没多久，就迎来了亡灵节。大街小巷悬挂着墨西哥剪纸（papel picado），映出玉米、太阳、骷髅头等形象。墨西哥剪纸其实是墨西哥传统节日中时常出现的一种装饰。我搜集资料后发现，明代中国与拉美的贸易交往中，中国的瓷器图案被传到墨西哥，之后影响了当地的瓷器和剪纸图案。剪纸图案见证了古代中墨两国丰富的文化交流。了解到这一点之后，我把这个选题跟带教记者上报。在老师们的帮助和指导下，我完成了第一篇文化稿件的写作，该文发表在新华社旗下的《环球》杂志上。

王伊然拍摄墨西哥剪纸

(4)美墨反向移民

在这条新闻中我第一次接触到数字游民的概念。数字游民指的是一种利用数字技术和互联网进行远程工作的生活方式。我在社交媒体上发现,由于生活成本低和多元的文化环境,很多美国人选择来到墨西哥城当数字游民,在当地暂居或者永居。这与传统的移民潮正好形成对比。

在做这个选题的时候,带教老师给了我很大的自由和帮助。他们帮我联系到当地面向外国人的房产中介负责人,我对其进行了采访。在墨城的 Condesa、Roma Norte 等区域的咖啡店里,经常能够看到美国人在笔记本电脑前工作。于是,我也花了一个周末的时间,在这些区域的多家咖啡馆与外国人聊天,最终找到合适的采访对象。这个选题以英西特写和英文视频的形式发出。目前,该视频在 YouTube 的播放量接近 8 万。

在新华社的实习让我意识到主观能动性对于记者的重要意义。在采访的过程中,难免会被拒绝,但是坚持下去总会迎来柳暗花明。同时,不必因为被拒绝而沮丧,因为这并不是针对个人,而是针对事件本身。

三、在墨城的多彩生活

墨西哥是一个银矿资源丰富的国家。白银一直在墨西哥历史、宗教、艺术和日常生活中占据重要地位,也是整个墨西哥的民族标识之一。在实习工作之余,我和总分社的老师们前往当地有名的银城塔斯科,欣赏当地人的手工银饰。公元 16 世纪,在墨西哥殖民的西班牙人在塔斯科发现了丰富的银矿,从此,开采者纷至沓来,银矿让塔斯科逐渐发展成了一座依山而建的小城。

墨西哥的英语普及率远不及我想象中那么高。有很多次我只能借助于肢体语言和简单的翻译软件来交流,但这并不影响当地人的热情和友好。有一次,我跟着导航前往市中心的一个画廊,到了才发现已经闭馆,但是手机上仍然显示"正在营业"。这时,一个本地人走上前来,对我说了几句西语。我问他会说英语吗,"Inglés? No."他摆摆手,仍然在输出大量西语,还加上了肢体动作。我半蒙半猜,认为他建议我按门铃打电话,看到我拿起手机,他满意地走了。可惜电话也没人接,我只好离开,没想到在下一个街口又碰到了他。他上前询问,我摇摇头,他也做出了一个失望的表情。

在工作之余,我还结识了来自各地的许多有趣的人。他们有的是孔院老师,有的是中资企业的外派员工,也有的是为了暂时忘掉学业压力进行短期旅行的大学生。在广袤世界中,每个人怀揣着不同的期待和心境来到这里,相聚又分离,带着彼此给对方的启发和回忆,前往下一个人生路口。

海外实习的机会不仅锻炼了我的新闻采编能力,也让我短暂地以驻外实习记者的身份体会到这份职业的酸甜苦辣。在这6个月的时间里,我既磨炼了自己对新闻细节的把控和处理能力,又尝试跳脱出既有的圈层,思考更广阔的人生和未来。希望我可以带着珍贵的回忆,继续驰骋在自己热爱的领域中,也希望师弟师妹们充分利用海外实习的机会,珍惜韶华、不负春光。

夏日不落幕的驻马生活

◎魏　源*

我只身一人踏上从厦门飞往吉隆坡的航班是在2022年的10月1日，之所以选择国庆出发，是想为驻外实习开始的这一天赋予特殊的意义。当时全球新冠疫情形势刚刚有所好转，出国仍是个麻烦事儿，在签证和其他手续准备齐全后，做好疫情防护、保证不被感染才能真正成行。所以在起飞的前几天，我一直在宿舍楼里尽量不外出，在这里我要特别感谢班主任胡芳老师和刘雯老师，帮助我顺利开启了驻外实习。

一下飞机，潮热的气息扑面而来。我生于北方、长于北方，包括大学都是在北方读的，从未在热带长期生活过。当属于大马的潮湿渗透进皮肤时，我似乎就有了驻外的实感。我拿着这张为期半年的驻外记者体验卡，逐渐适应了作为一名驻外记者的工作和生活，也在一次次的外采中对驻外记者的职业身份有了进一步的理解。

一、马来西亚驻外生活初体验

选择国际新闻学专业，或者说想成为驻外记者的初心大都是从想成为刘骁骞、王梦等优秀的驻外记者开始的。这份职业的魅力在于可以去到世界的各个角落，体验不同的风土人情，记录真实，记录世界。所驻的国家不

---

*　魏源，中国传媒大学2021级国际新闻传播硕士班学生。

同,其生活体验和工作环境的感受也有较大的差异。

马来西亚有马来裔、华裔、印度裔三大族裔,官方语言是马来语,英语是其第二外语,是沟通三大族裔的桥梁。因此用英文足够与当地人顺利沟通,而和大部分华裔群体用中文沟通即可。只不过适应马来西亚的口音与讲话习惯还需要一段时间,打烊时的"You buy fast fast."和结账时的"Plastic?"都体现了大马人民讲话的直接与民风的淳朴,中文和英文也常有组合混搭。尽管经常听不懂当地的口音,但是在马来西亚讲英文并没有什么心理压力,每当他们语速较快时,我会请他们再重复一遍,说慢些,也因此更确信语言最大的作用是与人沟通。现在我已经完全可以听得懂"大马腔"了。

虽说海外新冠疫情防控已经放开,不过平时在室内空间或者活动现场戴口罩的人比例仍较高。驻外生活首先要保证自身的健康,我平时外采或者出门大多戴着口罩,所以直到回国都没感染上新冠。工作上,不同单位的驻外记者办公形式也不大相同。我所在的中国新闻社马来西亚分社人数较少,因此不设办公室,平时有活动外出采访即可,因此有较高的自由度。生活上,驻外记者要有极高的独立性,租房、打扫、办网络、换钱这些看似习以为常的小事都需要打点好,办理流程和国内亦有不同。刚到大马时,习惯了只带一部手机出门的我经常不带钱包出门,当店家找我硬币时,我愣了一下,后来只要出门就随身带着零钱包。不过大部分吉隆坡的商场是可以用电子钱包Touch'n Go线上支付的,甚至有些可以使用支付宝进行支付,而去街边小店则要准备好纸币和零钱。记忆中的零钱还停留在小时候的储蓄罐,马来西亚等东南亚地区的国家虽然已经有了较为完整的电子支付系统,但移动支付的便利程度和普及率远没有国内高。

来马一个月后,我对吉隆坡的感觉逐渐从陌生变成了熟悉,吉隆坡街头常能看到华人面孔,广告牌、电视节目中也不乏中国明星,也因此了解到吉隆坡的华人比例占40%以上。在一些非清真餐馆内,几乎坐着的都是华人,菜单也是地地道道的中文,时间久了反而有种仍在国内的错觉。

二、马来西亚的多元文化

我拍摄的第一个视频报道是关于马来西亚印度裔的"排灯节",2022年10月24日,是印度裔人群看作"以光明驱走黑暗,以善良战胜邪恶"的节日,也可以理解为印度新年。这个重大节日不仅是印度裔人群的盛会,节日当天在马来西亚印度教圣地黑风洞,除了印度裔民众依各种传统仪式祈福外,也有马来西亚各族裔民众和各国游客前来共庆节日。

由于三大族裔共同生活在马来西亚,不同族裔有着不同的"新年",因此有不同定义下的三个"新年"。马来裔的新年是"开斋节",华裔的新年是传统的"农历新年",而印度裔的新年则是"排灯节",也称"屠妖节"。马来西亚虽然民族复杂,文化多元,但目前已经基本形成了多民族共存的和谐局面,不管是哪个族裔的新年,各族人民都会互相送上祝福,而非强调自身文化的特殊性。

春节期间的吉隆坡柏威年商场

2023年,我真正感受到了马来西亚年味十足的农历新年。马来西亚地处热带,全年高温多雨,没有四季,除了雨季就是旱季。因此,大马人一般不称新年为"春节",这也是和国内新年最大的不同。

马来西亚特色高桩舞狮

近几年,国内民众普遍认为"年味儿越来越淡了"。但是,在吉隆坡、槟城等华人占比较高的地区,春节时年味儿浓厚,仿佛回到儿时记忆中的新年。商场街头到处播放着刘德华的《恭喜发财》,马来西亚电视台、媒体和网络红人也会每年推出当年的"大马式"新年歌,在适应年轻化语态的基础上做好本地文化传承,像龙年推出的《好运一条龙》《新年 Beng Beng Beng》等。

三、马来西亚第 15 届全国大选

2022 年 11 月下旬将举行马来西亚第 15 届全国大选。在选举之前,当我做足马来西亚政党相关的功课后,发现这边政局的复杂程度远超想象。从 2018 年到现在,仅 4 年的时间里总理已经换了 3 位。而即将开始的第 15 届马来西亚大选也因总理伊斯迈尔宣布解散国会而被提前提上日程,这也标志着伊斯迈尔成为继穆希丁之后马来西亚任期最短的总理,仅为 14 个月。除经济问题外,即将到来的雨季也有可能对选民产生负面影响。

值得一提的是,除马来文和英文媒体外,马来西亚本地的华文报纸仍受到华人群体的大量关注,这与马来西亚拥有海外唯一完整的华文教育体系息息相关。马来西亚是海外拥有华文日报最多的国家,包括《星洲日报》

《中国报》《东方日报》《光明日报》等，用户群体庞大。

而在大选报道中，我有一个无法忘记的小插曲。马哈蒂尔是谈论马来西亚政坛无法绕过的重要人物，此次年逾97岁的他将代表祖国行动阵线参与竞选，而这次选举将会是他最后一次参与竞选。于是我们决定驱车前往马哈蒂尔将进行投票的亚罗士打蹲点进行影像资料的拍摄。这也是我第一次驻外出差，临近雨季，一路上从南到北天气变化很大，艳阳天与暴雨常常交替出现。投票当天，据其秘书及媒体同行的消息，马哈蒂尔将在中午十一点出现在投票现场。根据过往经验，他甚至会更晚点才出现，我们早上从五点一路开了四个多小时才到达投票站，想着离十一点既然还有一段时间，先在车上休息一会儿，之后才更有力气拍摄。刚闭上眼睛没多久，我就听到一阵急促的脚步声，转头就看到大批记者围在投票箱前，看着一排排被扛起的相机，我愣了一下，和同事瞬间向投票箱跑去。刚想着怎么挤进去，结果大家突然向另一个方向跑去，我大感不妙，原来投票已经结束了。心已经凉了半截，但我还是拼起劲随着人流的方向跑去，一定是要拍下点什么。虽然大部分好位置都没了，但我还是用力挤到了稍靠前的位置。一分钟不到，马哈蒂尔同其夫人西蒂哈斯玛就牵手走出了投票处，马哈蒂尔本人带着轻松从容的微笑和记者们打招呼。尽管其所在联盟获胜的希望不大，但我仍然保有对他的敬佩，内心同时小小激动了一下，觉得自己也算是在驻外一线见证历史了。最后我拍到了马哈蒂尔答记者问的照片，同事拍到了一张马哈蒂尔挥手告别的画面。虽然原本计划的投票照片没有拍到，但是之后马哈蒂尔惨败的境况似乎与挥手这张照片更为匹配，不过这都是后话了。

稍纵即逝的珍贵瞬间总是一闪而过，时刻盯紧、高度警惕是我学到的重要一课。新闻拍摄不仅仅是按下快门的一刻，长时间保持精力集中也是对记者的考验。最重要的是时刻准备着，大意就可能错过重要的画面，而且无法进行弥补。

作者在马来西亚第 15 届全国大选现场

  2022 年 11 月 20 日凌晨公布的选举结果中，首次出现了"悬峙国会"的结果，希盟、国盟、国阵三大阵营均未达到过半数议席。后经多次磋商，安瓦尔被国家皇宫任命为新任马来西亚总理。

  回顾为期半年的实习，"主动"是驻外生活的关键词。首先，要主动抓住机会接触新闻现场，采集一手的、新鲜的新闻，这也是锻炼脚力、眼力、脑力、笔力最快速的方法。其次，要主动结交当地媒体朋友，与大使馆及所在国官员建立良好关系，扩展自己的人脉，这样方便你快速掌握信源。最后，保持身体的健康与良好的心态也是驻外工作的关键。

马来西亚之旅：国际传播海外实习的感悟与成长

◎王文苑*

刚下飞机，一股扑面而来将人紧紧包裹的潮湿让我瞬间感受到了马来西亚的独特气息，这时我才切实地意识到，我已经来到东南亚热情的怀抱中了。我深吸一口气，感受着这陌生的环境带来的新奇与刺激，心中充满了对接下来旅程的期待和憧憬。再度来到机场是离开的那一天。这时，整整6个月的日与夜已经让我对马来西亚产生了深厚的、别样的情感，也让我对国际传播工作和事业有了更充实的体验。那段日子是我人生中一段宝贵的经历，那时结交的朋友也成为我人生中一笔宝贵的财富。如今，我将以这段实习经历为主线，回忆那段难忘的时光，分享其中的故事、细节与感想，并探讨它对我当下学习、实习与工作的启发和帮助。

一、适应不同种族间的文化差异

2022年，我有幸作为国新班的一员，入选国际新闻传播学子赴海外实习项目，赴中国建筑马来西亚有限公司实习。在收到录取通知的消息时，我内心充满了激动与期待，也对遥远的异国他乡的生活怀有一丝不安和紧张。但是，当我踏上大马（大家对马来西亚亲切的简称）的土地，看到中国同胞

---

* 王文苑，中国传媒大学2021级国际新闻传播硕士班学生，现就职于中建八局海外公司党群工作部，曾赴中建马来西亚公司交换实习，参与运营公司海外社交媒体平台，独立拍摄制作的短视频获得第五届"一带一路"百国印记短视频大赛"丝路Z世代"奖。

亲切友好的面庞时，所有的不安烟消云散。6个月以来，公司前辈们无微不至的照顾让我毫无阻碍地迅速融入当地的生活，同时，马来西亚人民包容、热情和友善的性格也让我对马来西亚这个国家充满了越来越深的好感和敬意。

但是，马来西亚作为一个混居着马来人、华人和印度人的多种族国家，拥有着十分多元的文化，不同的文化有着不同的语言、习俗和禁忌，虽然多年来各种文化相互交融、相互影响，但仍存在着巨大的差异。要想在马来西亚融入当地生活，获得当地人的善意和尊重，需要对马来西亚的各个种族和文化有着最基本的了解和尊重。同时，不同于国内，马来西亚的人民更注重生活的平衡和享受，愿意花费更多的时间在家庭、朋友和休闲活动上，是出了名的慢节奏国家。所以初入马来西亚时，大幅放慢的生活节奏和文化差异让我产生了些许不适应，甚至是文化冲击。

作者采访马来西亚汉文化中心拿督吴恒燦

印象最深刻的一次与异国文化"交手"莫过于去当地政府部门窗口办理事务。窗口工作时间到下午四点结束，我们几人从下午上班就开始排队。马来西亚的"慢"不仅慢在生活，也慢在工作，只见当地工作人员慢慢悠悠地处理着每个人的文件，排到我们估计得是猴年马月了。时间一分一秒流逝，钟表的指针渐渐逼近四点，我的同事是队伍的最后一位，眼看就剩我们了，结果四点的钟声一响，窗口的关闭速度比翻书还快，直接在我们面前关窗落锁。我的同事一脸哀怨又带有一丝恳求地说，自己只是想问一个问题，能不能现在予以解答，工作人员也十分友好而温柔地拒绝了，说道："今天已经到下班时间了，就算有什么问题也请明天再问吧。"虽然这次经历让我很震惊，但种种如此奇异的体验让我彻底具象化地感受到了马来西亚人民对于生活和工作泾渭分明的平衡感和边界感，包括在路边因为犯困想睡觉而拒绝卖榴莲的果农，下午四点就打烊的家庭餐厅，经常随心所欲关门的私人诊所……如此种种经历都让我对马来西亚这个国家和民族越来越感兴趣。在之后与本地同事的接触和交往中，我也慢慢习惯和接受了这种生活态度和方式，也试着让自己高效高速的人生放缓脚步，更加专注于欣赏生命沿途盛开的烂漫春花，渐渐感悟到人生在世的真谛和真正的追求。

这段经历也带给我一些启示，在进行国际传播时，我们不可避免地要与其他文化群体进行交流与互动，适应不同种族间的文化差异，不仅是个人成长的必修课，也是做好国际传播的关键要素。适应文化差异是增进不同种族相互理解与尊重的桥梁，这种适应不仅有助于我们更准确地传达信息，还能够有效地消除文化隔阂，减少误解和偏见。唯有深入理解和尊重另一种文化，我们才能够游刃有余地进行跨文化交流，找到文化的共通点，打通意义空间，成功实现国际传播。

二、做传播，办法总比困难多

来到中建后，我主要负责协助办公室做宣传的同事运营海外社交媒体账号，策划、制作选题，参加对外交流活动和组织一些中小型活动等。我对于企业的传播工作慢慢上手后，就开始独立负责短视频的策划和制作。在中建，我有幸遇到了非常包容我的领导和同事，他们给予我充分的支持和信任，尊重我天马行空甚至有时是不切实际的想法和创意，给予我高度的创作自由和宽广的创作空间。我也在传播工作中享受着尽情创作和文化交流的乐趣。

作者在帝国酒店项目拍摄 MV 的间隙

但这 6 个月的实习中,说没有遇到困难是假的。作为一个仍未完全踏入社会的学生,在面对实际工作时,往往是空有充足的理论知识,没有丰富的实践经验。所以在进行实操时,我们往往会碰到很多意想不到的突发状况,并感到手足无措,甚至有时会因为缺乏实践技巧而犯一些低级的错误,比如忘带设备等。在第一次拍摄过程中,由于缺乏训练和经验,我的两个拍摄机位配合得一塌糊涂,导致脚本上设想的画面都没有拍出来,并且也没有考虑到户外收音的问题,没有携带专业的收音设备,致使素材噪声很大,十分影响最后的成片效果。还有一次,我们的拍摄主角第一次参与拍摄,面对镜头十分紧张,屡次忘词或卡壳,导致约定的拍摄时间早已超时。面对这种情况,我们一是积极想办法安抚和缓解员工的紧张情绪,二是临时紧急修改脚本,用别的空镜画面代替原有的画面。诸如此类的小意外和小插曲数不胜数,更别提因为不熟悉当地法规政策,导致人员已经到齐却被禁止使用该场地拍摄;因为同行人员穿短裤而被清真寺禁止入内;因为大楼信号屏蔽导致无人机失控坠毁等一些意外情况。

面对种种困难,我都积极想办法应对,及时总结经验教训,并主动向前辈们请教,努力寻找解决问题的方法。我开始学会凡事做好充分的准备,提前预想到可能会发生的意外情况,做好万全之策,避免因为疏忽而导致的问题。并且,我深入学习了解当地文化,包括学习当地语言,以弥补知识上的不足。同时,我们也开始学会如何在压力下保持冷静,如何在突发状况中迅速做出判断和处理。但最重要的还是应该在一次次作品发布后及时收集观众反馈和意见,这些反馈和意见如同镜子,反映出我们国际传播工作的优点和不足,是我们持续进步的重要参考。

三、对国际传播的新认识和思考

通过这次海外实习,我有机会接触到不同的文化、思想和观念。这让我更加深入地了解了世界的多样性和复杂性。同时,我也增长了许多见识和知识,为自己的未来发展奠定了坚实的基础,我愿意更加坚定地选择国际传播来成为我未来的事业。

经过 6 个月深入一线的实践,我对国际传播的实践领域有了更为全面且深刻的认识。首先,从微观层面来看,我深刻认识到捕捉并放大细节的重要性。这些微小的传播点和个人叙事,一旦得到恰当呈现,其影响力与宏大叙事不相上下,甚至更能触动人心。例如,尼泊尔大叔每天用中文与我交流的小细节,便是值得深入挖掘的传播点,它体现了人类朴素情感的共通性,超越了意识形态的界限。其次,从宏观层面审视,作为传播者,我们不仅要关注细节,更需要在顶层设计上把握大方向,将这些点巧妙地串联起来,形成一条连贯的传播主线。以马来语培训班系列视频为例,虽然各视频的主题相同,但如何根据每个参与者和事件的独特性构建出逻辑清晰、连贯性强、易于被广大受众接受的叙事结构,以达到最佳的传播效果,这正是我们在实际工作中需要不断思考和探索的课题。通过这次实践,我更加坚信,只有深入理解和把握这些细节与大局的关系,我们才能在国际传播领域取得更好的成效。

作者在帝国酒店项目与双子塔的合照

最后,我想说,即使不在校园,学习也仍然是第一位的。世界是一本深厚的书,每一刻的经历都是其中的一页。无论身处何地,我们都需要保持一颗学习的心,用开放的态度去接纳新的知识,去体验不同的文化,去感知世界的多样性。时代的发展无人能挡,只有不断学习新知识、掌握新技能,才能跟上时代的步伐,满足社会的需求。因此,常怀热情,保持学习的习惯,心怀谦卑,是我们做好国际传播、走向更广阔世界的必备品质。

海外实习：跨越国界的成长之旅

◎王　栋*

2022 年 10 月 30 日，我从北京大兴机场起飞，正式开始了海外实习的旅程。在飞机上，我对接下来为期半年的异国生活充满了期待。这是我第一次出国，也是我第一次有机会亲身感受他国文化。现在回头看，海外实习带给我的不仅是文化上的体验和专业上的提升，更是对我自身成长与发展的引导。

一、文化交流的契机

海外实习期间，我感触最深的一点就是：身处异国他乡，无时无刻不在跨文化传播的现场，因此在交流时必须时刻保持跨文化传播的意识。但是，我在泰国的第一次跨文化交流是完全失败的。在国内时，我就了解到泰国是一个旅游国家，虽然一些泰国居民也会说简单的中文和英语，但是泰语依旧是其最主要的语言。因此，在出国之前我学了几句打招呼用的泰语，为自己即将开始的异国生活做了些准备。10 月 31 日下午，飞机落地之后，来接机的是一名泰国大哥。当我真正来到这个陌生的国家，面对这位热情的泰

---

* 王栋，中国传媒大学 2021 级国际新闻传播硕士班学生，2022 年 11 月至 2023 年 4 月在中国建筑工程（泰国）有限公司进行了为期 6 个月的海外实习。实习期间协助完成了公司的 CI 标准手册，完成多部融媒产品的制作和各类文稿的写作，相关作品在人民网、CGTN、国资小新和中建集团各类平台进行了推送，组织拍摄的《中泰高铁项目——安全守护者》获得第五届"一带一路"百国印记短视频大赛丝路人气奖（海外）。

国大哥时,我一时语塞,竟连最基本的"Hello"都没想起来,更别提"萨瓦迪卡卜"了。在前往驻地的路上,与我对接的中国同事打来电话,询问我一路上的情况。在我把电话交给司机大哥之后,同事用流利的泰语同他沟通了我随后的安置工作。那是我第一次听到中国人说泰语,哪怕是今天回想起来,我也依旧惊讶于同事泰语的流利程度,同时也为自己的语塞感到懊悔。有可能是刚出国的不适应导致了最开始的局促与不安,逐渐适应泰国生活之后,我与泰国同事的交流也更为流畅。尽管办公室的泰国同事大多都会说中文,但是我还是会将自己学到的简单的泰语用在交流中。在跨文化交流中,运用属地语言沟通是尊重属地文化的表现。因此,在我说泰语的时候,泰国同事不会因为我的蹩脚而嘲笑我。相反,他们会表现出欣喜,会以更热情的态度与我沟通。

王栋(右一)在项目现场拍摄

实习期间,我在公司内部感受到中泰文化之间的友好互动,这种互动让中泰同事的连接更为紧密。由于泰国街边饮食文化的盛行,我的午餐基本都是同泰国同事一起在公司楼下的小吃店或小吃摊解决。在餐桌上,泰国同事会为我介绍他们的日常饮食,我也渐渐喜欢上了泰餐。都说美食无国界,泰国同事对于以火锅为代表的中国美食同样没有抵抗力。因此,食物成了我们闲暇之余的谈资,也拉近了我们之间的距离。在泰期间,公司会在水灯节、宋干节等泰国传统节日时组织庆祝活动,中方同事会与泰国同事一同做水灯、泼水与跳舞。在端午节、元宵节等中国传统节日期间,泰国同事也会同我们一起包粽子、包汤圆。这种对对方传统习俗与文化的亲身体验,会进一步加深中泰同事对彼此的了解,也会让我们在工作中的合作更加顺畅。

王栋(后排左二)与中泰同事一起在泰国水灯节时制作水灯

海外实习为我提供了一个宝贵契机,让我有机会体验泰国文化,传播中华文化。在国际传播工作中,我们需要讲好中国故事、传播好中国声音,展现可信、可爱、可敬的中国形象。这种文化之间的互动与交流,恰恰就展现了可爱、可亲的中国形象。在海外实习期间,我身处国际传播工作的一线,切身感受到了中泰同事对彼此文化的尊重。泰国同事会因为我们对泰国文化的尊重而更加尊重、理解中华文化。因此,国际传播是一个双向的过程,我们在传播中华文化的同时,也在了解他国文化,而彼此尊重正是国际传播顺利推进的前提。

二、专业实践的平台

第一次在异国他乡开展工作,面对陌生的环境和同事,还是不免有点紧张。在指导老师的带领下,我逐步熟悉了工作内容,适应了工作节奏,面对每一项工作也更加从容不迫。

海外实习期间,我锻炼了自己的数字媒体技能,提升了自己的媒体素养。我负责的第一项工作就是协助一线的同事,制作公司的 CI 标准手册。我主要的工作内容是依据国内总部的要求,结合公司属地的实际情况,统一各个项目现场的 CI 标准。CI 制作用到的软件是 Adobe Illustrator,但我此前从未使用过这款软件。因此接到工作任务之后,我开始一边自学,一边上手操作。几天过后,我对 AI 软件的掌握基本满足了公司 CI 制作的需求。

王栋在制作项目宣传所用的 CI 物料

此后,我继续坚持在干中学、在学中干,提高对 AI 软件的掌握程度,进一步提升工作质量与效率。此外,我在实习期间也完成了多部融媒产品的制作和各类文稿的写作工作。一方面,将自己学到的新媒体技能运用到视频拍摄和剪辑之中;另一方面,实践过程也让我进一步加深了对制作新媒体作品的理解。

海外实习也进一步提升了我的国际传播意识。在参与设计项目 CI 时,我结合属地的实际情况,设计了泰语版 CI 物料,践行了属地化传播的国际传播策略。在制作新媒体产品时,我会充分考虑公司国际传播工作的需要,同时注重突出中央企业在海外践行社会责任的主题,向世界讲述中央企业的海外故事。我会充分用小切口讲述大主题,从泰籍员工的视角和工作生活切入，阐述中央企业的责任担当。选题内容上，我会结合时事热点，在"水灯节""春节""世界问候日""世界母语日""国际诗歌日"等节日时制作主题视频。此外，我也会对各工程项目进行宣传，阐述该工程在当地的社会意义，讲述项目员工与中建集团的故事，并将视频作品在公司的海外媒体账号上进行发布。形式上，新媒体产品一般会以双语种或多语种形式呈现，我会充分考虑不同国家的特色，用开放包容的态度讲述中央企业的海外故事。实习期间，我组织拍摄的《"一带一路"青年建设者诗话 24 节令丨惊蛰》在中国建筑和国资小新视频号进行了推送，组织拍摄的《中泰高铁项目——安全守护者》获得了第五届"一带一路"百国印记短视频大赛丝路人气奖（海外），为中央企业的国际传播工作贡献了力量。

  对我来说，海外实习是一个专业实践的平台。一方面，我可以在实习过程中将自己的所学付诸实践，在国际传播工作的一线挥洒热血；另一方面，海外实习也是一个实践课堂，为我提供了一个进一步锤炼自身本领，提升自己的机会。

  进入中传国新班学习之后，我对国际传播的理解不断加深，投身国际传播工作的想法也更加坚定。不过此前，驻外工作并不是我的首选项，是海外实习改变了我的想法。海外实习让我意识到，国际传播工作需要我们深入一线，亲身感受文化间的交流与互动，需要我们在与外国友人交流的过程中发现彼此的差异与共同点。只有这样，我们才可以尽可能地减少国际传播时遇到的"文化折扣"。现在想来，或许从本科选择英语专业的那一刻开始，交流能力与文化知识就成为我的工具与武器。现在是这样，我想未来也会如此。

在现场 在路上 在心中

◎刘佳琪*

大概是大三时在新华社的校招会上,我看到屏幕上的那行字"国际新闻的情怀——我们所涉足的地方,许多人一生都没有机会抵达",想要成为一名国际新闻人的梦想,从此在心里播种发芽。于是我来到了中传国新班,这个允许一切梦和可能性发生的地方。研一时,在国家留学基金委的网站上,我填下了埃及开罗,想要以国际新闻人的视角去探索这片神秘的土地。后来,我便跨越半个地球来到了一个只在历史教科书上见到过的国家,这对于当时刚接触国际新闻的我来说像梦一般。

一、在现场:踏足国际新闻一线 搭建桥梁连通国内外受众

初到埃及时,恰逢国内召开中国共产党第二十次全国代表大会,我迅速投入紧张的工作中,从翻译、校对中英文专访稿件开始,一星期后开始根据已有采访素材独立撰写通讯稿件。新华社中东总分社忙碌又认真的工作氛围让我自然且快速地融入其中,从参与者的视角了解主流媒体新闻生产的全过程。此后,我又跟随着中东总分社和开罗分社的记者老师们,从媒体人的视角共同见证了《联合国气候变化框架公约》第二十七次缔约方大会的举行、首届中国—阿拉伯国家峰会和首届中国—海湾阿拉伯国家合作委员

---

* 刘佳琪,中国传媒大学 2021 级国际新闻传播硕士班学生,现就职于新华社新闻摄影编辑部。

会峰会的成功举办,并参与对阿盟秘书长盖特、埃及前总理谢拉夫、中国驻埃及大使兼驻阿盟代表廖力强的专访。

每一次涉及与埃及或阿拉伯地区相关的重大事件,或是中埃和中阿合作关系的相关议题,我都在记者老师的指导下查阅大量背景资料并将采访素材进行筛选整理,汇总成一篇或多篇稿件。经老师修改后,我再根据最终发出的稿件对比我在撰写中的不足之处,并加以学习和积累。这个过程给我带来很大的提高,记者老师总是能够快速敏锐地找到需要修改的语句或是需要再次校对的细节,在每一次的校对中,我也逐渐对马克思主义新闻观以及主流媒体的严谨细致有了课本之外的了解,新闻敏感性、政治和党性修养也在新闻生产实践中不断得到提高。

虽然很少亲临各类重要会议现场,但通过对资料和素材的反复阅读和理解,我体会到一直十分向往的媒体行业带来的"在场感",我始终认为我们在重大事件中扮演着"桥梁"的作用,事件的一手素材由"记录者"——现场记者传回,而作为实习生的我在其中扮演着第二个环节即"讲述者"的作用,将素材进行加工润色形成完整的稿件,再经过"传播者"——编辑的处理,来到受众面前。深度参与新闻生产过程的经历,也让我对未来真正以一名国际新闻记者的身份体验"在现场"满怀期待。

作者在开罗中国文化中心的活动中进行采访

二、在路上：沿途的经历是最好的素材

在采访和写稿的工作之外，带给我"在场感"的，还有背着相机走在开罗大街小巷里的许多时刻。我看到路边乞讨的黑袍老者饱受通胀高企之苦，我看到在每一辆停下来的汽车前试图兜售青柠以换取一些小费的儿童，我看到开罗错综复杂的道路和鸣笛声漫天的路况，也在半年之内见证了埃镑贬值幅度之大以及货架上的商品价格飞涨的情况。这些画面始终刻在我的脑海里，生动地呈现出曾在屏幕另一端看到的"通胀高企""货币贬值""物价飞涨"之类的字眼的真实含义，也让我对我国以外的发展中国家的社会现状有了书本和电视以外的认知。但是，当我用镜头记录下开罗老城区市中心的一幕幕影像，那些有意或无意出现在我镜头里的人，他们脸上都洋溢着悠闲与惬意的笑容，即使穿着并不整洁，看起来却丝毫没有对生活和社会的抱怨。多数人都享受着与陌生人的交谈，热情洋溢地和我们打着招呼，许多年轻人甚至可以用简单的中文和我们交流。每当街边店铺的老板问起我们来自哪里时，他们都会竖起大拇指来一句："China! No. 1！"这时我的心里除了自豪，更多的是想探究影响埃及人对我国看法的因素，埃及人的反应是否说明我国的国际传播初步取得了成功，接下来还可以从哪些方面进行改进等。这些对埃及社会与群众生活的观察，是我的海外实习之旅的意外收获，让我看到了在探寻国际新闻的路上，沿途会有哪些从未想象过的风景，也从另一个角

作者在开罗街头采访并为受访者拍照

度,即"在路上"的视角,再一次激发了我对成为一名国际新闻人的向往。

在新华社中东总分社的实习经历,是带我踏入新闻事业的第一段阶梯。回国之后,我常以半年的驻外实习经历为契机,不断思考这段经历带给我的收获,以及我能够在哪些方面继续进行提升,希望能够为未来成为一名真正的国际新闻人奠定坚实基础。于是我又申请来到新华社国际部海媒室,这里的工作以新闻内容的二次创作和加工为主,对我的英语阅读和编译能力、新媒体技术工具的使用能力都有很大提高。我的日常工作一方面是搜集外媒对我国的报道,从中提取出精华观点,并将专家或其他权威人士的发言制作成海报,用于海外社交媒体平台上的内容传播;另一方面是将前方记者在各类会议或赛事现场录制的专访视频加以剪辑,制作成可在海外媒体平台上传播的成品视频。虽然每天的几条帖子并不能在短时间内形成大规模的传播效果,但国家形象的提升本就是一项需要许多人甚至几代人花很长的时间去共同完成的事业。而身在其中的我们,需要永远在路上。

三、在心中:怀揣国际新闻理想 继续书写中国故事

新华社的两段实习经历不仅为我的求职与未来工作之路奠定了坚实的"物质基础",从采访到撰稿,从摄影摄像到二次创作,让我具备了多项国际新闻人需要的技能,也为我的逐梦之路带来了"上层建筑",即在充分了解并参与到国际新闻的生产流程中后,依旧保持着对国际新闻最初的热爱与向往,同时还从实践角度对国际新闻中的各种理念以及我国主流媒体的报道要求有了进一步的了解。

在结束海外实习一年后的今天,回过头看那些我曾以为是梦想终点的时光,不过只是我未来国际新闻之路的起点。那些在实习工作中的点滴瞬间,都成了日后求职之路上引领着我前进的明灯。两段实习过后,我进一步找到了自己在国际新闻中想要深耕的方向,于是在校招中选择了新华社的新闻摄影编辑部,希望能够用镜头和图片讲述国内外的故事,既能将电视学

院教会我的镜头语言运用其中,也可以持续不断探索世界的各个角落,还可以作为前线记者和新闻受众之间的桥梁,这也正是我对国际新闻最初的理解——"我们所涉足的地方,许多人一生都没有机会抵达"。

作者在新华社中东总分社的留念

我想,国际新闻的意义是搭建一座桥梁,将国内受众与国外的新闻第一现场相连,也为国外受众呈现真实的中国故事。而对于国际新闻人来说,参与国际新闻生产的意义,大概更多是"始终奔赴在前往新闻一线的路上"。而国际新闻的内容,除了炮火纷飞的战事、大国之间的博弈或是重要的国际会议或赛事,也可能是开斋节的一场盛大晚宴、通货膨胀引起的社会现象,或是当地考古的一次重要发现,正是对这些日常小事的记录与报道,才让国际新闻一词的内涵更加充实与鲜活。

即将投身于国际新闻事业,我满怀期待;能够有机会成为大国国际传播体系中的一颗螺丝钉,我感到无比自豪与幸运。当前,国际局势越来越复杂,这是时代对我们青年一代提出的挑战。同时,作为一名青年党员,我也有责任、有义务成为值得党和国家赋予重托的中国"代言人"。在构建中国话语体系、形成与我国综合国力和国际地位相匹配的国际话语权、切实提升国际传播能力的重要任务中,我们理应肩负比以往任何时候都严峻和迫切的使命与责任。在未来的工作中,我将始终怀揣理想信念、充分运用自己在实践中所学技能,持续不断奔赴在国际传播一线,做一名坚定的记录者、传播者和讲述者。

在埃及遇见的 194 天

◎鲍佳艺*

一、埃及——拼接的国度

《一千零一夜》中对开罗是这样描绘的：未见过开罗的人等于未见过世界，她的土地是黄金，她的尼罗河是奇迹，她的妇女就像天堂里黑色眼睛的圣女，她的房子就是宫殿，她的空气柔软得像芦荟木般香甜，因为她是世界的母亲。2022年10月14日，飞机越过地中海即将降落开罗时，透过舷窗看到几乎不见绿色的漫漫黄沙，一瞬间恍惚误以为自己到了中国的黄土高原。待看到高耸的清真寺宣礼塔，我才回过神来：这里已是撒哈拉沙漠的边缘。驶入开罗市区，尘埃四起，垃圾遍地。这个号称"阿拉伯世界和全非洲第一大城"的开罗，着实令我错愕，与在书本上了解到的开罗大相径庭。直到安顿下来，在夜晚枕着《古兰经》诵读声入眠，清晨又被这样的诵经声唤醒时，我终于对这座城市肃然起敬——这里，真的是"千塔之城"。

今天的开罗，这座供养了2000余万人的超级大城市，在历史变迁中被刻上了阿拉伯文明的印记。和今日的富庶发达不同，古代阿拉伯地区因缺少水源经常进行民族仇杀、械斗。闪米特人也多以剽悍、好勇斗狠著称，与文明二字毫不相干。直到公元7世纪，先知穆罕默德根据古犹太教教义创

---

* 鲍佳艺，中国传媒大学2021级国际新闻传播硕士班学生。曾前往新华社中东总分社驻外实习，参与报道援非医疗60周年专题报道、年度埃及经济综述等上百条新闻。

造了伊斯兰教;622年,穆罕默德在麦地那建立政教合一的国家,并在此后的10年中,通过传教与征战,基本完成了阿拉伯半岛的统一。自此,一个统一的阿拉伯国家建立起来,并很快向外扩张,在世界各地播下了伊斯兰教的种子,其中也包括埃及。

在抵达埃及之前,一些固有的偏见会让我对于这里的生活感到担忧。可是冥冥之中会有些因素推动着你去接受一些新事物,也许从真正接触的那一刻开始,改观也就发生了。好比做国际传播,很多时候我们的设想都是毫无依据的,只有当自己真的走入,才能去感知。当然,当下我的体悟也不一定是最准确的,或带有个案性质,或带有主观色彩。但至少于我而言,我真的在通过个人的经历与了解,不断扭转起初的固化思维,逐渐对这个国家有了更为深刻、立体、真实的认识。

狮身人面像

在我看来,埃及是一个"拼接"的神秘国度,无论是于一座城市的内部而言,还是放眼整个国家去看。走在街头,时常会有些恍惚,不敢相信这居然是21世纪的非洲第二大国。记得刚到这里的时候,坐在车上,老师跟我说,往外看时常会发现在埃及特有的车马同行的奇观。这并不是景点招揽游客的把戏,而是真正意味着属于这个国家民众的交通工具。自从我们来到这里实习以后,埃镑一路贬值,从开始的1∶2.6到后来的1∶5.4,而未来可预见的也都是在下滑,年终写埃及经济报道的时候和老师探讨过,大家一致认为这个国家的经济已经不行了。也许就是从十年前的阿拉伯之春开始,哪怕过去了这么多年,它的影响仍未完全消散。可有的时候看着坐在路边谈笑风生的埃及人,又觉得我也没有资格评论他们的生活。毕竟生活是他们的,快乐也是他们的。

　　埃及的另一面是欧洲人的度假胜地,这里有豪华度假酒店,欧洲人在这里享受日光浴,潜水和红海生物近距离接触。或是家庭出游带着孩子探索万千世界,或是热恋情侣来这里度蜜月,豪华的酒店矗立在埃及贫瘠的土地上,与马粪、土路一墙之隔。数万名埃及人靠酒店服务业谋生,他们西装革履、彬彬有礼,与酒店外的世界形成鲜明对比。看着那些穿戴整齐的服务员,心想褪下制服走出酒店,他们是否要蜗居在破旧的小房子中呢?记得自己曾看到过这样一句话:开罗白天是砖厂,晚上是香港。当我登上开罗塔欣赏城市风貌,或者踏进十分豪华的商圈感慨各种高级餐厅店铺罗列时,又会觉得这座城市好像拿回了属于它的名号。这个国家充满着拼接与割裂,而每一片的人又好像在自己的领域自洽,于他们而言这就够了吧。毕竟世界自有其发展规律,我能做的只是记录。

二、"新华社记者报道"

　　梦想是神圣而美好的,它就像一颗种子,某天因为不经意的一件事情,它在我们的心间扎根,而我们的勇气和信仰将会化作水分、养分,逐渐灌溉着它成长。对于新闻行业的向往,正是这样一颗无意间在我心中播下的种子,它不断生根发芽。之所以对于新闻从业者这份职业充满向往,也许是其工作内容能够带给我的广泛领域接触和知识普及,也许是那种用文字和影像记录去影响社会甚至是改变国际局势的震撼,也许仅仅只是出自一份小小的人文关怀的激励。

　　北京鲁迅博物馆中记录了鲁迅先生这样一段文字:"无穷的远方 无数的人们 都与我有关"。记得当时看到这张展示牌的时候,我内心产生了很大的触动。这个世界上有太多让人感动的人与事,尽管它们看起来与自身并不相关,但新闻从业者的职责就是走到他们身边,观察他们,了解他们,记录他们,报道他们。很庆幸,我有机会加入中国传媒大学国际新闻传播硕士班,开启自己的逐梦之旅。

新华社中东总分社大楼

2022年10月,我前往位于埃及开罗的新华社中东总分社,开启为期六个月的驻外记者实习生活。为了让我能在实践中更加深入了解驻外记者的工作内容,中东总分社老师将我安排到总分社总编室下属的视频部,主要负责日常视频稿回传、音视频稿件制作、新闻采访拍摄等工作。同时,我也在开罗分社承担采访和写稿任务,参与构思采访提纲、稿件翻译撰写、资料收集整理等辅助工作。就这样,在开罗大大小小的新闻现场,也开始出现"新人"的身影。

我曾前往中埃泰达苏伊士经贸合作区,切身了解埃及员工对于"一带一路"倡议的真实想法,聆听支撑起那些宏大数字与辉煌成果背后的故事;也曾前往中国驻埃及大使馆官邸,协助录制大使对中阿峰会召开在即的贺词视频,感受作为东道主的骄傲与自豪;我还在总分社大楼天台见证了一场日偏食直播,了解了一场直播从线路铺设到设备架立,再到角度捕捉的全流程,也为一些突发情况贡献了自己的灵感;我还积极参与援非医疗队主题报道,从前期材料整理,到中期稿件撰写,再到后期视频剪辑,多工种多方位熟悉主题报道,在老师的指导下感悟"新华体"文风以及新华社稿件"严谨"的特点，同时也对于新闻视频怎么做得更在"点"上有了不少收获。在与总分社老师交谈之余，我还不断了解并深入学习有关当地历史文化、中东热点问题、新闻工作经验等内容。各种实习经历，不仅让我对记者这个岗位有了更为深刻的认识，而且让我更加坚定未来从事国际新闻工作、成为一名真正的驻外记者的想法。

作者在新华社中东总分社视频办公室

驻外记者工作于我而言是去不同的地区感受当地的人文历史，然后再把自己的经历与感悟化作文字与图像，传回国内甚至是传向世界，让每一个人尽可能减少自己脑海中对他国的刻板印象，并逐渐产生一个更加真实、立体、全面的形象。就如同初来乍到的我一样，从对开罗的一切都感到不安，再到对一切充满热爱与好奇，我很幸运自己有这样切身感悟的机会。同时也希望那些隔着屏幕和文字的受众，也能在我的作用下对一个人、一件事、一个地区产生新的认知。

记得刚来的时候，我曾协助部门老师朗读文字稿制作一条音频新闻，稿件的最后是以"新华社记者 开罗分社报道"这样一句标准结束词收尾。这并不是我第一次见到这句话，无论是平常撰写稿件还是阅读新闻，这样的固定句式于我而言已经习以为常。但是，当这句话真的从自己口中说出，一种莫名的自豪感油然而生。当时的我只是一名小小的实习生，可能这句话从我口中讲出并没有那么合适。但是,我想以这句话作为起点,也是我奋斗的终点而不断努力。有朝一日,希望自己可以真正配上"新华社记者报道"这句话。

埃及驻外实习生活就此告一段落,在这里的每一天都是留恋、不舍、喜爱加深的一天。古埃及有这样一句谚语:"喝过尼罗河水的人不管离埃及有多远都会再次回到埃及。"真心希望我会再次回到这片土地。

后会有期,未来可期。

在"陆上桥梁"中筑起跨文化友谊之桥
——记在"马东铁"的日子

◎ 郭欣然*

尽管时间已过去一年多,我却始终记得自己抵达吉隆坡国际机场的那一刻——机场四周被茂盛的绿植环绕,高大参天的热带植物形态各异,与北京已是初冬的萧索景象形成了强烈反差。入目是满眼的绿,漫长旅途带来的疲惫也被一扫而空。当时的我没有想到,在此后为期半年的海外实习中,我的经历也如这郁郁葱葱的树木般,尽管历经种种迷茫与困惑,但却始终向上、朝气蓬勃。

我所在的实习单位是中国交建马来西亚东海岸铁路项目(简称马东铁项目),按照项目施工计划,这将是一条沿着马来西亚半岛东海岸绵延的铁路,串联起马来西亚经济欠发达的东海岸地区与拥有重要港口、经济相对发达的西海岸,被外界评价为连接起马来西亚东西海岸的"陆上桥梁"。作为中国企业海外在建的最大单体交通基础设施项目,马东铁项目全长665公里,途经4个州,计划建造客货运站20座,承载着马来西亚人民对铁路系统完善、经济社会发展的幸福生活期待,不仅是中马两国之间最大的经贸合作项目,更是中马两国友谊的重要见证。

当我开始实习工作时,正值马东铁项目进入土建施工高潮年,铁路沿线尽是一派热火朝天的建设景象——全线12个分部同时开工,土建工作量不断创新高,房建、四电、铺轨等地上工程也在有序推进当中,T梁架设、桥梁

---

* 郭欣然,中国传媒大学2021级国际新闻传播硕士班学生。

合龙、隧道贯通等建设捷报不断传来……热带的马来西亚终年盛夏，建设中的马东铁项目仿佛也为这盛夏贡献了几分"热度"，湛蓝天空中的巨大云朵仿佛触手可及，高大树木掩映下一片片桥梁路基拔地而起，让我也对这条现代化铁路将在这个美丽国度发挥的作用产生了巨大期待。我暗下决心，一定要快速融入这个全新的环境和全新的专业领域；一定要充分使用自己平时所学，为这个"一带一路"倡议旗舰项目贡献一份属于我自己的青春力量。

一、从新闻传播到土木建筑，搭起跨专业学习之桥

来到马东铁项目实习前，我已经有过在传统媒体、新媒体、互联网公司等不同类型单位的实习经历，想当然地以为这段实习与之前的经历相比只是工作地点上的不同。然而，真正开始上手工作后，建筑工程领域的术语、标准、规范等接连涌来，扎扎实实地把我打了个措手不及：

"分部计划浇筑 T 梁 1084 榀。"——什么是"T 梁"？"榀"又是什么？

"为什么照片里大家反光马甲胸前的口袋里都装着一张'银行卡'？""那不是银行卡，那是大家的实名身份卡，落实安全生产规范用的。"——什么是安全生产规范？

"5#特大桥全长约 1200 米。"——"为什么桥梁的数据要写约数？""因为工程建设的具体数据需要保密。"

……

诸如此类的经历，在我实习工作的第一个月中不断上演。土木建筑行业的一切对我来说都陌生而新奇，作为一个十足的"外行"，大量的工程专业术语与标准给了我一个十足的"下马威"。面对着大量由陌生词汇组成的新闻稿，曾经在校园媒体中做了多年编辑的我也完全不知道该从何处下手。但在央企海外传播一线，繁忙的工作与消息流转速度并不会因我这个"工程菜鸟"而停下；基层一线岗位恨不得将一个人掰成三个人用，我的初来乍到也并不能成为将工作假手他人的理由。每每想到自己立下的"要快速融入工作环境、快速上手工作"的豪言壮语，更让我觉得哪怕是硬着头皮，

也要把属于自己分内的工作给完成好。

于是，一个个"笨办法"被我捡了起来：每当拿到一篇新稿件，我都会首先把它通读一遍；在读的过程中遇到不理解的词汇，就挨个在互联网上进行搜索；如果依然不能理解，就向身边的同事询问请教……通过这样一点点地磨、一点点地积累，终于在一个月后，我熟练自如地完成了一篇工程类新闻稿的编辑，并得到带教老师的肯定。此时我才恍然发觉：自己之前采用的笨办法终于见了效！

这时，我在马来西亚实习的时间已过去将近三分之一，想到在我初来乍到时领导对我说的："要充分利用实习的时间，积累工作经验，争取在三个月内上手工作。"我欣慰于自己实现了这个目标，一座连接起新闻传播与土木建筑这两个看似毫不相关的专业之间的"跨专业之桥"终于在一篇篇新闻稿的修改工作中被搭建了起来。我也终于得以开始向着领导为我定下的下一个目标——"工程记者"的角色进发，这也使我得以在工作中有了全新的视角来了解我所在的马东铁项目。

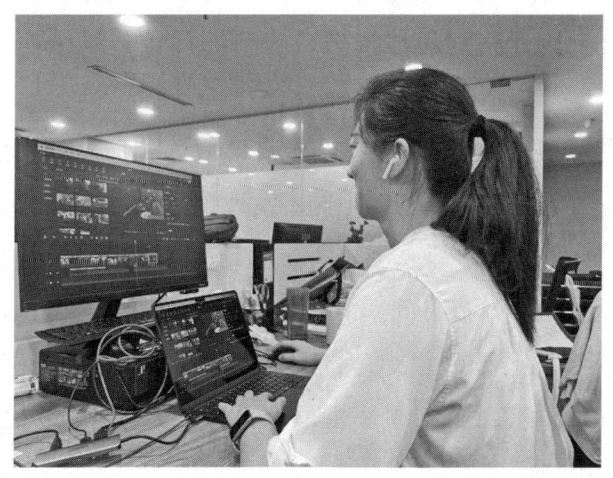

作者工作照

看到 T 梁的浇筑数量不断取得突破，我明白这是制梁厂的施工人员们昼夜接力保质保量生产的结果；看到项目沿线一座座桥梁合龙、隧道贯通，我深知这"基建狂魔"一般的建设进度背后是克服了多少不利地质条件的辛苦付出……尤其是当我的海外实习接近尾声时,马东铁项目迎来了全线第一座车站的开工建设仪式——这意味着项目建设已经由土建阶段转入地面施工阶段,后续的铺轨、四电、房建工作也将陆续展开。车站开工当天的开工仪式十分盛大,马来西亚总理安瓦尔及交通部部长陆兆福等政府官员均到场出席。由于工作分工的需要,我被安排留在后方完成新闻稿的发布工作,尽管如此,看到前方现场同事们传回的一张张照片、一段段视频,我依然激动到心潮澎湃。这一刻,我终于切身意识到由我们国家提出的"一带一路"倡议为共建国家人民生活带来的巨大福祉。

二、幸福欢乐中国年,搭起跨文化交流之桥

记得刚抵达马来西亚的时候,实习单位的同事们便向我介绍说:"马来西亚可能是全世界假期最多的国家之一了。"这话说得确实不假,打开马来西亚官方发布的公共假期网站,密密麻麻的假期列表一眼望不到头,几乎每个月都有一到两个全国性的公共假期。由于华人在马来西亚居民中同样占据了一定的比例,因此我们的传统节日春节同样也是马来西亚官方规定的公共假期之一。

然而,随着春节临近,当我正在畅想自己应该如何从繁忙的工作中抽身休息,度过一个漫长的四天假期时,我才发现自己还是高兴得太早了。春节前不久的上午,当我正为手头要完成的一篇新闻稿冥思苦想时,部门的同事突然走过来拍了拍我:"有时间吗?一起开个小会。"在她的介绍下我才得知,我所在的企业文化部除了要负责日常的新闻宣传工作,还需要在一系列重大节日来临时负责策划、组织庆祝联欢活动,以增强同事之间的凝聚力,提升大家对公司的归属感。

组织活动本身并不难,但在多元文化的环境中组织活动,对我来说确确实实是第一次,这可让我犯了难。尽管华人在马来西亚总人口中占到了一定的比例,但马来西亚总体上仍是一个以马来人为主导、多数人信奉伊斯兰教的国家,这一点在马东铁项目的人员构成中也得到了充分的体现——马

东铁的员工人数甚众,华人、马来人、印度人……大家有不同的文化背景,在节庆、饮食、观念等方面都有着不同的注重。这样的一大群人要聚在一起庆祝中华民族的传统节日春节,如何策划活动环节、如何准备饮食、如何准备庆祝标语等,都成了问题。

思来想去,我们决定把平时处理新闻宣传工作的思路代入活动组织中,在尊重各方文化传统的基础上,尽可能地让来自不同背景的同事们体验到原汁原味的中华民族春节风俗,组织一场充满"中国风、马来味、国际范"的新春庆祝活动。

为了满足马来同事的饮食要求,我们从本地超市里买来了大量本地家庭在庆祝节日时常吃的食品和饮品,活动环节则安排了大量与传统春节习俗有关的内容:写毛笔字、剪窗花、猜灯谜、套圈……为了确保活动的各环节落实得当,我和部门同事在春节前一周的工作强度简直到了"特种兵"程度:上午在办公室处理完成各类日常事务后,下午就坐车跑遍吉隆坡的各类商场集市,采购的物资把整个车后备箱都填满。待到将买来的物资运回办公室收纳归位后,往往已是晚上九十点钟,身体上疲惫至极,内心却被巨大的欢乐填满。

新年采购时,作者和装得满满当当的购物车的合影

春节将至,新春拜年的祝福自然也不能少。想到马东铁项目全线共有

十二个分部,一个大胆的想法在我脑海中浮现——能不能结合每个分部的数字序号给出创意新春祝福,再由我来进行汇总、制作混剪新春祝福视频呢?这个想法很快得到了部门其他同事的大力支持,在他们的联系与推动下,来自各分部的十二支视频很快收集完毕:一帆风顺、好事成双、三星拱户、四时平安、五福临门、六六大顺、七星高照、八方鸿运、九(久)久长长、十全十美……简单朴实的文字饱含着大家对新一年的祝福与期待,我也迅速开始了视频剪辑的工作。尽管电脑屡屡因为视频素材过大而"罢工",但我自己却充满了干劲,一心想着怎样把这支饱含美好祝愿的视频传递至项目全线、传回国内、传到全体参建同事的亲朋好友心中。

新年祝福视频截图

除夕前的最后一个工作日,春节庆祝活动如约而至。活动刚一开始,作为活动场地的大会议室迅速被涌入的人群填满,同事们三五成群地凑在不同的活动区域前,好奇雀跃地体验着不同的活动内容,欢声笑语此起彼伏。真正把活动氛围推向高潮的,还要数除夕当天新春拜年视频发布的一刻——不断上涨的阅读量,不断涌入的点赞与评论,朋友圈中逐渐"刷屏"的转发……项目中的很多同事都被视频中传递出的喜气打动,并自发地成为这份喜气的传播者。那一刻突然让我感觉到,尽管自己在这个春节不能和家人团聚,但在马东铁项目这个多元文化碰撞的"大家庭"中,属于家乡春节的那份热闹与欢乐同样得到了延续。

三、巧用视频传播手段，搭起理念融合互鉴之桥

马东铁项目建设里程长、施工周期长、沿线复杂地质环境多，还需要穿过多个野生动物保护区，线路中全长16.39公里的云顶隧道更是"东南亚第一长隧道"，超高的建设难度决定了马东铁项目是名副其实的"超级工程"。作为这项"超级工程"的参与者与建设者，如何向人们还原并呈现这条铁路的建设过程与经验，成为我们日常工作中的主要目标之一。我们的项目副总经理兼部门负责人叶笑阳部长提出通过"视频+云存储"的方式，争取最大限度地保留工程建设各个环节的重要影像，并按照每月一期的频率制作项目施工专题片，以及时向全线同事传递项目建设的最新进展。

在马东铁项目实习两个月后，随着对工作逐渐熟悉上手，我也开始加入制作月度专题片这项工作中来。直到真正接触了这项工作后我才发现，每一支专题片的背后，离不开部门同事们精心制定的一套拍摄流程——每年年初，根据项目当年的建设规划，大致敲定各月的专题片主题，具体主题则会结合项目施工进展情况在月初确定；主题确定后，视频脚本、拍摄计划也会被迅速敲定；随后便来到了实地拍摄的环节，施工场景通常比较宏大，这给

作者在工地进行拍摄时的留影

了我充分接触航拍、延时摄影等拍摄方式，以及充分利用镜头调度来进行镜头语言表达的机会；由于素材体量庞大，剪辑工作不得不交给专业团队来进行，但这给了我体验"导演"角色的机会，如何精准明确地与第三方团队进行沟通，以确保视频素材经过剪辑后达到预想的呈现效果，这对我来说同样是一种锻炼。

月度专题片的拍摄工作给了我更多接触和了解马东铁项目建设工作的机会——作为一条由中国企业设计施工的现代化电气铁路，马东铁项目在土建及运营方面全部采用中国标准，但四电系统则受到马来西亚国情影响，需要采用英国标准。于是，两种施工标准的融合成为马东铁项目建设的特色与难点，也因此为月度专题片赋予了新的使命——促进中马两国在工程建设领域中的交流互鉴。

视频制作的过程难免琐碎与复杂，这让我在参与的过程中有时也会产生怀疑、崩溃甚至放弃的念头。就在我的许多负面情绪快要累积到顶点时，却突然在工作的各个环节中发现了部门同事们每月坚持制作视频专题片的意义：每当因为修改新闻稿或为策划专题片去找不同部门的同事征求意见时，他们总能根据已有的专题片给出答案，而不再像之前那样答非所问；视频的形式简单明了，来自全线不同分部、负责不同工作内容的管理人员和施工人员都能够快速掌握项目当前的建设情况，对自己所负责的工作在项目建设中的作用和意义也有了更深刻的认知；当为了某一事件搜集相应的视频材料时，我们总能从每月不落的专题片中找到丰富的素材，看着一座座桥、一条条隧道在视频中从无到有、从开挖到贯通，我仿佛看到了马东铁建成通车后的样子——若那时有人问起这条在马来半岛上蜿蜒而过的铁路是如何建成的，那这些海量的视频内容就是最好的答案！

在马东铁项目全线第一座车站的开工建设仪式上，仪式流程进行到项目施工进度介绍的环节时，这些饱含了无数心血的专题片中的一支在超过500名与会嘉宾的面前被播放。当时在现场的同事事后告诉我，在视频播放的过程中，她看到在座的马来西亚总理安瓦尔、交通部部长魏家祥等重要人物频频点头、面露赞许。我突然真正明白了部门领导排除万难也要坚持以月为周期进行视频记录的原因，宁可备而不用，也不能用而无备，正是一次次充实的视频影像积累，才换来了马东铁项目在技术理念交流过程中的大放异彩。

四、东西海岸一路牵，搭起就业发展团聚之桥

尽管月度专题片在反映项目施工进展方面发挥出很大的作用，但在日常工作中，我们却长期被另一个问题困扰：专题片讲述的内容总离不开施工进展，这些与项目强相关的内容大多都比较"硬核"，往往只能够吸引项目员工或建筑行业从业人士的观看；如何用更加软性的、充满人文关怀的视角去诉说马东铁项目建设的故事，是我们不断想要尝试探索并取得突破的方向。

没有想到的是，在为了月度专题片不断奔走于各个分部的时间里，一些意外的惊喜收获突然出现。一次为了拍摄隧道专题片到瓜拉登嘉楼出差的过程中，我们在闲聊中突然了解到有一户本地的马来家庭，家中的兄弟三人均在马东铁项目三分部工作。进一步了解后发现，在马东铁项目开工建设前，兄弟三人分散在瓜拉登嘉楼、关丹和吉隆坡三地，只有假期时才会返回位于瓜拉登嘉楼的家乡团聚。由于马来西亚居民出行交通基本依赖自驾，每逢假期，道路上总是拥堵得水泄不通，本就有限的假期便会因为堵车占用大多时间而变得所剩无几，因此兄弟三人在来到马东铁项目工作前也甚少团聚。

听到这里，我和一起出差的同事默契地对上了眼神——这三兄弟的经历，不正是绝佳的拍摄素材吗！这兄弟三人的经历不正是马东铁项目为马来西亚人民提供就业机会、促进马来西亚各地区经济平衡发展的缩影吗？讨论到这里，我们当即决定在下个月对三兄弟的经历进行深挖，并尝试制作一条更具故事性与人文关怀的视频。

然而，真正开始调研工作后我们才发现，兄弟三人的情况各有不同——大哥阿布得益于此前曾在中资企业工作的经历，能够使用中文和人进行沟通，对于各类拍摄计划也能够理解并执行；二弟苏菲安、三弟阿布夏却只能够使用马来语与人交流，这为我们的拍摄带来了不小的困难。此外，由于兄

弟三人同在项目三分部工作,如果选择讲述他们的工作内容,那么可以想见视频内容仍将与每月制作的视频专题片相差不大,这便有违我们想要尝试做出软性内容的初心。

策划工作遇到困难后,我们决定再前往瓜拉登嘉楼一趟,亲自到兄弟三人工作和生活的地方走一走、看一看。事后回想,正是这次"说走就走"的冲动又为我们带来了全新的发现——大哥阿布的小女儿娜佳是个活泼外向的孩子,一见到我们就开始和爸爸阿布叽叽喳喳说个不停,不断打量着我们这群扛着摄像器材的陌生人,眼神中充满了好奇。观察到这里,我们当即决定转换拍摄思路,邀请娜佳作为我们视频的主人公,从她的视角来讲述爸爸和叔叔们都回到家乡工作后给自己的家庭带来的改变。

可爱的圆脸小女孩娜佳在视频中的画面截图

依靠阿布从中翻译,我们很快从娜佳的讲述中挖掘出了很多动人的细节:因为马东铁项目的办公地点离家更近,所以早上爸爸可以给她做了早饭后再送她去学校上学;又因为两个叔叔也都回来工作,她可以经常和自己的堂兄弟姐妹一起玩耍,这些都让她觉得非常快乐。有了娜佳的讲述作为指引,近距离地跟拍了他们这个大家庭三天后,我们取得了很多超出预期的宝贵素材。

回到吉隆坡后,又是一顿疯狂的"爆肝"剪辑工作。终于在一个星期后,这条被我们起名为《我的爸爸阿布》的视频新鲜出炉。伴随着视频的出炉,我在马东铁项目为期半年的实习生活迎来了尾声,看着这支仅有短短四分多钟、却凝结了自己无数心血的视频，我感到通过自己的努力，实现了自己在实习开始时定下的目标，也为这段宝贵的经历画上了圆满的句号。

随着回国的飞机落地广州白云国际机场，一系列我没有想到的事情发生了——刚刚打开的手机迅速被部门领导、同事们的消息填满，他们纷纷告诉我这条视频在项目月度例会上进行了展播，得到了来自项目主要领导的高度认可。几天后，当中国驻马来西亚大使欧阳玉靖前往马东铁项目进行考察时，这条视频更是作为介绍马东铁项目促进马来西亚人民就业的缩影得到了展播，同样也获得了来自使馆方面的肯定。一个小小的切口，却见证了马东铁项目为当地人民生活带来的方方面面的改变，这何尝不是我们国家推动"一带一路"倡议落地生根的意义所在呢？

当我坐在电脑前敲下这些文字的时候，北京也已进入盛夏，这总让我不由自主地想起自己在终年盛夏的马来西亚所经历的点点滴滴，我惊喜地发现这段产生于热带的记忆依然和那里的气候一样鲜活滚烫。如果说这段经历教会了我什么，那一定是让我意识到，我们在课堂上、在研究中反复提及的"跨文化传播""跨文化交际"从不是什么高深宏大的字眼，而是蕴藏在"一带一路"倡议建设一线点点滴滴的行动中。诸如中交集团的一批批国资央企正奋力投身于"一带一路"倡议建设中，通过他们的建设与奉献，让世界各地的人们感受并参与其中，为建设"人类命运共同体"的世界大同而携手并进。

对我自己来说，这段经历给我留下了什么呢？作为第二届在央企进行海外实习的国新班学生，得到这个在"一带一路"倡议建设一线参与国际传播工作的机会令我十分感激。2024年是中马建交50周年，能够参与作为中马两国友谊重要见证的马东铁项目更是令我倍感荣幸。在这里工作的点点滴滴，身边同事的关心和帮助，工作取得进展时的一次次欢呼，都让我感受到在央企从事海外传播这份工作的职责与魅力所在。这也成为促使我下定决心加入他们的契机。在毕业后，我也将成为他们之中的一员，并从这里出发开启我的职业道路，为在新时代续写新的"一带一路"倡议建设成就贡献出属于我自己的一笔。

从东南亚看国际传播：我在人民日报亚太中心分社的见与行

◎冷江涛*

东南亚是同我国交往最密切的地区之一，也是我国媒体开展国际传播工作的重要地带。从政治交往、商贸合作到民间文化交流，我国同东南亚广泛的交流合作为新闻报道提供了丰富的素材。《人民日报》、新华社、中央广播电视总台、《中国日报》、中新社等主流媒体纷纷在东南亚设立分社/记者站。我此次实习所在的人民日报亚太中心分社，办公室位于泰国曼谷，但实际负责整个东南亚地区的新闻报道。从2023年2月到7月，5个月的海外实习让我得以深入国际新闻一线，在泰国大选现场抢新闻、在第十六届世界华商大会现场做采访、在曼谷车展上见证中国新能源汽车走向全球……我很幸运能参与到重大国际新闻的报道当中，也更加认识到当前国际舆论格局的复杂性以及讲好中国故事的必要性与重要性。

不同媒体各司其职 协同构建国际传播格局

我国与东南亚素来交好，从政界到民间的友好氛围也为开展报道工作提供了便利条件，在重大国际新闻事件现场，中国媒体的身影也总是不容忽

---

* 冷江涛，中国传媒大学2021级国际新闻传播硕士班学生，2023年前往人民日报亚太中心分社（泰国曼谷）参与海外实习。实习期间参与泰国大选、东盟秘书长访泰特别讲话、第十六届世界华商大会等重大国际新闻的报道工作，于《人民日报》、《环球时报》、人民网、*People's Daily* 等媒体发表中英文报道近30篇。

视的存在。由于媒体定位的不同,即使是同一事件,不同媒体的关注程度、报道角度也有所差异。以新华社和人民日报社为例,新华社作为国家通讯社,其时效性、动态性更强,往往会迅速并且持续地报道某一新闻事件;而《人民日报》作为党的机关刊物,则更加关注事件最后的结果。在某种程度上,《人民日报》的报道可以看作对新闻事件的最终"定调",对重大国际新闻的动态报道则由社属企业《环球时报》负责跟进。在事件发生的不同阶段进行差异化的报道,不同"声部"的"大合唱"既为国际受众提供了丰富多元的内容,也构建了全面立体的中国国际传播格局。

在我实习期间,适逢泰国总理大选,全球媒体都对此事件给予了高度关注。经过前期激烈的角逐,泰国各大政党总理候选人之间的竞争已经达到白热化阶段,选举最终于 2023 年 5 月 14 日拉开帷幕。5 月 13 日,《环球时报》策划了大选热门候选人及选举情况的新闻报道,我与另外几名实习生负责跟进大选最新资讯。从接到选题任务开始,我与同伴们快速分工、协同作业,最终在 4 小时内完成稿件并发回国内。《环球时报》微信公众号发布报道后,1 小时内阅读量就突破 10w+。

然而由于种种原因,原定于 5 月 14 日的选举并没有顺利选出总理,只得延期两个月再次进行选举。短短两个月时间,泰国政坛已是格局大变。7 月 13 日再次选举,亚太中心分社的记者老师并没有去现场进行报道(《人民日报》更关注事件结果,一般转引新华社消息)我事先联系了新华社的记者老师,请他第一时间告知选举结果。7 月正值曼谷雨季,当天瓢泼大雨更为这选举日平添了一分沉郁的意味。国会激烈辩论的结果却是——当天依然没能选出总理,只能再次延期选举。

作者在曼谷某政党选举投票点

从这一事件中可以明显看到不同媒体的定位与特点，即使在同一家媒体内部，也会根据不同的传播策略进行差异化的传播。由于社会文化环境的不同，国外受众也许难以理解官媒平台上发布的新闻报道，新媒体平台上的"软"信息有时能起到春风化雨的效果。文化层面的交流相对而言更加容易为人所接受，习近平总书记在"5·31"讲话中指出，要更好推动中华文化走出去，以文载道、以文传声、以文化人，向世界阐释推介更多具有中国特色、体现中国精神、蕴藏中华智慧的优秀文化。以人民日报社为例，除了官方账号发布的国际新闻报道，还有一批 TikTok 账号，主要用于发布与中国有关的短视频内容。一个小账号的影响力虽然比不上官方账号，但一批账号长期、稳定地输出内容，其效果也蔚为可观。

国际舆论纷乱繁杂 锚定核心讲好中国故事

新闻以真实客观为准则，但作为上层建筑，依然会受到各国意识形态的影响。当今世界舆论格局"西强我弱"的形势尚未改变，虽然我国国际地位迅速提升，但还未建成与国际地位相匹配的国际传播能力，因此常常面临西方媒体的围攻、抹黑，却"有理说不清"。尽管中国同东盟国家交好，错综复杂的国际关系也让国际传播工作面临重重阻力。此前，日本向太平洋排放核污水，西方媒体对此充耳不闻，东南亚多国深受其害却也鲜少发声，沉默的国际舆论场上，大多是"装睡"的人，坚持抵制的中国倒显得孤立无援。

习近平总书记在"5·31"讲话中指出，要广交朋友，团结和争取大多数，不断扩大知华友华的国际舆论朋友圈。东南亚各国素来与我国交好，是国际舆论朋友圈中的重要力量。扩大朋友圈不是强行让其他国家为我国发声，而是将真实的情况说出来。

2023年是"一带一路"倡议十周年，十年来，共建国家从中受到了实打实的好处，取得了快速发展。西方媒体曾恶意歪曲"一带一路"倡议的目的，但沿线各国的现实发展证明了那些恶意报道的错误性。我们的媒体需要引领国际舆论，让各国踊跃讲出自己的发展故事，团结各国媒体共同讲述中国故事。

早在 2018 年，泰国国家研究院就设立了泰中"一带一路"研究中心，通过举办各种会议分享"一带一路"研究成果。2023 年 4 月 28 日，我参与报道了"新时期中泰互联互通与经济展望"研讨会。来自泰国政界、业界、学界、媒体的重要人士围绕"一带一路"与经济合作展开探讨。作为一名中国记者，我在现场看到所有人认真商讨中国的倡议对东盟地区经济发展的助推作用，我感到无比的自豪与骄傲。当然，"一带一路"倡议不是高岭之花，而是实实在在提高沿线人民生活水平的重要战略。走在泰国街头，人们可能不熟悉"一带一路"这样的词汇，但他们手中的商品却通过"一带一路"进入中国的广大市场。

在第十六届世界华商大会开幕式现场，来自全球 50 多个国家的约 4000 名杰出华商共聚曼谷，探讨世界经济发展的未来。在华商走向世界的进程中，也带动了世界经济的良好发展。随着中国新能源汽车行业的快速发展，许多中国车企也将泰国定位为出海的第一站。比亚迪、长城等汽车品牌纷纷在泰国设立工厂，让东南亚人民享受绿色出行的同时，也为当地人员就业、经济增长注入了活力。

作者在第十六届世界华商大会开幕式现场

泰国印象：湄南河上的小船

旅游业作为泰国的支柱产业之一，一直备受泰国政府重视。泰国国家旅游局时常举办文化体验活动,邀请各国媒体人士参与体验,并借机进行旅游宣传。实习期间,我在跟随泰旅局游览泰国的过程中,也更进一步地了解了这个国家。

泰国国家旅游局举办的泰式美食体验活动

泰国作为东南亚唯一没有被西方殖民过的国家,用一种更加平和、主动的方式实现对西方文化的吸收,同时也保留了自己东方文化的特点。走在曼谷街头,泰英双语的广告牌随处可见,夜市里卖烤虾的大叔也能跟顾客说两句英文。随着中国游客越来越多,许多泰国商家甚至学会了讲中文,因势利导,是泰国人的生存智慧。

在泰五个月,如果要用一种意象来代表泰国,我脑海中蹦出来的竟是湄南河上的彩色小船。其实不止在湄南河,泰国的所有小河流中都能看到这种彩色船身的尖头快艇。瘦窄的船体,高高翘起的船头上挂着一串黄色花环,莫名让我联想到泰国人的形象:精瘦的、热烈的、脸上永远带着笑容的。船一开动,迅速在河面上划出一道白痕,细密的水珠扑面而来,你只管去感受湿润的空气划过身体,不知不觉中已经沾染了河流的气息。泰国的动人之处就在于,可以在无数个春风化雨般的细小的瞬间里,让人慢慢接受并且爱上这片土地。

我想,这也正是新闻工作者需要学会的能力,在娓娓道来中传递自己的思想与情感。此次海外实习虽然已经告一段落,但通过这次实习,我更加明确了我国国际新闻工作所面临的机遇与挑战,也更加坚定了今后加入国际传播队伍的信念,希望有朝一日能在国际舞台上发出中国声音。

跨越文化的桥梁：在国际舞台上传递中国声音

◎张家宁 *

当我还是一名怀揣梦想的传媒学子时，便立志要成为一名国际新闻工作者，用影像和文字讲述中国故事，传播中国声音。参与中宣部、教育部、国家留学基金委共同组织的海外实习项目，无疑为我的理想插上了腾飞的翅膀。这段宝贵的经历，不仅开阔了我的视野，更坚定了我投身国际新闻事业的信念。

2023年2月，当我怀着满腔热忱，踏上前往比利时布鲁塞尔的旅程时，内心充满了对未知的憧憬。作为欧盟的心脏，布鲁塞尔是一座沸腾着多元文化的大都市。在这里，我有幸成为中国日报社欧盟分社的一员，开启了一段跨越文化的探索之旅。

漫步在布鲁塞尔的街头，各国语言交织成一曲动人的乐章。我随资深记者的脚步，用手中的相机和笔记本，记录下这座城市的点点滴滴。镜头中，有欧盟总部前震撼人心的反战游行，示威者撕心裂肺的呐喊，诉说着人类对和平的向往；取景框里，也有中国驻欧盟使团精心策划的文化活动，东西方文明在这里交相辉映。一个个鲜活的画面，一句句发人深省的话语，无不震撼着我的内心。我清晰地意识到，作为一名新闻工作者，我们肩负着传播真相、沟通心灵的神圣职责。

---

* 张家宁，中国传媒大学2021级国际新闻传播硕士班学生，曾于中国日报社欧盟分社担任驻外记者，曾于联合国总部实习。

跨文化交流，从来都不是一蹴而就的。在采访过程中，我收获了许多难能可贵的人物故事。其中，最令我难忘的，是一位精通上海话的比利时小伙儿。听他一口地道的上海话，讲述对中华文化的喜爱之情，我内心涌动着惊喜和敬佩。每一种语言，都承载着独特的文化底蕴。而怀着欣赏和包容之心，去聆听不同文明的声音，正是架设心灵沟通桥梁的金钥匙。

作为时代的记录者，我们用镜头和笔触，捕捉世界的冷暖人生。2023年2月，俄乌冲突爆发一周年。当万千民众再次会聚欧盟总部，嘶吼着喊出对战争的控诉，我站在游行队伍中，深切感受到和平的可贵。透过镜头，我定格下一张张令人动容的面孔——对和平的期盼，对战争的厌恶，对人性的困惑和思考。我清晰地认识到，用理性的声音唤起人性的善意，传递和平的希冀，正是我们新闻工作者应尽的责任。

在国际传播的舞台上，文化自信至关重要。我很荣幸能以《中国日报》记者的身份，在欧盟的土地上讲述中国的故事。无论是反战游行的现场，还是中欧文化交流的盛会，我都努力以开放、专业的姿态，展现一个立体多元的中国形象。用真诚、客观、生动的报道，去传递中国声音，促进中外民心相通，是我毕生的追求。

时间的车轮辗转到2024年3月。当我踏入纽约联合国总部大楼开始新的实习征程时，内心满怀激动和使命感。在这个汇聚全球智慧的国际舞台上，我见证并参与了一系列令人难忘的活动。

记忆最为深刻的是联合国中文日的盛况。来自世界各地的中文学习者齐聚一堂，以优美的中文歌声，抒发对中华文化的喜爱之情。台上，各国学生以流利的中文朗诵经典诗词，演绎精彩剧目；台下，各界嘉宾报以热烈掌声，脸上洋溢着会心的微笑。那一刻，我深切地感受到文化的魅力，感受到人民友谊的珍贵。这一幕幕动人的场景映照出中华文化独特的吸引力，坚定了我传播中华优秀文化的信心。

作为联合国的实习生，我有幸参与了许多重大会议和活动的报道。第

77届联合国大会、可持续发展目标峰会……镁光灯下,世界各国政要围绕人类面临的共同挑战凝聚共识、共商大计。我聚精会神地聆听每一位演讲者的发言,用笔触记录下他们的真知灼见,用镜头捕捉下他们言语间的神采飞扬。那些智慧的碰撞,大音希声,无不昭示着一个真理:只有加强团结合作,携手应对挑战,人类才能共创美好未来。

每一篇新闻报道,都饱含着我的心血和思考。我深知,在这个信息瞬息万变的时代,媒体人肩负着传播真相、引领思潮的重任。我尝试从新闻背后挖掘事件的深层次内涵,以敏锐的洞察力和犀利的笔触为观众呈现一个立体、鲜活的世界。当我的报道得到同事和受众的认可时,内心的喜悦难以言表。那一刻我更加坚信,用心用情讲好中国故事、传播好中国声音正是我毕生的追求。

联合国实习的日子也是一段自我突破、不断成长的日子。在这个多元文化交汇的大家庭里,我学会了用包容的心态欣赏不同文明的魅力;在与各国同事的合作中,我体悟到互信和友谊的可贵。这段宝贵的经历不仅磨砺了我的专业技能,更拓宽了我的全球视野,坚定了我投身国际传播事业的信念。

海外实习的点点滴滴丰富了我的阅历、开阔了我的视野。每一次出镜、每一次报道都让我更加清晰地认识到新闻工作的神圣与艰巨。如今,我以更加成熟的心态、更加专业的素养进行国际传播工作。

未来,我将继续秉持"开放、专业、坦诚、合作"的态度,诠释新时代中国青年的风采。我将以新闻工作为己任,架设中外文化交流的桥梁,为推动构建人类命运共同体贡献一己之力。因为我坚信,跨越山海、沟通心灵,用影像和文字传递中国声音正是我毕生的追求和荣光。

在联合国实习期间,除了参与重大会议和活动的报道,我还有机会深入了解联合国的日常运作。通过采访各部门的工作人员,我对这个庞大而复杂的机构有了更全面、立体的认知。我惊叹于联合国在维护世界和平、促进可持续发展等方面所做的不懈努力,也对其面临的挑战和困境有了更深刻的理解。

在这个过程中,我深感作为新闻工作者的责任之重大。我们不仅要准确、及时地报道事件,更要以全球视野和人文情怀去解读这些事件背后的深层次原因,去探寻人类社会发展的规律和趋势。唯有如此,我们才能更好地发挥媒体的引导作用,为推动全球治理、构建人类命运共同体贡献智慧和力量。

在联合国实习的日子里,我也有幸结识了许多优秀的新闻工作者。他们来自世界各地,有着不同的文化背景和人生阅历,但都怀揣着共同的理想——用笔触和镜头去记录时代、影响世界。与他们的交流和切磋不仅开阔了我的视野,也使我更加坚定了成为一名优秀新闻工作者的信念。

回望这段海外实习的岁月,我感慨万千。这一路,我用镜头捕捉世界的万千面貌,用笔触记录人类的喜怒哀乐;我见证了跨文化交流的魅力,也感受到国际传播的艰辛。无论前路多么曲折,我依然满怀信心和热情,因为我知道这是一条充满挑战也充满希望的道路。

未来,我将继续秉持"开放、专业、坦诚、合作"的态度,在国际新闻传播的道路上砥砺前行。无论是在中国日报社还是在联合国,我都将牢记自己作为新闻工作者的使命和担当,以更加广阔的视野、更加深邃的思考,去讲述中国故事,传播中国声音。我相信,通过我们的不懈努力,中国与世界的距离会越来越近,人类命运共同体的美好愿景终将成为现实。

这段海外实习的经历将是我人生中最宝贵的财富。它不仅为我的职业生涯奠定了坚实的基础,更塑造了我的人格和品行。在这个过程中,我学会了如何在多元文化中保持自我,如何在复杂环境中坚守初心。这些经验和教训将成为我一生的指路明灯,引领我前行。

作为新时代的中国青年,我深感肩负的责任之重大。我们生逢其时,见证了祖国的飞速发展,也见证了世界格局的深刻变迁。在这个大变革的时代,我们应当以更加开放的心态去拥抱世界、了解世界;以更加自信的姿态去展现中国、影响世界。

跨越文化的桥梁,传递中国的声音,这是我毕生的追求,也是我的使命。在未来的日子里,我将继续秉持这份初心,用镜头和笔触去记录中国与世界的故事,用真诚和智慧去架设中外民心相通的桥梁。我坚信,在我们这一代人的共同努力下,中国一定能在世界舞台上发出更加响亮的声音,为推动人类文明进步贡献更大的力量。

这就是我的故事,一个关于梦想、奋斗与成长的故事。从布鲁塞尔到纽约,从欧盟总部到联合国总部,这一路,我跨越了山海,也超越了自我。未来,我将继续在这条路上前行,努力记录时代,用真诚和智慧去沟通世界。因为我坚信,跨越文化的桥梁,传递中国的声音,这不仅仅是我个人的追求,更是我们这一代中国青年的共同使命和光荣担当。

作者(一排左四)在中国日报社欧盟分社的工作照

作者在中国日报社欧盟分社的工作照

作者在联合国总部的工作照

追着"新闻"跑的日子

◎ 刘子赫*

如果把我的人生看作一本未写完的书,那么海外实习的这部分故事毋庸置疑将成为最出彩、最闪光的重点段落。未来在我回想这段海外实习经历时,我应该会无比怀念这段宝贵的时光。我十分迷恋于这种每天睁眼都有新鲜事儿的感觉,也无比向往这段每天都追着新闻跑的工作体验。我十分自豪于参与策划、采写、编导的每一则新闻消息或主题报道,它们共同构建了我的回忆,让我亲身参与到讲好中国故事的生动实践中,也真真切切地让我感受到驻外工作所需要的毅力与勇气。

"一代人有一代人的长征,一代人有一代人的担当。"2024年2月,我正式接过优秀师哥师姐的接力棒,辞别父母、老师和挚友,远赴比利时,踏上了去新华社欧洲总分社实习的征程,正式开启了我的海外生活。也正是从那时起,我明白了驻外记者之职责,国际传播之使命,好好生活之要义。

截至目前,海外实习的生活已行将过半,我共在新华社全媒体平台发表署名视频报道20余次,图片摄影报道5次,为数十条新闻报道推送提供素材,所参与报道总点击量破千万。其中,图片摄影报道《比利时:春日布鲁塞尔》被"学习强国"采用转发,所拍摄照片用于头图和封面,图片摄影报道

---

* 刘子赫,中国传媒大学2022级国际新闻传播硕士班学生,班级党支部书记,中传新传学部官微编辑,曾赴新华社欧洲总分社进行海外实习。完成报道数十篇,参与采写报道近百篇,所拍摄导演的短片多次入围国内外影像展,策划制作的报道多次刊登于《人民日报》、新华社、中央广播电视总台、《中国日报》等主流媒体平台。

《欧洲农民聚集布鲁塞尔抗议》被欧洲当地媒体采用。视频方面，报道内容涵盖"两会"海内外热点、俄乌冲突局势、中国传统文化与节日等，其中作品《2024比利时中国学生学者春节联欢会在根特举办》（浏览量115.2w）、《解局丨两年了，这场危机正深度改变世界》（浏览量130.1w）、《记者观察丨乌克兰危机升级两周年：僵局难破 曙光未现》（浏览量120.6w）、《海外关注·两会热词丨中国经济增长目标》（浏览量153.3w）、《海外关注·两会热词丨新质生产力》（浏览量137.7w）均在新华社单平台获得百万加的浏览量，传播效果较好。

时至今日，我也十分有幸能借此征集书稿的机会于比利时布鲁塞尔写下这三个月来的点点滴滴，用以铭记这段追着光跑的灿烂日子。

一、亲临现场——新闻工作者的职责

"我现在的位置位于……""在我身后正在发生着……""透过镜头我们可以发现……"相信这些新闻记者的表述大家都耳熟能详，这些生动的语言往往都蕴含在新闻记者亲临一线时回传的现场报道中，"我在现场"的这种强烈的感染力让人无比激动、无比振奋。正如著名摄影师罗伯特·卡帕所说："如果你的照片拍得不够好，是因为你离得不够近。"新闻记者的职责与摄影师一样，都要离事件发生的地点更近一步，而这一步往往需要足够的勇气与决心，更需要过人的魄力与胆识。

在世界局势越发复杂的国际背景下，我们所处的时代其实并不太平，世界上仍有很多人遭受着战火、贫穷、犯罪的困扰。国际政治局势依然严峻，地区局势持续紧张，矛盾冲突越发升级……

欧洲作为全世界的焦点之一，在政治、经济、军事等诸多领域都备受世界瞩目，其中欧盟的政策和举动关乎着许多国家和人民的切身安全与经济利益。比利时作为欧洲的心脏，汇集了欧盟在内的各大欧洲机构组织，毋庸置疑地成为欧洲地区的中心。所以我们日常在采写新闻报道时，往往将视野聚焦于整个欧洲地区。

我印象最为深刻的一次报道经历是拍摄欧洲农民抗议——农民将拖拉机开到了欧盟总部。那是一个微微下雨的清晨，我一早就被窗外拉着交响乐的拖拉机车队吵醒，简单翻阅手机上的当地新闻报道发现，今天欧洲农民将举行新的一次罢工游行示威活动，我当即认定这是一次图片摄影报道的绝佳机会，于是拿起相机便匆匆走出了门。随着我逐步深入活动抗议现场，现场的情况也越发复杂，有渐渐升起的浓烟，有燃烧不久的灰烬，也有出其不意的爆炸声。在被团团围住的拖拉

农民抗议示威活动当日，作者位于欧盟总部贝尔莱蒙大厦现场

机方阵中我按下快门，捕捉到了不少令我满意的决定性瞬间，但在这个过程中我深刻体会到一线记者的艰难，也大致可以想象战地记者的危险与不易。可以说，新闻记者的职责使命就是要亲临一线，始终在场。

二、静水流深——国际传播的显著特征

亲身参与海外实习的工作已经将近三个月的时间了，在这段时间里，我深切地感受到了国际传播工作的专业性、严谨性与权威性。无论是突发类新闻报道，还是主题类策划报道，我最大的感触就是"专业"二字。这种专业的属性贯穿于工作的各个环节，从新闻溯源到确定选题，再到拍摄制作，最后到稿件发布，记者老师们严谨认真的态度与作风让我们叹为观止。国际传播是一项极其重要且复杂的工作，稍有不慎便会留下被外媒断章取义、颠倒黑白的"把柄"，所以内容生产的权威性与准确性必须得到百分之百的保障，这同时也就要求我们在工作的过程中不能操之过急，要静水流深地干好每一件事儿。

时代在改变，中国在进步。作为有着悠久历史文化的中国，如今以开放

包容的姿态欢迎着世界上的众多国家和地区,和平发展一直是中国外交政策的主旋律。随着当今世界去多极化趋势的苗头显现,单边主义、霸权主义初露端倪,怎样处理好中国同其他国家之间的关系,这是当今国际新闻人才的关键任务,也是国际新闻人才的使命与担当。面临机遇与挑战并存的复杂国内外形势,解决上述问题的最好方法是要俯下身来,踏踏实实地耕耘实践,从最细微的产品做起,总结传播过程中出现的问题与经验,不断优化产品创作模式,进一步继承并发扬前辈们守正创新的工作方式,把国际传播工作真正内化为一个修行的过程,只有扎根泥土,才会玉汝于成。

作者于"兰亭雅集"中国书法体验活动现场参与报道

三、舍我其谁——驻外工作的关键奥义

在生活的道路上,有些人选择了舒适和安逸,而有些人选择了背井离乡,追寻更广阔的天空。驻外工作,就像是一次奋斗的征程,不仅需要勇气和决心,更需要舍我其谁的担当与责任。

驻外新闻工作不仅是一份工作,更是一种责任的承担。在异国他乡,我们要清楚地认识到我们个人代表的是党和国家的形象,肩负着维护国家和人民利益的职责使命。在工作过程中,我们需要时刻保持高度的专业素养,做到言行举止得体,不冲动不盲目,确保工作能顺利完成。

此外，这项工作还需要具备超强的适应能力和应变能力。不同的国家和文化背景下，我们需要面对各种各样的挑战和困难，如语言不通、风俗习惯不同、工作方式不同等。在这种情况下，我们必须学会快速适应并且灵活应对，才能在陌生的环境中立足，发挥自己的最大潜能。

之前在国内的时候，我对于驻外工作的期待和认知与现在的实际体会截然不同，所以只有亲自走出来，才能发现成为一名优秀的驻外工作者是需要莫大的毅力和勇气的。你需要守得住寂寞，也需要从每天的新鲜事情中汲取快乐。在海外实习的这段时间里，我的另外一项收获就是学会了一个人独立地好好生活，从收拾屋子到买菜做饭，我掌握了很多实用的生活技能，也收获了独立解决问题的方法，这也将成为我人生中最宝贵的一笔财富。

作者位于新华社欧洲总分社编辑中心

"欲买桂花同载酒，终不似，少年游。"虽然以后的我可能不再年少，但我想我会始终怀念这段闪着光芒的日子，因为这段日子里的我是开心的，是无所畏惧的，是天天追着新闻跑的。每天都有新的期待，每天都有新的收获。最后，十分感谢国家、学校和国新班能给予我这次宝贵的海外实习机会，未来我也将带着这份宝贵的财富坚定地走下去，投身于讲好中国故事的伟大实践中，为我国国际传播能力建设做出属于我的贡献。山河大地，其任在我！

观世界，识自己

◎张星冉*

2024年2月12日我来到布鲁塞尔，此时在中国日报欧盟分社的海外实习时光已经过半。不同于之前来欧洲参加学术会议和旅游，在以驻外实习记者和留学生的身份"沉浸式"生活了几个月后，我收获了全方位的体悟与成长。

此前，我在海外社交平台上已经关注了中国日报欧盟分社社长陈卫华老师的账号，敬佩于他对国际事件的深刻认知与犀利表达。又因为我未来有志于从事国际传播相关工作，非常希望能够有一段驻外记者的经历，因此我无比珍惜这次实习机会。

一、立足实践，磨炼专业技能

驻外记者看起来光鲜，但做报道往往是单枪匹马。陈老师经常开玩笑说自己是"光杆司令""one man crew"，从前期的策划、采访、摄影到后期的写作、编辑、发稿，都需要他一个人来完成，经常是用一部手机、一个自拍杆就开始了新闻直播。在国内主流媒体实习时，我做的多为编辑工作，对记者发来的素材进行二创和整合。但我始终希望到现场进一步锻炼，见证和记录最鲜活的人和事。在这里，我们有机会在陈老师的指导下去一线采访，参与新闻生产的全过程，这对我来说是弥足珍贵的。

---

* 张星冉，中国传媒大学2022级国际新闻传播硕士班学生，任副班长。曾先后在新华社新媒体中心、外交部、中国日报欧盟分社实习。

实习第一次外出采访是在元宵节当天,报道安特卫普举办的春节游园庙会。在去现场的路上,陈老师对我们说:"采访首先要厚脸皮,该冲就冲,不要想太多,先拿到你想要的素材,因为错过就是错过了,后面想再补救就难了。"这几句话点到了我的心里,之前采访还会瞻前顾后的我在那天异常"勇猛",十分顺利地完成了任务。最终我主创的图片和中文稿件在中国日报网的专稿栏目发表,视频稿件在中国日报官方视频号发表,并被外交部转载到外交部发言人汪文斌的脸书账号上。在之后的采访中,每当我觉得"不好意思"上前时,总是用这几句话来激励自己。慢慢地,我发现自己在工作中越发"厚脸皮",不再惧怕采访和被拒绝,甚至越发享受和不同的人去互动和交流。我的外国同学说,我是她见过最"开朗"的中国留学生。

作者活动采访工作照

"采访就像做饭炒菜一样,是个熟练工。"陈老师还这样说。除去采访和胆量,海外实习还锻炼了我作为媒体人的拍摄、写稿、剪辑等各项技能。经常有活动在傍晚七八点结束,我和实习同学采访、拍摄完活动回宿舍来不及吃晚饭,当晚九十点就要把中文稿写好,配好图片,请老师修改完立刻发出。视频则需要交给在北京的编辑老师和外专老师审阅,再考虑上时差,基本上在第二天上午就要做好,这样才能保证发稿的时效性,同时还要兼顾各种细节的准确性。前几次可能会兵荒马乱,但熟能生巧后就会越发从容。这个过程也充分锻炼了我的各项能力,可以说是为我能够成为一名真正的媒体人做全方位的实战准备了。

二、开阔视野，体悟多样文化

在海外实习的这几个月，除了专业素养得到锻炼，我的思维也更加开阔。我们都知道在国际传播时要尊重文化多样性，但当我切实生活在这里，无论是周边的校园环境、接触的采访对象，还是假期时到欧洲不同国家旅行的见闻，都让我对"跨文化传播"有了更加具象的认知。

我的邻居是位祖籍摩洛哥的女孩，在布鲁塞尔出生长大。她曾经去中国交流过一段时间，她说她很喜欢中国，但是对街上到处都是摄像头有些不太适应，因为欧洲人很在意隐私问题。尽管这只是一件很小的事，但见微知著，文化差异引起的隔阂是讲好中国故事面临的困境之一。中西文化差异，不同的语言环境、文化理念、教育背景，造成了对同一事件的不同解读。无论是和外国朋友日常交流还是做国际传播，都需要树立跨文化思维，在设置议题、采访报道时都需特别注意。

作者的活动拍摄工作照

在接触多样文化的同时，我也逐渐磨炼了性子，拓宽了看问题的视角，扩展了解决问题的思路，不钻牛角尖。这种提升和成长是潜移默化的，对于我处理各项事务、增强综合能力也有所裨益。

我也会利用假期时间到欧洲各国走走看看。旅行中的见闻不仅加深了我对欧洲各国社会风情的了解，还增强了我的求知欲和好奇心，在路途中接触到的众多新鲜事物，会迫使我不停地读书、学习。之前在校园里，我总是有这样那样的借口没有沉下心来读书，但旅行结束后，我满怀热情，迫切希望获取更多信息，充实和强大自我。

此外，海外生活总会有各种意外事件和紧急情况，这也让我解决问题的能力、与人沟通的能力、控制情绪的能力得到提升。这些能力不仅是媒体人，也是一名成年人必备的。可以说，海外实习不仅帮助我成为一名优秀的媒体人，还教会我成长为一名合格的成年人。

三、保持思考，深感重任在肩

国际传播不仅是我工作和研究的对象，它也融入我的日常生活中，是"高大上"且"接地气"的。例如和外国同学们交流，或是处理生活中遇到的各种问题，都是在进行跨文化的信息交流与沟通。无论哪种途径，都在不同维度加深了我对国际传播的理解。

作为实习记者，我深刻认识到自己需要走出舒适圈，从听说读写各方面提升运用英语进行跨文化传播的能力，摆脱用"内宣"思维做国际传播的误区。

在参加 2024 中关村论坛——布鲁塞尔平行论坛活动后，我第一次尝试写英文稿。虽然之前阅读过不少英文稿件，但自己真正写起来还是无从下笔，非常吃力。首先，无论是主旨演讲还是问题讨论，4 个小时的论坛都是以英文来进行，这意味着我需要全部听懂，同时要抓住可以成稿的信息点。其次，会议主题是中欧绿色转型与产业合作，对我来说话题本身就是陌生的，中文理解尚且吃力，何况还涉及英文术语，需要辅以对相关国际热点、新闻事件的充分了解才能够将会议内容吃透。最后，消息稿也需要用英文来写作，英文稿绝不是中文稿的翻译，它的思路、体例、调性都完全不同。这次尝试的成果相当幼稚，通过陈老师的批注，我意识到如果想写出一篇优秀的英文新闻稿件，不仅需要熟练运用语言，基本达到"native speaker"的程度，还需要对国际热点和背景信息有充足的了解，对英文消息稿写作体例有充分的掌握，而这些都是我所欠缺的。

作者参加 2024 中关村论坛——布鲁塞尔平行论坛

作为留学生，我深刻体会到"国际传播任重道远"不是一句空话。虽然我身处的校园环境十分友好，但在日常接触中，我依然能感受到欧洲社会对中国存在着这样或那样的误解。这种误解未必都带有敌意，更多是一种不全面的认识，或是带有不了解的好奇。

我的邻居在一次闲聊过程中问我："新疆真的有媒体上说的'强迫劳动'吗？"在之前的聊天中，她对中国的印象十分好，并且也热爱学习汉语，我相信她问这个问题并不是"故意找茬"，但这更加引发我的深思。我严肃地对这个问题表示否定后，对她解释关于涉疆问题的谎言与事实真相，又拿出我在新疆旅游的照片，甚至恨不得带她立刻去新疆看一看。她看完我的照片后说，她所接触的媒体上也有所谓"强迫劳动""没有工资"的"照片"。我哑然，不知如何在短时间内一针见血地去反驳这些谣言，因此产生了一种深深的无力感、懊悔感。虽然十分清楚美西方在不厌其烦地打"新疆牌"，但当身边的外国同学在一次日常聊天中亲口向我问出这个问题时，我还是受到了非常大的冲击和触动。

同时我也不禁思考,在国际舆论总体环境"西强我弱"的当下,如何戳穿美西方编造的谎言与骗局?在国际传播效能仍存在提升空间的当下,如何才能摆脱自说自话的尴尬?在西方文明依然强势的当下,如何把中国声音和中国文化传得更远、更响?

这些问题十分宏大且深刻,努力探寻这些问题的答案是我学习和工作源源不断的动力,我也将在接下来几个月的海外实习、硕士毕业论文的写作乃至以后的工作中保持思考,笃行不怠。

在欧洲的心脏学做新闻
——记布鲁塞尔海外实习

◎邹济予*

对于参与此书创作的绝大多数国新班师哥师姐来说,海外实习是一段回忆,是作为过去时的存在。但对于我来说,海外实习才刚刚进行到一半,是进行时的状态,因此标题只能用"记"而非"忆"。也正因为此,能参与写作此文对于我来说是一种莫大的荣幸,我没有师哥师姐那般优秀的职业履历,只有作为一个新闻学徒对于海外实习的一些真切感受。尽管才短短三个月,但在布鲁塞尔的学习、生活、工作却深深影响、塑造了我的职业观念和价值追求。

一、成熟但停滞的欧洲社会

回忆起初到欧洲时,我所发出的第一声感慨,不是对于老欧洲有多先进、文明、发达,而是感慨中国在这20年中发展得有多快。但就基础设施和工业制造方面来说,我很难承认欧洲比中国更"发达",想必来欧洲旅游的中国游客也会生发出与我类似的感慨。人们总说出国的过程就是"祛魅"的过程,这话不假。不是说欧洲的街道有多脏乱差,而是在现代化的很多方面,中国做得并不比欧洲差。对于任何一个长期生活在中国一二线城市的人来说,初到欧洲的生活一定谈不上舒心,至少不符合一些媒体对于欧洲发

---

* 邹济予,中国传媒大学2022级国际新闻传播硕士班学生,曾于布鲁塞尔的中国日报欧盟分社进行海外实习。

达国家的描摹。

长居毕竟是和旅游不同的,海外实习让我们有机会在海外常驻半年,而这段时间已经足够我对上述欧洲初印象进行修正。当我真正试着把自己当成一位布鲁塞尔普通居民而非游客开始生活时,我对于中欧差异有了全新的体会。

在布鲁塞尔生活了几个月,我慢慢开始了解欧洲。从每天的日常生活里,我发现欧洲社会不仅不像中国社会,也是一个非常不同于美国社会的存在。如果要用一个词来概括欧洲社会,我觉得是"成熟",方方面面的成熟。

由于发达的福利保障体系和相应的税收体系,欧洲的贫富分化不那么明显,体现在生活上,便是欧洲人没有那么在意收入的多少,而是将更多重心放在生活上。大多数欧洲人极其不注重外表,冲锋衣在大街上随处可见。许多欧洲人宁愿把自家花园里的花花草草养得更好。在这里,人与人之间的差异非常小,或者说,这种差异是大部分欧洲人所感受不到的。

欧洲的一切都是这样的稳定与成熟,21 世纪开始后的这 20 年,仿佛时间在这里停止了流逝。

这些感慨,仅仅来欧洲旅游是很难得出的,也正因为此,海外实习才有它的宝贵价值。它让国新班的学子能用真实的生活体验打破刻板印象,只有像一个欧洲人那样去生活,你才能理解他们的价值观,才能真正做好国际传播。

正如中国日报欧盟分社社长陈卫华老师告诉我们的那样,来到欧洲认真去感受,去生活,可能比多写几篇新闻稿更重要。

二、日报实习:在观察中学习

陈卫华老师是我的带教老师,也是一位在国际上也很知名的驻外记者。在×平台上,他是有 20 万粉丝的大 V 网红,日常在网络上与欧美人士唇枪舌剑,输出中国观点。在相处中,他是严肃又亲切的业界前辈,其充沛精力与敬业精神不禁让我这个 20 多岁的年轻人也感到汗颜。短短三个月,我已经从陈老师身上学到了太多。

陈老师的经历让我深刻地意识到媒介属性对于新闻工作的重要性。新闻教材里不会教我们怎么发推特，怎么运营社交媒体，但事实上陈老师一条×平台上的推文所带来的国际关注度可能胜过10篇中国日报网上发表的文章。比起官方账号，个人账号可能更能获得西方读者的信任，只有让读者感受到创作者的鲜活生命力，才更能激起他们赞同、反驳、讨论、交流的欲望。当初特朗普一个推特账号就胜过一众传统媒体，这是我们在国际传播工作中值得借鉴的地方。

在中国日报欧盟分社实习期间，令我印象深刻的一点是英文稿写作和中文稿件写作在风格上的巨大差异。究其本质，我认为也是外宣与内宣在操作上的巨大差异。关于活动、会议的中文稿件写顺手了，英语新闻稿的写作难免会不适应，二者在本质上就不是同一个新闻物种。这也教会了我要始终面向读者写作，每次写稿子之前都必须要思考几个问题：读者是什么人？他们想从我的文章中获得什么信息？我所使用的文字风格是否能被读者接受？这对我来说并不是一件容易的事情，到现在我甚至还没有入门。当下，只有多借鉴、多模仿成熟的作品，才能慢慢摸索出一些门道。

在中国日报欧盟分社跟随陈老师实习的三个月，是大开眼界的三个月，我有幸近距离观察了一位有能力、有热情、有情怀的新闻前辈是如何开展工作的。陈老师一个人就是一支队伍，并在国际传播的最前线斗争了一辈子。仅仅只是旁观，就已经让我收获颇丰。我逐渐意识到，收入、地位、体面都不足以支撑一个人在一份工作上坚持一辈子，但是热情可以。这样的热情，要比金子都珍贵。

三、国际传播：把自己作为方法

在来海外实习之前，我也曾有幸在外交部新闻司公共外交处实习过一段时间，在最后一个月的实习小结里，我向自己提出了一个问题：我国的国际传播人才与世界一流水平的人才之间到底存在什么差距？我应该培养自身哪方面的能力？

关于国际传播人才培养的推送、文章我已经看了不少，但它们都很难解答我的疑惑。思来想去，从自己入手，以自己为方法，似乎才可以得出那个教材没讲过，但最与生活经验相符的答案。从中学到大学，我很少参与任何形式的辩论实践，自然很难与从真刀真枪中锻炼出来的西方传播者竞争。经过多年的训练和学习，我掌握了一些保卫舆论阵地的能力，可有时也没有在西方公共空间的讨论中占到便宜。来到欧洲之后，这种想法更加强烈，关于上面那个问题的答案也越发清晰。

因此从我自身来讲，眼下最要紧的是借着海外实习的机会加强对于辩论能力的学习。把自己作为公共外交的主体，勇于去辩论，勇于去质疑，或许才能补上这么多年漏掉的课。

这一点，我同样需要向陈老师学习，一团和气是做不了国际传播的。相互理解的前提是双方都讲道理，一方面是要有高度的道路自信、理论自信、制度自信和文化自信，另一方面是要有斗争精神。面对不合理的指责与中伤要坚决予以还击，绝不能把话语的解释权和讨论的主导权拱手相让。虽然我现在还不具备这样的能力与境界，但得从现在开始就树立起这样的意识。

可以说，若没有海外实习的宝贵机会，我就不能推翻过去一些错误的认知，也就无法站在更大的格局上思考问题。这段经历将是令我受益一生的宝贵财富。

海外实习是一场修行。我们走出象牙塔，跨越将近一万公里来到大陆的另一头，用脚步丈量理论与实践之间的距离，用双眼感受西方社会的纹理。

海外实习是一次蜕变。我们深入一线，亲身感受舆论斗争最前沿的刀光剑影，彻底重塑由过往刻板印象搭建的中外交往价值观。

如今在海外的时间已经过半，但在生活与工作上，我们却仅仅入门。讲好中国故事的目标，不是一朝一夕就可以达成的，而是需要漫长的观察、思考与试错过程。踏出国门，只是开始，随后的修行和蜕变，才是考验。但无论如何，我们已经在路上了。

在"欧洲心脏"做见证者和记录者

◎纪嘉欣*

2024年2月,我跨过辽阔的亚欧大陆,从北京起飞降落在"欧洲心脏"——比利时首都布鲁塞尔,进行为期6个月的新华社海外实习。实践出真知,实践长真才。基于中宣部、教育部搭建的优秀平台,在中国传媒大学电视学院的培养支持下,我们有机会在海外实习中置身于国际传播一线,了解国际传播现状,提高实务操作技能与综合业务素质。

时光飞逝,实习时光已经过去了半年,我却觉得仿佛昨日才踏上实习的土地。从唐人街热闹的春节庆祝活动,到哈勒森林仙境般的蓝铃花海;从有趣的汉语桥比利时赛区决赛,到新奇的布鲁塞尔自行车展……这段时间经历的每一件事、参与的每一个报道都历历在目。在新华社欧洲总分社,我认识了很多真诚友善的媒体老师。他们不仅认真细致地指导我们完成报道工作,更会为我们答疑解惑,为我们的人生道路选择提供宝贵的建议。

在老师们的指导下,我们在过去的几个月时间里在新华社全媒体平台共发布了数十篇作品,涵盖视频新闻、图文新闻等多种内容形态,所参与报道总点击量破千万。报道话题多样,既关注俄乌冲突局势、"两会"海内外热点等时政问题,又聚焦古琴、书法和传统节日等中国特色文化在比利时的

---

* 纪嘉欣,中国传媒大学2022级国际新闻传播硕士班学生,曾于新华社欧洲总分社进行海外实习。在实习期间共发布数十篇作品,涵盖视频新闻、图文新闻等多种内容形态。其中"2024比利时中国学生学者春节联欢会在根特举办""解局|两年了,这场危机正深度改变世界""海外关注·两会热词|中国经济增长目标"等视频作品在新华社平台上浏览量超过百万。

传播。其中作品"2024比利时中国学生学者春节联欢会在根特举办""解局｜两年了,这场危机正深度改变世界""海外关注·两会热词｜中国经济增长目标"等视频作品在新华社平台上的浏览量超过百万。这段来之不易的海外实习经历是我生命中一段特别的时光,既是一次在实践中积累国际传播经验的好机会,也能让我以更广阔的视野去探索世界,深入窥见世界的一角。

中国春节庙会走进比利时

24-02-25 20评

记者观察｜乌克兰危机升级两周年:僵局难破 曙光未现

24-02-24 26评

解局｜两年了,这场危机正深度改变世界

24-02-24 1.6k评

"丝路瓷行"特展和新春音乐会亮相布鲁塞尔

24-02-23 27评

在比利时安特卫普唐人街感受浓浓年味

24-02-11 8评

作者在新华社欧洲总分社实习期间的部分成果

一、记录者｜在实践中积累经验

过去的几个月实习时间里,我们作为中欧故事的见证者、记录者、传播者,在国际传播一线进行新闻采编工作,传递中国声音,收获全球视野,积累宝贵的国际传播经验。在新华社欧洲总分社各位老师的指导下,我对认真细致、高效敏锐、积极主动等记者必备的职业品格有了更深刻的认识。若想成为一名优秀记者,必须全面发展自身能力,不断充实专业知识,注重多方面素质的培养。

1. 时差带来的挑战

我在比利时的实习生活主要依据两个不同的时间,一个是布鲁塞尔时间,另一个是北京时间。两个时区之间相差六个小时(夏令时)或七个小时(冬令时),时区差异给我的生活和工作带来了很大的挑战。为了确保时效性,我们需要在拍摄完成后的当晚完成素材处理、文案写作和视频制作,确保在北京时间早上八点之前及时交付稿件,将视频回传到北京的编辑中心。这对我们日常采编工作的时效性提出了很高的要求。在坚守新闻时效性的同时,我们也必须把握准确性和客观性的原则。工作时要高效敏锐,也要细心谨慎,认真核实每一处信息,仔细斟酌每一处细节。比如在工作中,新华社的老师们很看重细节,对标题中的一个字或一个标点符号也会反复斟酌。

作者在蓝铃花森林完成采访报道

2. 打破交际舒适圈

除认真高效外,积极主动地与人沟通、采访过程中打破自己的舒适圈也至关重要。在过去的几个月里,我深刻体会到广交朋友、拓展人脉的重要性。唯有将自己融入当地风土人情中,去接触新鲜事物,感受到不同文化间的交流碰撞,才能收获更丰富的报道素材。比如,曾在比利时安特卫普春节游园庙会中结识的朋友,未来很可能会成为下一次报道的主人公。新华社的记者老师们是我学习的楷模,在参加活动或日常生活中,他们总是积极主动地与周围有趣之人交流,互相交换联系方式,从而积累起丰富的人际资源,为未来的采访做好准备。建立起连绵不断的人际关系网才能让报道更具深度和广度,这也是我未来需要努力的方向。

3. "全才"的驻外记者

2023年暑假,在北京大学参加国际新闻传播硕士班国情讲座时,其中一堂关于"社交媒体传播与驻外记者素养"的讲座让我印象尤为深刻。我还记得老师在讲座中提到,驻外记者应该是"全才",要系统性地培养多方面素质。经过数月的实践经验,我对"全才"这一概念有了更深刻的认识。对于驻外记者而言,不仅要拥有广博的知识背景和扎实的外语能力,还要具备出色的报道撰写、音视频制作、视频直播报道等多方面的专业素养。同时,驻外记者还要擅长寻找独特的选题角度,善于讲好中国故事。在选题上,往往着重关注与中国相关的议题,用心讲述中国故事。

二、见证者丨窥见世界的一角

有人说,"去观世界,才会有世界观"。与浩瀚的宇宙和广阔的天地相比,人类何其渺小。我们只能从有限的视角去感知这个世界,犹如透过竹篱只能窥见一角,难以窥见整个世界的庐山真面目。唯有不断拓展视野,从不同角度切入,才能更深入地领悟世界的多姿多彩。海外实习正是给予我们这样的机会,让我们能够以更广阔的视野去探索世界,近距离地感知不同文化的碰撞和交融，一窥世界上不同地方的真实风貌。

1. 比利时的独特魅力

6个月的实习时间让我有机会深入街头巷尾，沉浸式领略比利时各方面的独特魅力。除了传统印象中的巧克力、啤酒、华夫饼等元素外，这个西欧国家带给我更多意想不到的惊喜。比利时的风格是多元化的，从斯帕赛道的热血激情到班什狂欢节的神秘色彩；从那慕尔城堡的古典气息到安特卫普唐人街的热闹气氛，每一处景观都构成一道独特的风景线。

而比利时让我感到意外之处远不止于此。我从未在一个城市见过这么多雨，从细雨到倾盆大雨再到停歇，有时仅仅过去了几分钟。到了夏天，夜晚仿佛永不降临，即使到了晚上九点，天空仍然亮如白昼。在生活中，比利时人似乎总流露出一种松弛感。每逢周日和法定假日，几乎所有商店都大门紧闭。在这些我理解为黄金营业时间的区段里，他们却选择享受生活，在街头与好友共聚，畅饮啤酒，轻松愉快地聊天。在他们身上，我看到了生活的另一种可能性。

2. 欧洲大陆的"中国味儿"

令我惊喜的还有，欧洲大陆上也能感受到很多"中国味儿"。在这里，我遇到了很多对中国元素感到好奇、对中文感兴趣的当地人。比如，对针灸、气功感兴趣的比利时爷爷；长居匈牙利、热衷于吃锅包肉的中餐爱好者；课余时间学习中文，想有朝一日去中国看看的比利时工科生。这些充满"中国味儿"的人和事架设起民心相通的桥梁，织就一条中欧间的亮丽纽带。

采访拍摄中，我们走进不同人的生活，看到了中国在比利时乃至欧洲大地的文化影响力。春节期间，我们参与报道了比利时安特卫普唐人街举办的特别庆祝活动。到现场后，我惊讶地发现街道上挤满了前来参加春节庆祝活动的外国人，人声鼎沸，摩肩接踵，锣鼓声响彻云霄，仿佛带我回到了多年前家乡的新年庙会。攀谈间得知，他们很多人来自比利时乃至欧洲其他国家的各个城市。正是因为对中国文化抱有兴趣，所以选择来此感受属于中国的"年味儿"，欣赏舞龙舞狮表演，品尝中国特色美食。

比利时春节庆祝活动中 万人空巷看舞狮的盛况

在汉语桥比利时赛区决赛中,来自鲁汶大学、根特大学以及比利时各地孔子学院的学生带来了武术、绘画等带有中国特色的精彩才艺表演,用中文讲述着他们与中国的故事。在孔子学院访谈时,我们结识了许多受惠于免签入境政策而赴华旅行的比利时学生。旅途中,中国的先进科技、青山绿水、多样风光都给他们留下了深刻的印象。这些人和事折射出中国文化的国际传播已经让一些外国人听到了来自中国的声音,对中国产生了兴趣。作为国际传播学子,我们应更进一步传播中国文化,选择最适合国际传播的内容向世界传递中国特色,让中华文化跨越亚欧大陆,走向全球。

海外实习的这段时间里,我以见证者、记录者的身份走进国际社会。用镜头感知世界,在采访中更深入地走进不同人的生活。这段宝贵的经历是我生命中的一段特别经历,让我能够在实践中增进对国际传播的理解和认识,也让我有机会窥见世界的一角,拥有更广阔的国际视野。在拍摄和采访过程中,我接触到各类人和事,记录下他们的故事,而这些故事也不断拓宽了我脑海中世界的边界。阅山河,观天地,见众生,寻自己。

从"人际"到"国际"

——英国伦敦海外实习的行与思

◎ 康怀朔*

刚刚落地希思罗机场那兴奋又惴惴不安的心情促使我克服时差反应的不适,努力在新环境中找到举着我名牌的 Uber 司机。人生第一次走出国门便来到了距家乡 8000 多公里的英格兰,充满了挑战、感动与收获的伦敦实习生活就这样开始了。那时的点点滴滴至今仍历历在目,这是属于海外实习带给我们的独有体验与回忆。

三个月,转瞬即逝,短暂得就像伦敦的晴天一样。如今我已回到祖国的怀抱,回望这段宝贵而充实的经历,一些本人在工作中的感悟与作为一名国际传播学子的思考记录如下,与诸位交流。

一、传播是人与人的对话

前往伦敦之前我一直带着外国记者团在国内参访,参与了"蓝厅论坛""第三届'一带一路'国际合作高峰论坛"等大大小小的活动,可以算是一直在国际传播的一线。在这一过程中已经习惯并且乐于和外国友人成为朋友,和他们交换观点。在与他们接触后,我最大的感受就是:"国际传播"听起来像是"国与国"层面的概念,其实往小了说,或者说其基本组成,就是"人与人"之间的交际。这一点感想在我来到伦敦实习后得到了进一步的

---

* 康怀朔,中国传媒大学 2022 级国际新闻传播硕士班学生。曾先后在人民日报社、外交部、中国石化联合石化英国公司实习。多次参与外交部、中联部等组织举办的国家重大外事活动。

印证。

中央企业近年来刚刚有意识地开展国际传播,起步较晚。对于央企的海外公司,之前没有专门的国际传播类岗位,大部分员工还是当地外籍人士,除业务之外并未接触或参与过宣传类工作。和我预想的一样,在这个环境中开展国际传播工作并不是一件易事,更何况我是一个刚来的生面孔。领导也提醒我,外籍人士对肖像权较为重视,对于出镜可能普遍比较抗拒。

虽然听起来实习期间会充满挑战,然而俗话说得好:船到桥头自然直。得益于长期和外国友人接触的经历,我与伦敦公司员工的交流几乎无障碍。许多外籍员工和我接触后都问我是否之前有过留学经历,夸我的英文很好。工作之外,吃饭的时候、在走廊上遇到同事的时候我都会主动和他们打招呼,甚至寒暄两句。久而久之,我逐渐和公司同事熟悉,与部分外籍同事有较为频繁的接触。外籍同事对我的戒备心逐渐放下来了,他们中有的人甚至会主动询问我的工作内容。在工作之外的闲聊时与他们约好采访和拍摄的瞬间真的很令人开心,我能感觉到自己正在被接纳。

真诚的态度能够超越语言和国籍。无时不真诚,无时不传播。成功的国际传播绝不仅建立在工作时间中短暂的接触上。好的传播内容来源于生活,来源于生活中的人,而只有时刻真诚待人,才能与人建立强有力的联系。相比于将其视为一项工作,不如用交朋友的心态去开展国际传播。和别人成为朋友之后,工作开展起来就容易了,甚至能够得到更多更具价值的内容。比如我们公司的 IT 小哥 M,由于我需要办理公司的邮箱账号,所以和他的沟通多了起来,结果发现他身上有很多闪光点和故事点:刚刚入职公司 3 个月,有四五年的中国留学经历,还说得一口流利的中文。得知他还在北京待过一段时间,我们迅速打开了话匣子。起初他很害羞,都是我主动找他聊天,他也不愿意在镜头前说话。等到熟了之后,我们甚至见面只用中文聊天,并且他接受了我的采访邀约。一次采访后,我们对彼此的了解更多了,一起创作了很多内容,收获了极佳的传播效果。后来我拍摄 vlog 时,只要举起手机,甚至都不用和他打招呼,他就愿意在镜头前和我对话,并且说中文也更加自信了。

"国际传播"就是"人际传播",是跨文化的人际传播。用真诚拉近距离,提升国际传播中的共情力,以情感人,以人传情,就是做好国际传播的不二法门。

二、知内知外,讲好中国故事

做国际传播工作,我更喜欢称之为"讲故事"。从人与人之间的交谈到制作一条国际传播视频,其实都是在讲故事。"讲故事"是一门艺术,"讲好故事",更是集人际交往、跨文化传播等于一身的艺术。我们作为国际传播学子,一定要做好"知内知外"的充足准备。

知内——

讲中国故事,得熟知中国的悠久历史、传统文化、方针政策、发展成就……讲央企故事,得知晓企业的业务范围、核心竞争力、企业价值观……

知外——

了解传播对象国的语言、文化、历史,传播平台的传播逻辑,传播受众的思维方式……对这些任何一点的忽视,都会直接影响传播效果。

以我的海外实习经历为例,通过分析公司海外账号之前发布的内容我发现:许多视频内容很好,却并没有获得良好的传播效果,例如以中文为主的视频,是不适宜海外平台的传播的。而能够收获良好传播效果的视频,例如公司员工庆祝中外节日、公司清洁能源项目等,往往是大量出现外籍员工的面孔,体现公司良好工作氛围,体现公司关心员工需求,以及绿色环保等世界范围广泛关注的话题。企业的国际传播对国际传播人才提出了更高的要求——既要懂"传播",也要懂"企业"。

国际传播讲究策略,讲故事也是讲究策略的。跳出"自说自话"之圈要综合"我们有什么""别人想听什么",有针对性地讲。知内知外,才能让故事"走出去"并且"走进去"。

三、国际传播，任重道远

外部世界对中国的了解真的微乎其微。

在伦敦打车，与司机闲聊间发现他竟然只知道中国是一个人口数量巨大的国家，除此之外对中国一无所知。有的人只知道首都北京，还听说那里空气不太好。普通民众几乎对中国一无所知，而他们能够接触到的媒体上对中国的描述近乎全部是负面的，用词可以用"恶劣"来形容。

一位前不久曾来过中国的外国友人跟我说，当他在北京首都机场走出机舱的那一瞬间，他震惊了。没想到中国发展得这么好，这里的人是这么友善，一切完全不像他曾经在西方媒体上了解到的那般。我问他："假设有这么一种可能，让所有外国人来中国走一走，会不会改变他们印象里的中国形象？"他的回答是肯定的。

我们真的要比任何人都了解自己的国家。国家在国际传播层面已经做了非常大的努力，收到了良好的成效。但由于国际舆论场仍旧以西方媒体为主导，我们的国际传播工作做得还远远不够，努力的过程注定是曲折的、漫长的。其实每一位出国人员，每一位外国人在中国遇到的中国人都是一名外交官，有可能外国人对中国为数不多的了解就来自他们接触到的中国人。我提出的假设可能不会实现，但是我们真的要珍惜每一次与外国友人交流的机会。这其实又回到了第一部分"传播是人与人的对话"的范畴，然而此时我更想表达的是，在对话之前，我们需要做好准备——了解自己的国家。然后再与他们沟通交流，与他们成为朋友，用最直观的表达方式向外国人介绍中国。星星之火，掀起燎原之势，传播一定可以从"人际"，最终到"国际"。

临近回国的日子，我去和同事一一告别。很多外籍同事都问我："Kang, can you stay here？""Kang, will you come back again？"听到这样的话，我在感动的同时也感到无比荣幸。这是对我这 3 个月的努力最大的肯定与鼓励，也是对我个人来说做国际传播的意义——在这个过程中燃起友谊的火种。

离开的那天,伦敦是一个难得的晴天。从飞机的舷窗望出去,泰晤士河畔的城市慢慢消失在我的视线中。我在心里默念:"I will come back. I promise."

写在最后

在外面的许多瞬间,我都为自己是国新班的一员感到无比骄傲与自豪。其实海外实习会面临大大小小的挑战和困难,但是想到自己在国外代表的不仅是个人,同时也是中传国新班的形象,很多时候会咬着牙坚持下来,即便牺牲个人利益,无论如何不能丢集体的脸。当听到来自他人的肯定的时候,觉得一切都值得了。想一想,正是有之前的师哥师姐的无数个这样的瞬间,正是在诸多国新班老师的努力和指导下,才有了今天的中传国新班这样好的平台。我希望把这份意志传递给今后的每一位国新学子——海外实习是一份荣誉,更是一份责任。

如果说海外实习是一场梦,那么国新班以及国新班所教会我们的一切,就是我们做这场梦的自信。

回头看,轻舟已过万重山。

走,这就去中东

◎廖秦颂*

作为一名刚结束海外实习两个月的学生,想要回忆起迪拜的每分每秒,似乎并不是那么困难。比如那一望无际的沙漠、鳞次栉比的高楼、不同肤色的同事在格子间的来来往往、加班时的崩溃、理想与现实的巨大鸿沟……这些,都还历历在目。

一、黄沙中隐藏的未来,恰逢其时的青年舞台

尽管在出发之前,我对我要前往的国家——阿联酋已经有了一定的了解,但真正落地的那一瞬间,我仍被困在了现实和虚幻的夹层。一方面,机场、道路、公共交通与国内别无二致,足够高效,足够拥挤;另一方面,原来熟知的东亚面孔尽数更换成了欧洲、南亚、中东人的高鼻梁、厚胡须,耳畔萦绕的语言也从单一变成了极尽多元。我在人群中穿梭,感觉身处世界文化的万花筒中,从印度纱丽和阿拉伯白袍,到马面裙和西装革履,都能同时出现在我的眼睛里,国家与文化之间的边界在这里实现了消弭。我思索着,这才是一个国际化都市应该有的面貌吗?

在之后数月的生活、工作和阅读中,我对所处的城市迪拜以及阿联酋和

---

* 廖秦颂,中国传媒大学2022级国际新闻传播硕士班学生。曾赴中建中东有限责任公司进行海外实习,独立完成各类视频创作32条,参与策划企业海外社交媒体账号运营方案(发布英阿双语内容46条),相关素材被《人民日报》《中国日报》等主流媒体采用。

其所属的海湾地区、阿拉伯世界有了更进一步的认知。作为海湾地区的明珠,这里的经济活跃度和取得的成绩可谓举世瞩目。从一片黄沙到现在的摩登都市,迪拜仅仅花了20年左右。实体商铺永远人来人往,景点周围永远游人如织,整个城市的喧闹可以从太阳升起的那一刻持续到夜半时分。作为一个经济多元化的城市,迪拜早已摆脱了对石油的依赖。发达的金融业、开放包容的营商环境、得天独厚的地理位置正助力这个城市进一步向前探进,成为全世界青年奋斗的舞台,我们中国青年,又怎能缺席这场盛会呢?

中国—阿联酋的合作由来已久,从两国合作建立"龙城"(小商品批发市场)到如今在阿华人有30万之众,无数的中国人带着丰富的经营管理经验和高端制造技术来到这块土地,在这里发芽生根,我很荣幸能搭上这趟合作快车,成为我国建筑的龙头品牌——中建集团的一员。记得曾在课本上学到"一带一路"倡议,将促进共建国家的"硬联通、软联通和心相通",作为头部建筑公司的一员,每天在工地上行走,在会议室里看着宏伟蓝图,让我头一次有了技术走出国门、造福世界的实感。走在中国公司修建的道路上,横跨迪拜老城时,我总会感叹于我国企业的硬实力。我们雄厚的技术储备为海外拓展提供了坚实的基础,也为中国青年提供了一块跳板,使之能更为充分地发挥自身的潜能。

强劲的在地经济,足够多元和包容的社会环境搭配自身具备的综合实力,我想说,中国青年现在前往阿联酋,恰逢其时,作为国际传播学子,能够借"一带一路"倡议的东风实现人生目标,助力当地发展,加强中外联通,实属幸运。

二、理想与现实的交织——国企宣传岗的突破与局限

在这短短六个月的实习中,作为一个国际传播实习生,我主要的工作职责是打理好公司的社交媒体账号,发掘并拍摄公司员工故事,组织员工参与社会公益活动,最终助力企业形象的提升,帮助企业收获更高的社会效益。这对我来说,是一段全新的职业体验,是我头一次要同时承担如此多职责,

头一次全链条负责一个媒介产品的选题、制作和产出。作为"半路出家"的国新学生，我深知自己的综合能力和媒介素养相比经历了四年国际新闻专业本科教育的同学而言是相差甚多的。因此，当从上级手中接下这个任务的时候，我的心情是忐忑的，怎么做、能不能做好、怎么拍、怎么写，一切都是未知数，一切都只能在做中学。

还记得刚开始的那一个月，焦虑和烦闷成为我生活的关键词，面对甲方不断提出的修改意见，我拾掇着自己边学边拍的视频素材陷入沉思，并不断地质疑自己："当时怎么拍成这样呢，为什么没检查一下呢？"工作的不熟练使我的效率极低，我的工作常常从日出延续到新月高挂，一个几分钟的员工视频，能整整耗上自己两三天时光。无论是在市中心的写字楼还是郊野小房，你会发现总有一个刚刚抵达这里的中国员工，盯着屏幕发愁、犯难。这个人，心惊胆战地向甲方提交修改好的作品，坐立难安地等待反馈意见，心如死灰地看到下一轮修改意见，在疲倦和迷茫中持续前行着。

幸运的是，逆境中的成长似乎更为扎实、更为迅速。一两个月以后，我就能有条不紊地处理老板提出的要求，按时提供解决方案已经成为我工作中的常态，我的部门经理也惊叹于"不论什么工作扔给你，你都会做，即使效果不及顶尖水平，但也是有限时间和有限资本中的最优解"。这是我收到过的最实在却又最触及灵魂深处的夸赞，我认同别人对我的评价，并努力按照这个"镜中的我"去克服职场困难，去参加世界级盛会COP28，去黄沙深处冉冉升起的沙特新城NEOM，去深挖兼任"网红"和安全督导师的青年员工故事，做出了一些作品，有了一些成绩。

三、国新学子走向何方？

回顾六个月的时光，对我影响最深远的，是个人对于未来职业规划的版图再一次得到扩张。在实践中，跨文化障碍与语言障碍对本科便开始学习阿拉伯语的我来说，并没有想象的那么夸张，海外生活也没有互联网声浪中描述的那样无趣乏味。半年后回望，也许绝大多数的工程人在海外倍感无聊的原因,是语言障碍进而引发的交友成本的上升,这些工程人可能因此失去与所在社会的具象化的连接,而只能依靠互联网与祖国保持同步,获得归属感与心理平静。此外,工程企业长期性的集群化、割裂化居住为集群内的人提供了极大的便利性,以至于群内人不存在向外探索的需要与欲望。

而国际新闻的学生在语言能力得以保证的前提下,可以通过多种方式拓展交际圈,加强社会融入度,使驻外生活工作与个人节奏得以调和。所在国家提供的文化娱乐资源、历史遗产资源,都可充分被国新学生利用。国际新闻学生在校阶段培养的国际性视野和跨文化思维能力也有助于增强相关学生对所在国家的好奇心。国新学生也可以通过社交软件、公益组织、语言学习等方面实现拓展,构建起线下人对人的交际圈,并通过相关技能的运用,实现结果收获对技能训练的正向反馈,促进文化融合。

近年来,"一带一路""人类命运共同体"等中国发出的倡议正在各国落实落细,对拥有综合能力的国新学生来说,这既是机遇,也是挑战。能与国家大势一道扬帆起航,走出国门传递中国声音、展现中国智慧是国新人的幸运,也是使命。在全面提升国家话语权的实践中,国新人积极走出国门,以自身为标杆,展现中华形象,积极融入所在地文化,是我们应尽之义。我很感谢这次机会能让我见识到世界的广博,见识到中国国际传播发展的无限空间,在当下就业局势变得多元化的背景下,积极出海,奉献青春,值得。

南洋记事：用真实的笔触，记录好故事

◎ 陈子涵*

回顾在南洋过夏天的日子，一些生动的记忆翻涌起来。

2024年3月，我有幸踏上海外实习之旅，前往中建三局一公司马来西亚分公司进行为期6个月的工作，从事企业文化和国际传播工作。

在中建三局一公司马来西亚分公司实习的过程中，我有机会深度参与到海外社交媒体运营、人物专题采访、专题视频拍摄与制作、文化活动策划与组织等工作中，专业技能得到磨炼，眼界更加开阔，也解锁了我人生经历的新版图。

在词论中，人们多推崇"真为词骨"，强调诗文要尊重真实、发自真心。如今，进入影像创作时代，真真假假纷繁复杂，"真为词骨"的意涵更显贵重。由此，我更加珍惜这段海外实习的经历，不仅在于能真正用自己的脚步丈量中国建筑事业出海的旅程，还在于能真正接触那些故事的主人公，与他们共享一段心意相通的时光。

几个月来，人与事的温度几乎填充了我对海外实习的大部分记忆，也让我更加深刻地体会到跨文化沟通的内涵、国际传播的意义和海外建设者、传播者们宝贵的精神力量。

---

* 陈子涵，中国传媒大学2022级国际新闻传播硕士班学生，于2023年通过选拔，次年派往中建三局一公司马来西亚分公司进行国际传播岗位实习。在职期间，负责中国建筑柬埔寨有限公司海外社交媒体运营，参与公司重大活动新闻报道、人物专访、文化活动策划等工作，形成稿件十余篇。深度参与视频工作，独立策划并完成出镜报道《听工程师说新金边机场》，拍摄并剪辑《在金边，点燃中文教育的薪火》《聆听：海外青年的声音》等，成果丰富，内容精良，取得良好的传播效果。

一、"做好沟通,就是永远开着一扇门"

马来西亚是一个文化包容度极高的国家,构成其国民的主要民族包括马来人、华人、印度人等,他们在这片土地上经营自己的生活,在这片文化的雨林中和谐共生。这样多元的文化环境,也让我对国际传播中的跨文化沟通问题有了更深刻的理解。

初到马来西亚,尽管目所能及之处有很多华人面孔,但仍然会在工作和生活中感受到一些"文化冲击"。漫长的夏季、不同的工作节奏、南洋风味的英语……每每喝到糖度颇高的饮品,都能瞬时感受到已身处异乡。

作为一个出海的中国企业,我实习所在的中建三局一公司马来西亚分公司也同样会面对"文化冲击"。在与不同企业职工访谈的过程中,我聆听在海外深耕多年的一线建筑从业者讲述自己的故事,也收集他们对于跨文化沟通的看法与感受。

向龙是马来西亚居林奥特斯项目的项目经理。在他的管理团队里,有马来人,有华人,也有来自印尼、柬埔寨的外籍职工。谈及外籍员工和中方员工的交往,少不了有语言障碍、文化差异等问题。然而,在向龙看来,所谓跨文化交往的难题,实则并不复杂。"学会跟1个人打交道,自然就学会跟10个人打交道,再到后来,管理上千人的团队也不会有很大压力了。"向龙说。

印度工长纳什常常会来向龙的办公室,只为了陪他唠唠嗑,其他外籍员工听不懂他说话,也会亲切地碰碰他的肩膀。人与人之间的信任有时并不需要通过语言建立,抢工期时,大家伙"劲往一处使",打破文化的隔阂,以团队作为行动的最终单位,成为彼此的最佳"战友"。

在海峡另一端,跟随公司海外先锋宣传计划,我得以听到柬埔寨金边机场项目的生产经理刘志萌的心里话。他并不是一开始就拥有一支高效的团队,很多中国标准的传递往往会因文化区隔而受到阻碍。"钢筋等级型号,没接触过,说话,听不懂,但是你亲自上去拧一回,多比画两回,就总有能明白的,一个人学会了,再教别人,咱自己的标准柬埔寨人就明白了。"他说道。

就这样,更加高效的绑扎技术、强度更高的中国原材料走进新金边机场,支撑着这个未来的新地标。

作为曾经的语言学习者,现在的国际新闻学子,不论是在象牙塔内还是在十字街头,我都深刻感慨于不同文化碰撞的奇妙,也在海外实习之旅中感悟和记录海外工作者们的智慧与真诚。

诚如向龙所说:"办公室,永远要开着门。"我想,做好文化的沟通,也要永远开着一扇门,在诸多的误解和阻碍中,拨开迷雾,洞见"和而不同"之美,让中国的声音被听见。

二、"我想要参与建设,我们的未来"

由于视频素材拍摄需要,我在 4 月来到柬埔寨,在金边见证了海外建筑一线工作者们的生活。当一个个生动的故事在我眼前展开,我对国际传播的方式和意义有了新的理解。

那段时间,我住在 FTB 项目的宿舍区,每天最期待的就是在晚霞浸染天空的时候,拍摄塔吊的照片。我偶尔跟项目上的同事一起坐在街边喝冰咖啡,他们会戏称我为"The Camera Girl"。

在金边的日子里,我去过三个项目,与项目上的同事畅聊他们的生活,体味柬埔寨的风土人情。我想要努力做好一个记录故事的人,而一线,正是那些好故事诞生的地方。

在新金边国际机场项目,我结识了柬埔寨工程师 Vatha。他从金边德崇机场项目开工以来就一直坚守在这片土地上。"开工的时候是雨季,大家划着皮划艇进现场,在沼泽地里抓鱼虾,想想还真是热闹!"他说。

三年时间一晃而过,我们来访之际,金边机场已经进入收尾阶段。Vatha 给我们热情地讲解着钢架构、混凝土、能源供给上的难点与创新,我也有幸用视频 vlog 记录了这段宝贵的经历。

Vatha 说,在同事们的指导和影响下,他已然和中方员工没有隔阂,甚至没有区别。在中方员工的手把手教学中,越来越多的柬埔寨人能从"放下锄头就干工地"的散工,变成操作娴熟的技术工人、现场管理者。我看到中国智慧在他们之间传递,看到中国工匠精神在海外绽放出亮丽的色彩。

在 FTB 项目,我结识了项目的行政后勤负责人孙敏樱,并用相机记录下她在下班后义务支教中文的故事。她是土生土长的柬埔寨金边人,从小汲取着这座城市的养分,如今加入中国建筑,照顾外籍员工的生活,帮助城市建设新地标。在佛堂里的孙老师很严肃,十分认真负责,她说:"学习中文能让孩子们有更多的机会,我因此受益,我希望他们也能受益。"

在与一个个生动的人打交道的过程中,人性中的共有的美好也逐渐变得清晰可感,这种情感上的相通让我感受到交流与传播的魅力。此刻,我不再只是一个旁观者、记录者,也成为他们故事的参与者,并与他们一起期待更加美好的未来。

"讲好中国故事"不仅是记录现在,也链接着我们与其他民族共同的未来。

在航站楼的落地窗前,Vatha 眺望着远处已有雏形的停机坪说:"那里就是未来很多很多飞机会降落的地方。"

三、"因为需要,所以我来到这里"

每一个城市都拥有自己独特的风景,在万千灯火之中,海外建设工作者们守候着住宅、厂房、大型基建的建设,他们之中,不乏与我年龄相仿的青年员工。

借着拍摄青年节宣传视频的契机,我听到了不少海外青年员工的心声。他们之中的大多数人面对镜头都有一点腼腆,常常在录影结束后长舒一口气说:"上电视真难啊。"

他们可以在办公室做预算、画图纸;可以顶着烈日,现场指导安全工作;可以穿梭在大街小巷,找资源、谈采购;也会在一天的工作结束后,与项目上的"战友"们碰个杯。

他们常常打趣自己选择了最苦的专业,把自己"发配"到了"艰苦"地区。从学生到工地"老师傅",他们在大机械的轰鸣中完成了快速的转变,尽管有抱怨,却没有一个人退缩。

一次,搭顺风车从项目回到办公室,我们有机会与项目现场工程师张浩洋畅聊。他刚入职两年,已经在项目上完成了轮岗,成为项目上的"老油条"。我对他印象颇为深刻,此前在采访中,他说他的愿望就是等新金边机场项目结束后,从新机场买一张飞机票回家。而彼时彼刻,他却作为新项目施工人员,正在前往西哈努克港的路上,迎接新的挑战。作为海外漂泊的一员,他跟大多数员工一样,平静地拥抱各种变化和挑战,他说:"因为需要我,所以我来到这里。"

反观国际传播工作者的工作,在很多方面都跟海外建设者相通。面对新形势、新场景、新事件、新人物,每一次的报道和采访都像是在搭建一栋新的建筑。在这个过程中,我们共享挥汗如雨的时刻,共享最真诚的喜悦与期待,也共享相似的信念:让中国质量、中国故事站到世界的舞台上。

习近平总书记曾对新闻工作者殷切嘱托:掌握新知识、熟悉新领域、开拓新视野,增强本领能力。而海外实习,给予了我达成这些期待的机遇。在为期六个月的实习中,我理解了不少建筑学常识,看到了新风景,也充分锻炼了前期策划、拍摄、后期编辑和写作的能力。然而,最为重要的是看到了做好国际传播的魅力:用真实的笔触,记录"心心相通"的中国故事。

真为词骨,以心为志,仅以此篇南洋记事,作为留念与勉励,以更高的本领和更饱满的精神状态,迎接更加美好的未来。

2024年3月,马来西亚居林,陈子涵(右一)进行人物专访

2024年4月,柬埔寨金边机场项目,陈子涵(左一)进行现场采访

2024年4月,柬埔寨金边,陈子涵进行人物纪录片拍摄

柏林：超越文化的新闻之旅

◎蒋欣雨*

在柏林生活了三个月，我感受最深的便是这里的"多元性"与"包容性"。作为拥有移民背景人口超四分之一的国度，柏林街道上随处可见黑、白、黄三种皮肤的面孔。柏林不是文化的熔炉，也不是文化的调色盘，只是本分地充当着"容器"的角色，收容携带不同文化背景的流浪者。你可以说它清冷，从市中心到古城区，它没有巴塞罗那浓烈的色彩，也没有巴黎浪漫热烈的氛围，一切都在按部就班地进行；但柏林也有它热烈的一面，在东柏林，随处可见的涂鸦、叛逆的Z世代青年、一些令人瞠目结舌的文化。自由、叛逆、包容，这是我初来柏林最大的感受。

东柏林墙壁上的涂鸦

---

* 蒋欣雨，中国传媒大学2022级国际新闻传播硕士班学生，曾于凤凰网、人民日报社欧洲中心分社（德国柏林）实习。

由于此前申请签证、办理各方面事项遇到了一些波折，真正踏上这片土地的一瞬间，我心里是庆幸的，在这里生活一段时间后，这种情绪又加深了许多。最重要的原因在于，我曾在大学学习德语，却由于新冠疫情错失交换的机会，我一直深为遗憾。这段经历也让我第一次感受到，学习一门语言即是打开一个新的世界。语言里蕴藏着这个民族的性格与文化，我在这里探索的过程就像是在完成一幅拼图，当我用德语与越来越多生活在柏林的人交流后，这幅拼图也越来越完整。他们向我讲述他们文化基因里的故事，我也告诉他们中国的过去、现在与将来，这是一种真正意义上的跨文化交流。

一、别具一格的柏林国际绿色周

在人民日报欧洲中心分社，我第一次参与视频的拍摄与剪辑是在柏林国际绿色周。在剪辑视频时，我在空镜的部分配上了字幕"绿色周真的给了我一点小小的'德国震撼'"，这句话并不是夸大其词，而是我的真实感受。第一次参与类似的国际博览会，我完全被德国人的热情折服，展会上摩肩接踵，热闹非凡。尽管是工作日，展会上却能见到所有年龄段的观众，除了展商展出商品，博览会上还举行演讲、交响乐表演、歌唱表演，更有观众随着音乐翩翩起舞，颇有一种节日的氛围。

在柏林国际绿色周，最让我印象深刻的是今年首次开设的"年青一代体验中心"。以前总是听闻德国双轨制职业教育很有特色，此次柏林绿色周之旅，也让我了解到德国博览会与职业教育的双向奔赴。此次"年青一代体验中心"为青少年提供约 90 种职业体验，从酒店前台、园艺师、木匠再到超市分拣员……体验中心策划了众多富有创意的体验项目，旨在为青少年带来前所未有的感官盛宴。通过 VR 技术，观众仿佛置身于一个真实而又奇幻的世界，不仅可以亲身体验操作农机的快感，更能深入了解其构造和工作原理。"年青一代体验中心"在青少年与职业之间搭建起桥梁，不仅让"小观众们"感受到科技的魅力，更激发了他们对未知世界的好奇心和探索欲望，我想这样的经验也是我国可以借鉴的。

作者在"年青一代体验中心"体验 VR 演示的酒店前台工作

二、第一次独立采访

我第一次独立采访是在柏林爱乐音乐厅,恰逢中央民族乐团来此演出,实习老师交给我们的任务是为晚上的表演写一则消息,以及采访民乐团团长。原本约好的采访时间是五点,但由于大巴堵车、他们马上又要为表演彩排、化妆,最后留给我们采访的时间只剩下团长的晚饭时间,她一边吃晚饭,一边和我们短暂地聊了一会儿。当时,后台都是准备演出的演员,每个人都行色匆匆,场面跟"打仗"似的,一切都跟我想象的不太一样。到正式采访时,我们已经在现场等了一个多小时,我心里越发没底,但还是努力让自己镇定,按照此前准备好的思路完成了采访。但可想而知,在这样的情况下,最终的结果不是很理想,录音转写后我发现,很多素材难以用上,由于采访时间有限,采访对象谈的内容比较琐碎,难以组织成一篇文章的框架。

这是我第一次遇到这样的情况,由于采访经验不够充分,也让我感到些许懊恼。但随后在复盘,以及跟实习老师交流时我意识到,采访过程中本来就会遇到各种各样的状况,身为记者,应当尽可能预先做好充分的准备,也要在面临状况时保持冷静,灵活处理问题。采访并不只是两个人的一问一答,联系采访对象过程中的人际交往、沟通安排,同样也是需要学习的。在实践中磨砺自己,下一次才能做得更好。

在这次活动中,最让我印象深刻的还是德国观众的反应,整场演出几乎座无虚席,演出结束后掌声不绝于耳,展现观众对中国民乐的喜爱。在演出结束后,我随机采访了几位德国观众。很多人表示,尽管这是他们第一次接触中国民乐,但都被其魅力折服。舞台上演奏的古琴、琵琶等中国乐器,他们也觉得很有意思,并希望能够借此更多了解中国文化。还有一位观众表示,她正在学习汉语,赵聪的表演惊为天人,她希望以后民乐团常来柏林。正如我在民乐团采访稿的标题所写——以乐传情讲好中国故事,这让我察觉到,中国文化正在以多样化的姿态走向海外,走向世界。

三、"face to face"的国际传播

2024年的春节注定将是特别的。我身在柏林,第一次没能与家人一起度过春节。柏林没有唐人街,没办法在当地体验春节氛围,于是我和同行的伙伴决定"自己动手丰衣足食",在柏林家中做一桌丰盛的年夜饭。我负责双椒牛肉、红烧鱼,她负责可乐鸡翅、紫菜蛋花汤,最后我们再一起包饺子。

除夕一大早,我们便前往公寓附近的一家"天府超市"采购食材。打开院子大门的一刻,一阵冷风袭来,吹得我们瑟瑟发抖。柏林冬天的天气总是这样阴冷,亚超内却是另一番景象,小小的超市里每条通道都被围堵得水泄不通,我和同伴不由感叹,这是我们在柏林见到最多中国人的一天。

在包饺子的时候,我们突发奇想,既然德国圣诞节邻居间会互送礼物,那我们是否也可以给邻居送一点饺子,将中国的"年味"带到柏林?事不宜迟,春节当日我们忙碌了一整个下午,包完了三盘饺子,决定给各个邻居都送上一点。

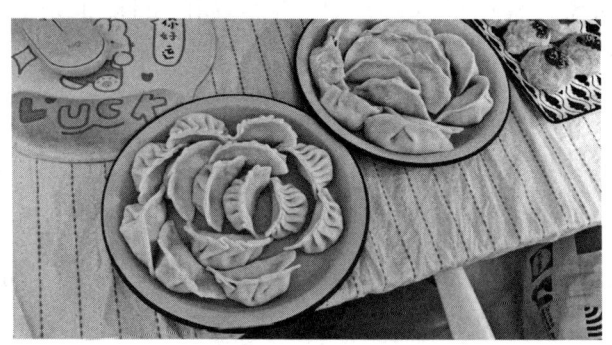

春节当天包好的饺子

我们首先按响了隔壁邻居家的门铃,那是一位德国中年妇女,家里有一只可爱的白色小狗。我告诉她,今天是除夕,是中国很重要的传统节日,我们包了一些饺子,邀请她品尝。那位女士表现得很惊喜,她好奇这是什么食材做的,也问了我们制作的方法,我们都一一翔实地告诉了她。还有一位邻居来自印度,当他看到饺子时立刻做出了惊讶的表情,他告诉我们这样的食物在印度叫作"momo"(音译),这也让我意识到不同国家饮食文化之间也有共通之处,在"吃"这一方面,不同文化背景的人是能够产生共鸣的。

第二天,我们在信箱里收到了那位德国女士的明信片,她写道:"谢谢你们的饺子,非常美味,你们应该为此感到骄傲。"

还有一次出行的路上,我们遇见了一对波兰夫妇。他们不知道怎么去机场而询问我们,我们索性邀请他们一起拼车。这对夫妇说波兰语、法语比较熟练,但我们只能用英语进行交流。在车上,那位波兰女士用她磕磕绊绊的英语与我分享她的旅程,我热情地回应她,她则表示自己很高兴今天遇见了我们。在对话的末尾,我告诉波兰女士我们来自中国,希望他们今后有机会能来中国旅行,也向他们简单介绍了几个中国的有名景点。她表示当然好,他们很愿意。我真心希望,她能记住这段邂逅里的中国女孩,当她今后想起中国时,除了网络上真真假假的言论,还能想起她亲自遇见的我,想起文化背景不同却心怀善意、双向奔赴的我们。

回顾这次海外实习经历,我深感收获颇丰,这将成为我人生中最难忘的一段时光。通过这次实习经历,我深刻体会到了新闻工作的不易,却让我更加坚定了自己从事新闻工作的决心。除了锻炼采访、写作等业务能力,我也加深了对国际新闻报道的理解,开阔了自己的视野。在实践过程中,我从记者老师身上学习到成为一名记者需要具备的优秀品质,包括如何与受访者交流、如何在新闻现场记录、在报道撰写中需要注意哪些细节、如何把握报道的语言风格等。同时,我也认识到了自己在新闻工作中的不足之处,如新闻敏感度有待提高、采访技巧需进一步磨炼等。

在未来的日子里,我将继续努力学习、工作,不断提升自己的专业素养和综合能力。我希望能够将更多的中国故事传播到世界各地,让更多的人了解中国、认识中国、爱上中国。同时,我也希望能够与世界各国更多有趣的人建立友谊,为推动文化的交流互鉴贡献自己的力量。

彩色的梦，记者梦
——记赴新华社驻墨西哥拉美总分社实习

◎ 相　艺*

  时至今日，初到墨城的那个傍晚还历历在目。彩色的晚霞随夜幕降临而一点点退散，我看着华灯初上、车水马龙，幻想着即将到来的六个月。有对异国他乡生活的好奇，有对驻外记者经历的期待，更有着对新华社驻海外分社的向往。想到自己即将参与新华社新闻的采写，内心便按捺不住激动。回想起来，半年时间里，我采访过包括墨西哥议员、学者、农民在内的不同阶层的数十个采访对象，编译过英文稿件，拍摄过出镜视频，撰写过通讯、消息等不同内容，可谓真正做到在实践中践行马克思主义新闻观，探索与精进新闻传播能力。

  海外实习于我而言就像是连接梦想与现实的桥梁。因为本科所学专业是西班牙语，在外语学习的加持下，我对驻外记者这一工作一直心有所向。而此前，我仅能从海外分社发回的报道和他人的讲述中为这份工作勾勒出一个大概的画像，也仅能从书本和课堂中积累传媒知识。海外实习让我系统完整地过了一把驻外记者的"瘾"，发生在新华社驻拉美总分社大院里的故事，将成为我永远的财富，支撑我在成为记者的道路上越走越远。

---

* 相艺，中国传媒大学2022级国际新闻传播硕士班学生。实习期间参与并采写了玻利维亚南方觉醒系列文章，其中《这个国家"正经历一次新的觉醒"》一文在《参考消息》整版刊登。

一、"我想到中国去看看"

"我想到中国去看看",这是我在采访墨西哥民众时听得最多的话。在墨西哥第三届中国新年文化节的开幕式上,从修身养性的茶道到栩栩如生的皮影,再到惟妙惟肖的中国龙,中国文化既展现出历史的厚重,又让人感受到时代的气息。69岁的安赫拉对我说:"中国人被称为'龙的传人',今年是中国龙年,我特别想到中国感受一下'神通广大'的中国龙,看看我脑海中神秘又未知的美丽中国。"在张家界风光展上,美不胜收的自然风光和引人入胜的文艺活动引得墨西哥民众连连驻足。57岁的豪尔赫从手机中翻出一张黑白照片向我展示,照片上的年轻人有着俊朗的亚洲面孔。"这是我的祖父,他是广东佛山人,他来墨西哥做咖啡出口贸易,后来我的家族就定居于此。"提到中国,他的眼中闪烁着光芒,"中国不仅仅有长城、兵马俑和桂林山水,我想回去看看的地方太多了。"

在海外实习之前,"文化交融,民心相通"对我而言更多是停留在纸面上的跨文化传播策略,但真正去到一个截然不同的国外环境才发现,文化是直抵人心灵的最有力抓手。海外民众对于中国的认知更多还是停留在美西方的语境中,不乏有一些污名化中国的元素,认为中国人严肃古板、中国社会不够开放。记得有一次在墨西哥市中心的宪法广场街采,我向当地的街采对象介绍说我们中国的天安门广场和这里很相似,甚至比宪法广场还大,天安门城楼更是气势恢宏。对于我的介绍他将信将疑,称很难把鳞次栉比的高楼大厦和印象里的中国联系起来。我不禁惊叹在科技和互联网高度发达的今天,中国的国际形象为什么依旧如此滞后,中国的信息为什么依旧难以真正抵达国际受众的头脑中,也因此深深感到国际传播之路任重道远。

而一场场中国文化活动,便给墨西哥民众提供了更多了解中国的契机。当出神入化的中国功夫引来满堂喝彩,当绚丽多彩的中国服饰出现在墨西哥街头,当色香味俱全的中国美食出现在大街小巷,对中国形象的刻画便有了更生动的注解。这恰恰是我们国际传播最应关注的重点,以文化传播为抓手,借文化活动为载体,利用更丰富的视角呈现,放大海外民众的中华文化体验感,既让参与者本身深入活动之中,又能借助海外分社的媒体传播扩大活动的影响力和传媒平台的关注度,呈现出真实立体全面的中国形象。

二、"感谢世界闻名的新华社为我提供这次独家专访"

拉美总分社以习近平新时代中国特色社会主义思想为指导,着力在重要时间节点做好对地区国家元首(首脑)的"高端访谈"工作,带动拉美总分社和地区分社对外报道传播力和对外交往力。委内瑞拉总统马杜罗不仅在其个人社交媒体上转发了新华社对其的专访,还在推特账号发文"感谢世界闻名的新华社为我提供这次独家专访。让我们共同加强两国媒体合作,向世界传播真相,并不断加深我们两国兄弟情谊!"此外,安提瓜和巴布达总理布朗、智利总统博里奇等也对自己的"高端访谈"进行了转发,多个相关大使馆也积极转发,加强元首外交相关报道的影响力。

在新华社驻拉美总分社实习期间,我有幸作为后方人员参与"高端访谈"工作,参与完成了对苏里南总统单多吉专访的文稿编译和对多米尼克总理斯凯里特专访的视频制作。以元首访谈为"龙头",总分社及下辖分社还广泛访谈拉美有关国家总统府事务部部长、外长、农业部长、议长及我国驻外大使等,不仅通过访谈栏目推出,也通过通讯、专访等多种形式发稿,充分形成声势。2024年2月中国春节之际,我参与了对墨西哥文化部部长的专访,采访最后还邀请部长给中国朋友们拜年,相关视频得到国内外民众的大量转发和一致好评。

相比于日常采访,"高端访谈"则让我更多感受到驻外记者肩上沉甸甸的担子。由于是拉美国家最高领导人出镜接受专访,这一传播在拉美本身就自带流量,也必然会引起更高的关注,这就要求记者打起十二分的精神来完成过程中的各项工作。不管是前期与使馆对接,还是采访问题的设计,或是采访过程中与领导人的沟通,以及稿件完成后的各项审核校对,连轴转的日子里"熬大夜"往往是家常便饭。奋力向前是记者的本色,我想这在驻外记者的身上或许有更深的体现。

相艺（左一）与墨西哥文化部部长弗劳斯托（左四）等合影

三、"跨越太平洋，倾听世界"

拉美绝大多数人以西语和葡语为母语，以对象国语言传播为着力点，加强西葡文高端访谈及融合发展报道，可以因地制宜将语言的"针对性"有效转化为传播的"贴近性"。基于此，拉美总分社与我国驻墨西哥、巴西使馆合作创办《跨太平洋对话》《对话新未来》两档西语和葡语融媒体访谈栏目，在拉美主流媒体和海外社交平台播出，形成线性传播。这两档栏目以当地语言为载体，与当地机构和人士合作，利用当地渠道，面向当地传播。

"跨越太平洋，倾听世界"是《跨太平洋对话》节目的标语，伴随着主持人的开场白，一位位政客、学者出现在节目中，为我们介绍不同的主题、展现不同的内容。如今，这两档访谈栏目不仅成为面向拉美宣介习近平总书记重要思想和形象的平台，而且有利于推进针对美国五分之一西语人口的定向传播。

在融媒体短视频栏目《新华社消息》推出后，拉美总分社紧随其后，第一时间推出了节目的西语版本，参考英文版进行选题策划和节目制作。我有幸见证了这档节目从零到有、不断完善的全过程,包括演播室空间的规划、背景板的挑选制作、镜头机位的设置和第一期节目的现场录制。西文版的《新华社消息》更精准地覆盖了西语受众,方便他们快捷地获取涉华信息。

近几年随着中国朋友圈的不断扩大,非英语传播日益受到重视,新华社驻拉美总分社作为西语新闻产品的重要来源之一,其传播效果不容忽视。本科的西语学习让我和拉美的语言环境及语言文化有着更高的适配度,也因此更直观地感受到语言在跨文化传播中扮演的重要角色。如何跨过"语言关"并将其为我所用,我想总分社推出的几档节目为我们提供了一个很好的范例。

四、"我们要自主掌管我们的财富"

在总分社实习期间,我参与撰写了玻利维亚南方觉醒系列文章,不管是从体量还是内容上而言都是名副其实的"大稿"。文章从玻利维亚的"富裕山"波托西出发,回顾了西班牙殖民时期殖民者对波托西银矿的开采和挥霍,波托西环境污染、生态退化的窘迫现状,波托西人被奴役、屈辱劳作的悲惨生活,以及如今在美国"门罗主义"操控下殖民历史的延续。为完成此文,拉美总分社小分队克服高原反应,特赴玻利维亚进行采访,与包括玻利维亚前外长费尔南多·瓦纳库尼、波托西退休矿工胡利奥·雷耶斯、当地矿山向导洪尼·蒙特斯、波托西玻利维亚国家铸币厂历史资料室主任卢德米拉·塞瓦略斯等在内的多人进行深入交流,生动还原出波托西的前世今生,体现出资本的剥削和压榨对于波托西人不可磨灭的影响和难以消除的苦难。

在玻利维亚前外长费尔南多·瓦纳库尼看来,美国一直居高临下地视拉美为"后院",在这里掠夺土地、攫取资源、煽动政变,甚至赤裸裸地发动武装入侵,其目的就是要把美洲变成"美国人的美洲"。瓦纳库尼说:"玻利维亚与美西方打了数百年交道,可以说是'经验丰富',但这些经验告诉我们,与美西方打交道没有什么好处。"因为,美西方"不允许别人赢,它们只是来剥削你和偷窃你的财富"。

《参考消息》特稿《这个国家"正经历一次新的觉醒"》

波托西其实从某种程度上反映出整个拉美的历史进程,在这一段故事中美西方资本主义对于拉丁美洲资源和人民的掠夺与压榨清晰可见。在这一语境下探讨"全球南方"相关议题则显得尤为契合,殖民地国家曾遭受过相同的苦难,面临着相似的发展问题,它们也意识到只有独立自主才能带来真正的繁荣。"全球南方"意味着新的政治机遇、新的合作关系,中国作为其中非常重要的一环,在对外交往和对外传播中也应对此加以重视。参与这篇文章的采写后,我深刻感受到团结南方各国人民力量的重要性和打造新世界秩序的紧迫性,媒体传播在其中发挥着放大效应,通过历史与现实的勾连,我们能更直观地呈现出发生在不同大地上的故事,从而引起更多人的共鸣,反对美国霸权主义威胁,共同构建美好未来。

五、"中传人,永远在新闻一线"

最后的部分,我想把更多的话留给中传、留给国新班。刚到拉美总分社的时候有些拘束,毕竟是一个全然陌生的环境,而且是首次做媒体方面的实习,对于工作内容也不太了解,但所幸遇见了很好的师哥师姐。视频、海媒、文字、编辑,实习期间接触到的每项工作我都能随时向师哥师姐请教学习。闲暇时也会听他们分享自己的驻外经历和心得,了解苦辣酸甜个中滋味。记者是一个永远走在时代前沿的职业,是我心中真正的"五边形战士",要时刻用新知识武装自己,要广泛涉猎各行各业不同领域,要胆大心细、善于沟通,要理性客观又能随时洞察人间冷暖。之前只是觉得记者是一个很"酷"的职业,能光鲜亮丽地出现在大众面前,有机会去追随公众感兴趣的人和事,但其实每一篇文章、每一段视频背后,都是大家夜以继日的付出,都是过程中所有人与时间赛跑的成果。

在墨城的第一次直播出镜是拍摄第30届墨西哥塔玛尔节,从确定这一选题到具体拍摄中间只隔了两天。直播要求尽可能少的剪辑,更多是一镜到底,这就需要记者对现场情况有很好的把控,对整个拍摄流程了如指掌。第一次直播紧张与激动是并存的,我希望尽己所能把这项任务完成好。塔玛尔是墨西哥的一个传统食物,民以食为天,美食的背后更多是文化的体现。如何让这次直播反映出墨西哥人的部分日常生活,通过镜头画面中餐具、厨具、摊位装饰以及各种佐料的呈现,体现墨西哥的民俗风情,都是我们要考虑的内容。

在脚本撰写之前,我们先跟随师哥去活动现场踩点,了解参展摊位都有哪些特色,有没有什么内容是可以具体展开介绍的。在品尝过部分塔玛尔并与摊主简单交流后,我们选择了内馅是肉类、昆虫、巧克力的塔玛尔,涵盖甜、咸、辣各样口味,并加以当地经典的莫雷酱,同时还选择了几个不同产地,借此凸显当地的农耕文明和传统文化。

在经过脚本的不断打磨、反复修改后,我带着满脑子的开场白、串词来到了活动现场,但其实更令我拿不准的是直播过程中的即兴互动环节,需要与摊主、游客随时交流并全程中西文互动,实时翻译,同时还要保证与摄像机镜头的配合。说不紧张肯定是假的,手中的台本都因为一遍遍的翻看变得皱皱巴巴。师哥看出了我的忐忑,悄悄拍了拍我说:"我们在,别担心。"这六个字就如同定海神针般落在我的心头,师哥提前去到要拍摄的摊位上与卖家沟通,帮我设计走位路线,随时指挥拍摄的墨西哥雇员……而我的任务,就是打起十二分精神在镜头前做好铺陈串联,喧嚷的拍摄场地里,一切都在大家的配合下有条不紊地进行着。

作者在《走进墨西哥塔玛尔"粽子节"》节目中出镜直播

两个多小时的拍摄结束后,正赶上日落,金色的余晖一点点包裹着大地。我好像忽然间就感受到了记者这份工作的魅力,工作时沉浸其中的充实,工作后如释重负的自由,将自己的想法全盘呈现的欣慰,与陌生人畅谈的满足……返回社里的路上,脑海中不自觉地响起传媒大学的校歌,"校园里大路两旁,有一群年轻的白杨……"

六、结语

半年的实习,说长也长,说短也短,长到我编译了50余条稿件,撰写了20余篇文章,却也短到我仍旧记得初到墨城的每个瞬间。在墨城的时候,工作之余我养成了插花的习惯,那一束束彩色的鲜花就像墨城五彩斑斓的实习生活,也像每一个记者职业生涯中丰富多彩的经历与体验。

记得开学典礼上,廖祥忠书记对大家说:"你们是中国传媒大学的新主人,是中国传媒事业的新担当!有你们的加入,中国传媒大学,弦歌不辍;有你们的投身,中国传媒事业,薪火相传。"再回想起廖书记的话,很幸运这六个月时间里,我真正成为为中国传媒事业奋斗的一分子,秉承"立德、敬业、博学、竞先"的校训,接续奋斗。

我会永远记得这个彩色的梦,记得墨城教给我的热情与坚韧,记得我在这里寻觅到的职业理想,记得中传人的初心与使命。

记者,记着,永远在路上,永远不停歇……

图书在版编目（CIP）数据

学与用：海外实践与国际传播 / 胡芳主编；翁旭东，赵希婧副主编 . -- 北京：中国传媒大学出版社，2025.7.

ISBN 978-7-5657-3986-6

Ⅰ. G219.26

中国国家版本馆 CIP 数据核字第 2025BR0026 号

学与用：海外实践与国际传播
XUEYUYONG：HAIWAI SHIJIAN YU GUOJI CHUANBO

主　　编	胡　芳
副 主 编	翁旭东　赵希婧
策划编辑	于水莲
责任编辑	郑　鸣
封面设计	拓美设计
责任印制	李志鹏
出版发行	中国传媒大学出版社
社　　址	北京市朝阳区定福庄东街 1 号　　邮　编　100024
电　　话	86-10-65450528　65450532　　传　真　65779405
网　　址	http://cucp.cuc.edu.cn
经　　销	全国新华书店
印　　刷	唐山玺诚印务有限公司
开　　本	710mm×1000mm　1/16
印　　张	17.75
字　　数	306 千字
版　　次	2025 年 7 月第 1 版
印　　次	2025 年 7 月第 1 次印刷
书　　号	ISBN 978-7-5657-3986-6　　　　定　价　88.00 元

本社法律顾问：北京嘉润律师事务所　郭建平